동역 가운데 봉사하고 사랑 안에서 씻음

事奉配搭與愛中洗滌
(Serving in Coordination and Washing in Love)

by Witness Lee

Originally Published by
Taiwan Gospel Book Room in Taipei.

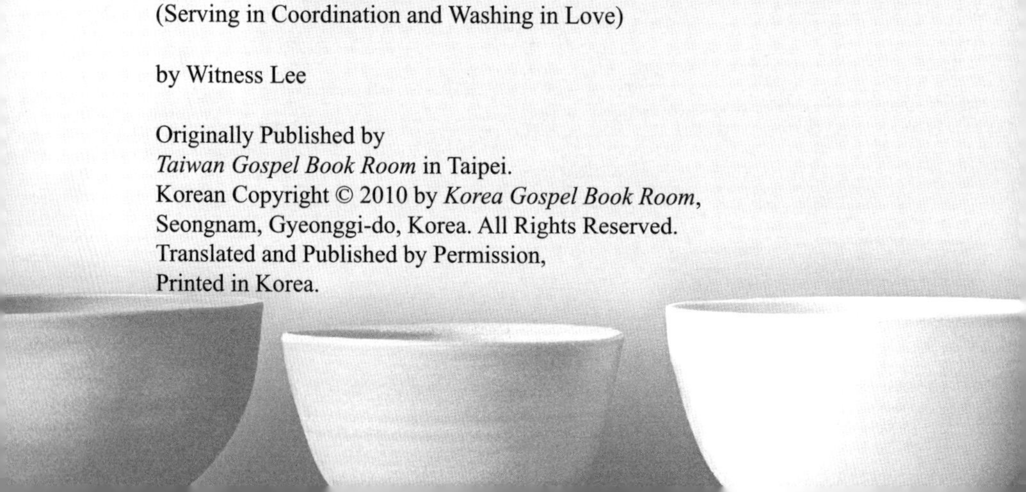

동역 가운데 봉사하고 사랑 안에서 씻음

위트니스 리

한국복음서원

* 이 책에 인용된 성경 본문은 〈회복역 성경〉을 사용하였습니다.
* 이 책에 인용된 찬송가는 특별한 언급이 없는 경우 한국복음서원 찬송가입니다. 영어 찬송가는 리빙 스트림 미니스트리(Living Stream Ministry)에서 출간한 것입니다.

서문

이 책은 위트니스 리 형제님이 1967년 2월부터 4월까지에 걸쳐 대만 타이베이에서 전한 교회 봉사에 관한 메시지들로 되어 있습니다.

차례

1

어떻게 효과적인 봉사를 할 수 있는가

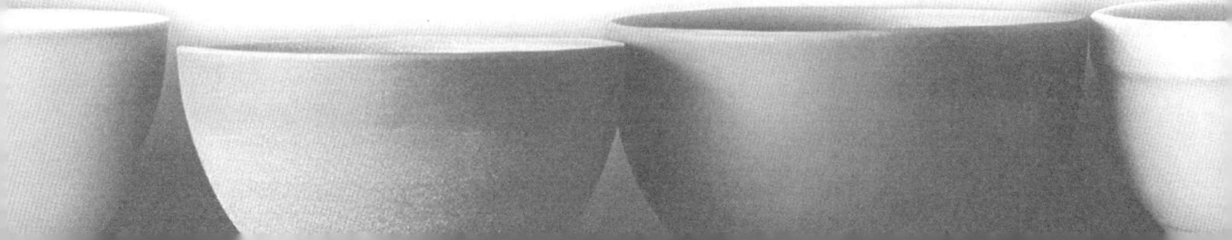

제1장

어떻게 효과적인 봉사를 할 수 있는가

이 메시지들에서 우리는 동역자들의 상황에 대하여, 그리고 동역자들 사이의 합당한 관계와 동역자들과 교회들 사이의 합당한 관계에 대하여 교통할 것이다. 나는 먼저 두 가지를 언급하겠는데, 첫째는 우리 모두가 은혜를 받아 다른 사람들이 우리의 상황에 대해 말하는 비평과 충고를 기꺼이 들을 수 있기를 바란다는 것이다. 우리는 사회의 어떤 그룹이나 조직과는 다르다. 그러므로 우리는 더 많은 은혜를 받아서 우리의 약점들과 잘못들이 드러날 때 그것들 때문에 난감해하지 말아야 한다. 오히려 우리는 그러한 드러남을 일종의 은혜로 여겨야 한다. 이것이 우리가 더 많이 자랄 수 있는 길이다.

둘째는 우리가 주님을 사랑하고 헌신함으로 주님의 손안에서 더욱 유용해지기를 갈망해야 한다는 것이다. 우리는 기독교에서 하는 것처럼 어떤 운동을 전개할 의도가 전혀 없다. 우리는 그렇게 하는 것이 주님에게서 나온 것이라고 느끼지 않기 때문에, 그것을 찬성하지도 않고 확증하지도 않는다. 그러나 우리는 자신이 주님의 손안에서 더 유용하게 되고, 우리의 봉사와 일이 효과적이고 열매를 많이 맺기 위해, 주님께서 우리를 쓰시도록 허락해 드려야 한다.

나는 우리가 자신의 약점들을 보도록 빛 가운데로 이끌릴 수 있기를 바란다. 우리는 자신의 잘못을 보는 것을 두려워하지 않아야 한다. 우리는 은혜를 가져야 하고 기꺼이 형제자매들이 우리의 상황을 드러내도록 해야 한다. 우리는 성소 안에 있으며, 성소의 빛을 통해 우리의 약점들을 보기 바란다. 우리는 자신이 어떻게 주님의 손안에서 유용한 그릇이 되고, 우리의 일과 봉사와 생활이 어떻게 더욱 열매를 맺고 효과적일 수 있는지에 주의를 기울이기 바란다.

우리의 봉사에 있어서 중시해야 할 다섯 가지 방면

주님과 연결되어야 함

나의 여러 해 동안의 체험에 따르면, 나는 우리의 봉사가 유용하고 효과적이려면 다섯 가지 방면을 반드시 중시해야 한다고 느낀다. 첫째로, 우리는 반드시 주님과 연결되어야 한다. 우리는 반드시 끊임없이 주님과 교통을 갖고 그분과 연결되어야 한다. 이것은 우리와 주님 사이에 끊어진 것이나 장애물이나 문제가 없어야 한다는 것이다. 더 나아가 우리가 주님과 연결될 때, 주님께서 우리에게서 흘러 나가실 수 있다. 이것은 단지 기도하는 것만을 가리키는 것이 아니다. 연결되는 것은 교통 안에 있는 것이고, 서로 통하는 것이며, 흐름 안에 있는 것이다. 만일 우리가 주님과 연결되지 않는다면, 우리는 유용한 그릇이 될 수 없고 열매를 맺을 수 없다. 열매를 맺기 위해 우리는 반드시 주님과 연결되어야 한다.

우리의 영이 해방되어야 함

둘째로, 우리의 봉사가 유용하고 효과적이려면, 우리의 영이 반드시 해방되어야 한다. 우리의 영적인 생명이 얼마나 풍성하든, 주님 앞에서 얼마나 많은 공과를 배웠든, 우리가 사람들과 접촉하거나 집회에서 말하거나 메시지를 전하거나 간증을 할 때 우리의 영을 해방하지 못한다면, 우리의 기능은 나타날 수 없을 것이다. 오직 영만이 영을 공급할 수 있고, 오직 영만이 영을 산출할 수 있으며, 오직 영만이 열매를 맺을 수 있다. 복음을 전할 때 영이 해방되어야 할 뿐 아니라, 말씀을 전하고 교통하며 기도할 때에도 영이 해방되어야 한다. 우리는 영을 해방하는 것과 영을 사용하는 것 그리고 영을 흐르게 하는 것 등에 관한 가르침을 알고 있다. 그렇지만 나는 실행에 있어서 우리의 영은 사용하지 않고 우리가 여전히 생각을 사용하고 있지 않은지 염려가 된다. 그러므로 우리는 우리의 영이 흐르도록 하는 훈련을 해야 한다. 어떤 형제와 두세 마디만 교통할지라도, 우리는 우리의 영을 해방할 수 있어야 하고 우리의 영을 열 수 있어야 한다. 우리가 기도할 때 "오, 주님."이라고 말하는 순간 우리의 영이 해방되어야 한다.

우리는 모두 우리의 영을 해방하는 것에 대한 어떤 체험들을 가지고 있다. 우리는 어떤 사람의 말을 들을 때 그의 영이 해방되었는지, 즉 그가 영 안에 있는지를 알 수 있다. 누구도 영 안에 있는 것처럼 가장할 수 없다. 비록 우리가 영을 해방하는 것에 관한 메시지들을 이해한다 할지라도, 평상시에는 그다지 영을 해방하지 않는다. 그러므로 우리의 일의 결과가 빈약하다. 만일 우리의 일이 풍성한 결과를 얻으려면, 우리는 반드시 우리의 영이 나오게 해야 한다. 물론 영이 해방되려면, 사람이 반드시 파쇄되어야 한다. 그러므로 우리는 〈자아의 파쇄와 영의 해방〉이라는 책을 적어도 다섯 번은 읽어 보아야 한다. 유럽과 아메리카 대륙의 각 권역에서 추구하는 그리스도인들은 〈정상적인 그리스도인의 생활〉이라는 책을 매우 중시한다. 그 책의 메시지들은 니 형제님이 초기에 배운 내용이며, 형제님이 후기에 주님을 따르면서 배운 중점들은 바로 〈자아의 파쇄와 영의 해방〉 안에 있다. 그러므로 우리는 이 책을 반드시 읽을 필요가 있다. 그러나 우리는 이 책을 대충대충 읽어서는 안 된다. 우리는 먼저 지금 한 번 읽어야 하고, 연말에 한 번 더 읽어야 한다. 그리고 삼 개월에서 오 개월 후에 세 번째로 한 번 더 읽어야 하고, 또다시 사오 개월 후에 네 번째로 한 번 더 읽어야 하며, 반년 후에 다섯 번째로 한 번 더 읽어야 한다. 그럴 때 이 년 안에 우리는 다섯 번을 읽게 된다. 우리가 천천히 네다섯 달에 한 번씩 읽는다면, 읽을 때마다 새로운 것들을 발견하게 될 것이다.

겉사람이 파쇄되면 영이 해방된다. 봉사의 결과는 바로 영이 해방되는 것에 달려 있다. 영이 해방되는 유일한 조건은 겉사람이 파쇄되는 것이다. 사실 '파쇄'라는 단어의 뜻은 충분히 강하지 못한데, '허물어뜨림'이라고 하는 것이 더욱 좋다. 니 형제님은 겉사람이 파쇄되는 것을 말할 때 계속해서 '허물다'라는 단어를 사용했다. 형제님은 하나님께서 빠르든 늦든 환경을 일으키셔서 우리를 허무실 것이라고 말했다. 주님의 손안에서 우리의 유용성은 우리가 허물어진 정도가 얼마인지에 달려 있다. 우리는 우리의 유용성이 주님께서 우리를 얼마나 온전하게 하시고 건축하셨는지에 달려 있다는 관념을 갖고 있다. 그러나 우리의 유용성은 하나님께서 우리를 얼마나 허무셨는지에 달려 있다. 주님의 손안에서 우리의 유용성은 그분께서 우리를 온전하게 하신 것에 달려 있지 않고 그분께서 우리를 허무신 것에 달려 있다. 온전하게 함과 건축은 새사람을 위한 것이다. 하지만 문제는 옛사람에 있다. 우리의 봉사에서 어려움은 전적으로 우리의 옛사람에 달려 있다. 옛사람은 파쇄되고 허물어져야 한다.

다른 이들과 동역해야 함

셋째로, 우리의 봉사가 효과적이려면, 우리는 반드시 다른 이들과 동역해야 한다. 하나님의 정하심에 따르면, 우리는 한 몸의 지체들이며 어떤 사람도 몸 전체가 아니다. 만일 각 개인이 몸이라면, 우리는 독립적일 수 있을 것이다. 그러나 우리는 단지 지체들이므로 독립할 수 없고, 동역하지 않으면 쓸모가 없게 된다. 하나님께서 정하신 원칙과 법칙은 오직 한 몸이 있어야 한다는 것이다. 어떤 사람이 아무리 영적일지라도 이 원칙을 거스른다면, 그는 자신의 유용성을 잃게 되고 하나님의 축복을 잃게 될 것이다. 물론 우리가 주님을 위해 한 작은 일일지라도 약간의 축복이 있겠지만, 우리는 소소한 부분에서만 하나님의 축복을 원해서는 안 되고, 그분의 축복들로 흘러넘치기를 갈망해야 한다. 이러한 축복들을 가지려면, 우리는 반드시 몸의 동역 가운데 있어야 한다. 이것 역시 파쇄되는 문제이다. 우리가 다른 이들과 동역할 수 없는 이유는 우리가 파쇄되지 않았기 때문이다. 일단 우리가 파쇄되면 문제들은 사라진다.

자신의 정해진 위치에 서야 함

넷째로, 열매를 맺고 주님의 손안에서 유용하려면, 우리는 반드시 하나님께서 우리를 위해 정하신 위치에 서 있어야 한다. 우리는 모두 하나님에 의해 창조되었고, 하나님의 집과 그리스도의 몸 안에 있는 이들인 우리에게는 하나님께서 정해 주신 어떤 위치가 있다. 하나님께서 우리를 어떤 위치에 놓으셨으므로, 우리는 이 위치를 지켜야 하고 그곳에 서 있어야 한다. 우리가 자신의 위치를 지키지 않으면 즉시 축복을 잃어버린다.

우리가 어떤 곳에 가든 어떤 환경 가운데 있든, 우리는 사람들과 함께 봉사하는 것을 피할 수 없다. 그러므로 우리는 항상 자신의 위치에 머물러야 한다. 어떤 이들은 자신이 반역적이지 않고 특정한 문제들에 대해 강한 감정이 없기 때문에 문제가 없을 것이라고 생각한다. 그러나 하나님께서 우리에게 위임하신 것들에 대한 돌봄과 관심이 부족하다는 것은 그 사람이 제 위치에 서 있지 않다는 표시이다. 반역하는 것도 위치를 지키지 않는 것이고, 상관하지 않는 것도 위치를 지키지 않는 것이다. 우리가 주님의 손안에서 유용하려면, 우리의 위치에 서 있는 것이 중요하다.

적극적으로 기능을 발휘해야 함

마지막으로, 우리는 적극적으로 기능을 발휘해야 한다. 모든 형제자매들은 반드시 적극적으로 기능을 발휘해야 한다. 만일 자매들이 적극적으로 기능을 발휘하고자 한다면, 자매들은 유용해질 것이다. 어느 날 우리가 지금의 주일 집회 방식을 바꾼다면, 모든 성도들이 말씀을 듣기 위해 모이지는 않을 것이다. 그러나 우리는 메시지를 듣는 것이 필요한 사람들을 위해 주일에 여전히 집회를 가질 수 있다. 하지만 여러 해 동안 말씀을 들어 왔던 성도들은 다른 일들을 돌볼 수 있을 것이다. 예를 들면, 어떤 이들은 열 명의 어린이를 맡을 수도 있고, 심지어 어린이들을 어린이 집회에 데려다줄 수도 있으며, 봉사자들을 도울 수도 있고, 어린이들을 위해 기도할 수도 있으며, 집회가 끝난 후에 이 열 명의 어린이를 집에 데려다줄 수도 있다. 이것이 바로 그들의 주일 집회가 될 것이다. 여러분은 "이 일로 어떤 결과가 나옵니까?"라고 물을지도 모른다. 우리가 이 길을 취한다면, 나는 이 열 명의 어린이가 열두 살이 되었을 때 모두 구원받을 뿐 아니라, 그들 각 사람이 그들을 위해 수고한 형제자매들을 사랑하고 존경하게 될 것이라고 믿는다. 봉사하는 이들이 그 어린이들을 사랑하는 것은 육체가 아닌 영에서 나온 것이기 때문에, 그 결과 그 어린이들을 위해 봉사하는 이들 중 일부는 영적인 어머니가 될 것이다. 그들은 젖을 먹이는 어머니가 될 것이다. 그들이 돌보던 그 열 명의 어린이가 초등학교를 졸업하면, 다른 어린이들이 그 봉사자들의 돌봄을 받을 수 있다. 이런 방식으로 그들은 어린이들을 주님께 인도할 수 있을 것이다. 이뿐 아니라 이 어린이들을 통해 그들은 어린이들의 부모를 접촉할 수 있을 것이다. 어떤 부모들은 여러 해 동안 냉담하였지만 그들과의 접촉을 통해 소생될 것이고, 불신자인 어떤 부모들은 구원받게 될 것이다.

우리가 어떻게 기능을 발휘할 수 있는지에 대해 다른 예를 생각해 보자. 나는 집을 열어 젊은 성도들을 접대하는 자매들을 본 적이 있다. 그 자매들의 집에 간 성도들이 많은 도움을 받았다. 모든 자매가 이렇게 기능을 발휘할 수 있는 것은 아니지만, 많은 자매가 할 수 있다. 나는 가정 환경과 시간과 체력이 되는 많은 부부가 이렇게 기능을 발휘할 수 있을 것이라고 믿는다. 경제적으로 여력이 있는 가정들, 특별히 각 대학 부근에 있는 가정들은 학생인 젊은 성도들을 집으로 초대하여 식사를 해야 한다. 자매들은 어머니처럼 그들을 돌보고, 그들에게 도움을 주며, 영적인 것들을 말해 줄 수 있다. 이렇게 할 때 그 젊은 성도들은 영적인 공급을 받도록 열릴 것이고, 그 자매들은 젖을 먹이는 어머니로서 기능을 발휘하게 될 것이다. 만일 가정들이 청년의 일에 이런 식으로 동역할 수 있다면, 일 년에 젊은이 백 명을 구원받게 하는 것은 어려운 일이 아닐 것이다. 게다가 구원받은 후에 이 젊은이들은 주님을 위해 불타게 될 것이다. 이러한 기능은 매우 큰 것이다. 이러한 사례가 너무 많아 나는 일일이 다 열거하기가 어렵다.

이것은 메시지를 전하는 집회를 경시한다는 것이 아니다. 우리는 메시지를 전하는 집회에 주의를 기울여야 하지만, 이러한 집회가 그렇게 많이 필요하지 않다는 것이다. 어느 정도 시간이 지나면, 우리는 말씀의 사역을 위해 특별한 은사를 가진 형제들에게 요청하여 삼 일에서 오 일 동안 성도들에게 메시지를 전하여 성도들이 공급을 받고 나가서 다른 사람들에게 공급하도록 할 수도 있다. 우리는 적극적으로 기능을 발휘해야 한다. 우리가 적극적으로 기능을 발휘한다면, 분명히 큰 성공을 거둘 것이다.

나는 타이베이를 여러 해 동안 떠나 있다가 이번에 돌아와 많은 성도들을 접촉했는데, 이곳에 유용한 사람이 매우 많다는 것을 느꼈다. 그들은 도움을 받았고 온전하게 되었다. 그들은 주님을 사랑하고 진리를 안다. 이제 우리는 이 형제자매들이 기능을 발휘할 수 있는 길을 찾아야만 한다. 우리는 여기에 주님을 위해 존재한다고 말만 하지 말고, 죄인들을 이끌어 구원받게 해야 하고 또한 믿는 이들을 이끌어 주님을 사랑하게 해야 한다. 십 년이 지나도 인수가 증가하지 않았다면, 우리는 어떻게 주님을 위한다고 말할 수 있겠는가? 올해 천 명의 성도들이 있다면 내년에는 이천 명이 되어야 하고, 올해 주님을 사랑하는 성도가 이백 명이라면 내년에 주님을 사랑하는 성도가 사백 명이 되어야 한다. 이것이 주님을 사랑하는 것이고 주님을 위하는 것이다.

우리는 단지 현상 유지로 그쳐서는 안 된다. 우리는 기독교의 전통을 거절할 뿐 아니라 우리 자신의 전통도 거절해야 한다. 우리는 반드시 우리의 현재 상황에 따라 성도들을 인도하는 방식을 바꾸어야 한다. 우리는 다양한 방식으로 성도들을 온전하게 하는 것을 포기하지는 않지만, 반드시 우리의 방식을 바꾸어 성도들이 기능을 발휘할 수 있도록 해야 한다. 장로들과 동역자들은 어떤 성도들이 유용한지를 고려해야 하고, 그들을 온전하게 하고 그들에게 어떤 책임을 맡겨야 한다. 모든 성도들이 기능을 발휘할 수 있다면 우리는 매우 큰 결과를 얻게 될 것이다.

실행을 위한 두 방면

주님과 항상 교통하는 것을 훈련함

이제 우리는 실행에 관한 어떤 항목들을 고려해 보기로 하자. 주님과 교통하는 방면에 관해서는 너무 많이 말할 필요가 없는데, 그것은 우리가 모두 이것에 관하여 어느 정도의 인식과 체험을 갖고 있기 때문이다. 그러나 우리는 주님 앞에서 더 많은 시간을 보내는 것을 배움으로 이 문제에서 여전히 강화될 필요가 있다. 주님께 감사드리는 것은 주님께서 우리를 위해 문을 열어 주셔서 우리에게 해야 할 일들이 많다는 것이다. 그러나 많은 일로 바쁠지라도 우리는 여전히 주님과의 교통 안에 있을 필요가 있다. 이것은 반드시 우리의 실행이 되어야 한다. 아무리 바빠도 우리와 주님의 교통이 결코 끊어져서는 안 된다. 우리는 한가하기를 기대해서는 안 된다. 우리가 주님을 더 많이 섬길수록 기능을 더 많이 발휘할 것이고, 우리가 주님을 섬길수록 일도 더 많아지고 우리를 찾는 사람도 더 많아질 것이다. 그러므로 우리는 반드시 주님과 항상 교통하는 것을 배워야 한다.

우리는 심지어 바쁜 가운데서도 주님과 교통할 수 있을 정도로 반드시 훈련해야 한다. 그럴 뿐 아니라 우리는 주님의 말씀을 읽어야 한다. 우리 중에 많은 사람이 이미 여러 해 동안 말씀을 읽어 왔다. 심지어 주님의 일로 바쁠 때에도 우리는 성경 안의 말씀들을 기억하고 그 말씀들을 기도로 읽기를 배워야 한다. 우리가 기도하거나 성경을 읽을 시간이 없는 것처럼 보이지만, 실제로는 다른 이들보다 주님과 교통할 시간을 더 많이 갖고 있다.

다른 사람의 교정을 받아들임

또 다른 중요한 문제는 바로 동역이다. 우리는 모두 주님을 사랑하지만 일의 열매는 풍성하지 않은데, 그 이유는 성도들과의 동역이 부족하기 때문이다. 심지어 우리는 동역에 있어서 문제들을 가지고 있을 수 있다. 우리는 어떤 공과들을 배웠기 때문에, 다른 이들과 그렇게 많은 어려움에 빠지지는 않는다. 하지만 동역이 많지 않다. 우리는 우리의 지방에 있는 성도들이나 동역자들과의 참된 동역이 충분하지 않다. 참된 동역은 우리가 일을 어떻게 하느냐와 관련이 없다. 그것은 다른 이들과 섞이는 능력과 더 관련이 있다. 우리가 일을 하는 방식은 문제가 되지 않는다. 다른 이들과 섞이는 것이 문제이다. 여러분이 자신이 있는 지방의 봉사하는 이들을 만나 여러분의 잘못에 관해 교통해 주도록 요청하는 것은 좋은 일이다. 여러분은 이러한 교통이 여러분을 어느 정도 슬프게 할지라도 그러한 교통을 받아들여야 한다. 만일 여러분이 그 교통을 모두 받아들인다면 축복을 받을 것이다. "이 부분은 여러분이 저를 오해하신 것입니다."라고 변명해서는 안 된다. 여러분이 이런 식으로 반응한다면, 성도들은 여러분에게 더 이상 할 말이 없을 것이다. 여러분은 형제자매들이 말한 것을 받아들이는 태도를 지녀야 한다.

이것이 우리의 현재의 필요이다. 우리가 받아들이려는 태도를 취하지 않는다면, 참된 교통을 하기가 어려울 것이다. 우리는 우리 자신을 다른 이들에게 내놓아야 하고, 기꺼이 그들의 교정을 받아들여야 한다. 그럴 때 우리의 동역 안에 있는 문제들은 사라질 것이고, 참된 사랑이 우리 가운데서 나타날 것이다.

2
사랑 안에서 씻음

제2장
사랑 안에서 씻음

성경: 요 13:1, 12-17, 34-35, 15:9-12, 16-17, 17:21, 23

요한복음 13장 1절은 "유월절 전에, 예수님은 이 세상을 떠나셔서 아버지께로 가셔야 할 자기의 때가 온 것을 아시고, 세상에 있는 자기 사람들을 사랑하시기를 끝까지 사랑하셨다."라고 말한다. 그다음에 사랑의 이야기가 나오는데, 그것은 바로 주님께서 제자들의 발을 씻겨 주신 것이다. 발을 씻겨 주시는 것은 주님께서 우리를 끝까지 사랑하신다는 표시이다. 어떤 사람들은 '끝까지'라는 단어가 시간을 가리키는 것으로서 우리를 향한 주님의 사랑이 영원하다는 것을 의미한다고 주장한다. 다른 사람들은 '끝까지'가 정도를 가리키는 것으로서 주님께서 우리를 최고도로 사랑하신다는 것을 보여 준다고 주장한다. 우리의 이해에 따르면, 여기서의 강조점은 시간이 아니라 정도에 있다. 그분은 세상에 있는 자기 사람들을 사랑하시기를 최고도로 사랑하셨다.

요한복음 13장 13절부터 17절까지에서 주님은 제자들의 발을 씻겨 주신 후에 그들에게 "여러분은 나를 '선생님' 또는 '주님'이라고 부르는데, 여러분의 말이 옳습니다. 사실 내가 그렇습니다. 주이며 선생인 내가 여러분의 발을 씻겨 주었으니, 여러분도 서로 발을 씻겨 주어야 합니다. 내가 여러분에게 본을 보여 준 것은 내가 여러분에게 행한 것같이 여러분도 행하도록 하려는 것입니다. … 노예가 주인보다 크지 못하고, 보내어진 사람이 보낸 사람보다 크지 못하니, 여러분이 이러한 것들을 알고 그대로 행하면 복이 있습니다."라고 말씀하셨다. 이어서 34절과 35절에서 그분은 "내가 새 계명을 여러분에게 줍니다. 서로 사랑하십시오. 내가 여러분을 사랑한 것같이 여러분도 서로 사랑하십시오. 여러분이 서로 사랑하면, 모든 사람이 이것으로써 여러분이 내 제자인 것을 알 것입니다."라고 말씀하셨다. 이 절들은 우리가 서로 사랑함을 보여 주는 서로의 발을 씻겨 주는 것이 우리가 주님께 속했다는 표시라는 것을 우리에게 알려 준다. 이것으로 사람들은 우리가 주님께 속한 사람들임을 알 것이다. 이것은 강력한 증거이다.

요한복음 15장 9절부터 12절까지에서 주님은 제자들에게 "아버지께서 나를 사랑하신 것같이 나도 여러분을 사랑하였으니, 내 사랑 안에 거하십시오. 내가 나의 아버지의 계명들을 지켜 그분의 사랑 안에 거하는 것같이, 여러분이 내 계명들을 지키면 내 사랑 안에 거할 것입니다. … 나의 계명은 이것인데, 곧 내가 여러분을 사랑한 것같이 여러분도 서로 사랑하라는 것입니다."라고 말씀하셨다. 주님은 또한 16절과 17절에서 "여러분이 나를 선택한 것이 아니라, 내가 여러분을 선택하여 세웠습니다. 이것은 여러분이 나가서 열매를 맺고, 그 열매가 계속 남아 있도록 하려는 것이며, 여러분이 내 이름 안에서 아버지께 무엇을 구하든지, 아버지께서 여러분에게 주시도록 하려는 것입니다. 내가 여러분에게 이러한 것들을 명령하는 것은 여러분이 서로 사랑하도록 하려는 것입니다."라고 말씀하셨다. 우리는 이 절들에서 13장의 발 씻김과 15장의 열매 맺음이 서로 관련이 있다는 것을 볼 수 있다. 우리가 열매를 맺으려면 반드시 서로 사랑해야 한다.

우리의 일이 효과적일지는 서로 사랑하는 것과 하나 됨에 달려 있음

요한복음 13장 35절은 우리가 서로 사랑할 때 사람들이 우리가 주님의 제자들이라는 것, 즉 주님께 속했다는 것을 알 것이라고 말한다. 17장 21절과 23절은 우리가 서로 하나 될 때 사람들은 하나님께서 주님을 보내셨다는 것을 알게 될 것이라고 말한다. 이 절들은 우리가 사람들 앞에서 영향력을 갖고 열매를 맺을 수 있으려면, 반드시 서로 사랑하고 하나가 되어야 한다는 것을 분명히 보여 준다. 우리가 얼마나 수고하든, 얼마나 열심히 일을 하든, 우리에게 서로 사랑하는 마음이 없고 하나의 증거가 없다면, 우리는 열매가 그다지 없을 것이다. 우리가 서로 사랑하고 하나 되는 것은 주위에 있는 사람들에게 우리가 주님께 속한 사람들이고 주님을 섬기는 사람들이라는 것을 알리는 강력한 증거이다. 이렇게 할 때라야 열매를 맺을 수 있다. 그러므로 요한복음은 열매를 맺는 참된 능력은 섬기는 사람이 얼마나 서로 사랑하고 하나가 될 수 있느냐에 달려 있다는 것을 보여 준다. 만일 우리에게 서로 사랑하는 것이 부족하고 하나가 되는 것이 부족하다면, 우리가 많은 노력을 기울여 일할지라도 성과가 적을 것이다. 우리는 주님의 일을 하기 위해 그분께 우리 자신을 헌신했다. 그렇지만 어떻게 해야 우리의 일이 효과적일 수 있는가? 복음을 전파할 때, 우리는 죄인들이 구원받는 것을 보기 원한다. 또한 성도들을 목양할 때, 우리는 어떤 이들은 부흥되고, 어떤 이들은 생명 안에서 자라고, 어떤 이들은 주님에 의해 얻어져서 유용한 그릇이 되는 것을 보기 원한다. 우리는 우리의 일에 효과가 있고 열매를 맺기를 원한다. 그러나 일에 효과가 있고 열매를 맺는 것은 전적으로 서로 사랑하는 것과 하나 되는 것에 달려 있다.

서로 사랑하는 영 안에서 그리고 하나 된 분위기 안에서 하는 모든 수고는 매우 효과적일 것이다. 우리의 일이 서로 사랑하는 영 안에서 행해지지 않거나 하나 된 분위기 안에서 행해지지 않는다면, 우리가 얼마나 유능하고 일에 있어서 얼마나 많이 노력할지라도, 우리의 일은 효과가 매우 적을 것이다. 그러므로 우리는 여기에 하나의 원칙이 있다는 것을 반드시 보아야 하고, 우리가 이 원칙에 따라 일을 하면 결과가 있지만 그러지 않으면 결과가 없을 것임을 반드시 보아야 한다.

어떤 사람들은 우리가 오순절 날의 그 영의 능력을 받았으므로 우리의 일이 효과적이어야 한다고 말할지도 모른다. 그러나 그것은 한 면에 불과하다. 오순절 날의 그 영의 능력은 서로 사랑하고 하나 된 믿는 이들에게서 나타났다. 그것은 흩어져 있고 서로 분열되어 있으며 서로 질투하는 믿는 이들에게서 나타날 수 없다. 사도행전은 우리에게 오순절 날이 오기 전에 이미 백이십 명의 제자들이 서로 사랑하고 하나 될 정도로 주님에 의해 온전하게 되었다는 것을 보여 준다(1:14-15). 이 기초, 이 근거가 세워진 후에 그 영께서 부어지셨다.

이것은 또한 이백여 년 전의 모라비아 형제들의 체험이기도 하다. 그들이 서로 사랑하고 하나가 된 상황에 이르기 전까지는 성령께서 그들 위에 내려오지 않으셨다. 그러나 그들이 서로 사랑하고 하나가 되자 그들은 전례 없는 성령의 부어짐을 얻게 되었다. 우리의 일의 능력은 바로 서로 사랑하고 하나 되는 것에서 온다. 사랑이 부족하고 하나가 결핍된다면, 우리가 주님의 일에 수고하더라도 우리의 수고는 효과적이지 않을 것이다. 십오륙 년 전에 우리가 처음 대만에 왔을 때, 우리는 모두 주님께 그다지 유용하지 않았고 아무것도 아니었다. 그러나 그때 우리는 조화 가운데 있었고, 그 결과 주님의 축복이 있었다. 그러므로 우리는 우리의 일이 효과적이려면 하나 되는 것과 서로 사랑하는 것이 선결 조건이라는 것을 반드시 보아야 한다.

참된 하나에 이르려면 반드시 서로의 발을 씻겨 주어야 함

우리는 우리가 말하는 서로 사랑하는 것이 세상에서 말하는 우정이나 표면적으로 화목하게 지내는 교제가 아님을 반드시 이해해야 한다. 한 권역에 있는 동역자들은 반드시 그들이 진정으로 서로 사랑하는 정도에 이르기까지 주님의 은혜가 그들 안에서 일하도록 허락해야 한다.

발을 씻겨 주는 것이 없이는 진정으로 서로 사랑하는 데 이르기가 어렵다. 발을 씻겨 주는 것은 하나의 상징으로서, 우리가 서로 주님의 은혜에 의지하여 우리 가운데 있는 온갖 마찰, 곧 우리 가운데 있어서는 안 될 것들과 갖지 말아야 할 느낌들을 제거하는 것이다. 발을 씻겨 주는 것이 없다면 우리는 서로 사랑할 수 없고, 단지 피상적인 화평과 노련한 교통만 있게 될 것이다. 외적으로는 일치하는 것처럼 보이지만 내적으로는 바위처럼 단단할 것이다. 한 권역에 있는 동역자들이 단지 겉으로만 일치한다면, 그들은 어떤 축복도 기대할 수 없다. 우리는 우정이나 인간적인 애정이 아닌 참된 사랑을 갖기 위해 반드시 요한복음 13장의 발 씻김을 실행해야 한다.

우리는 발을 씻겨 주는 것을 어떻게 실행해야 하는가? 우리는 자신의 지방에 돌아가서, 우리와 동역하는 동역자들에게 솔직한 말을 하도록 허락함으로써 그들에게 우리의 발을 씻겨 달라고 요청해야 한다. 동역자들이 서로 비평하거나 서로 유죄판결 하는 것은 잘못된 것이다. 뒤에서 어떤 사람을 판단하는 것 역시 잘못된 것이다. 우리는 서로 비평하거나 유죄판결 하거나 판단해서는 안 된다. 그 대신 우리는 반드시 사랑 안에서 서로의 발을 씻겨 주어야 한다. 만일 어떤 형제가 우리에게 그의 발을 씻겨 달라고 요청한다면, 우리는 그에게 사랑 안에서 진실을 말해야 한다.

이것은 그의 발에 있는 먼지를 씻겨 주는 일일 뿐 아니라, 심지어 두 사람 사이에 있는 문제들을 씻어 내는 일이다. 그 결과 여러분과 여러분의 형제 사이에는 서로 사랑함이 있게 될 것이다. 나의 발을 씻겨 주지 않으면 여러분은 나를 사랑할 수 없다. 우리가 서로의 발을 기꺼이 씻겨 주고자 할 때에만 우리는 서로 사랑할 수 있다. 이러한 사랑은 인간적인 애정에서 나온 것이 아니라 영 안에 있는 것이다.

우리는 여러 해 동안 동역에 대해 말해 왔지만, 우리의 강조점은 우리가 오직 영 안에 있어야 한다는 것이었다. 이전에 우리는 영 안에 있을 때 조화 안에 있을 수 있고 동역할 수 있다고 말했다. 그러나 시간이 지날수록 우리는 이것을 강조하는 것만으로는 충분하지 않고, 반드시 발을 씻겨 주는 것을 실행해야 한다는 느낌을 갖게 되었다. 에베소서에는 두 어구, 곧 '영 안에서'(2:22, 3:5, 5:18, 6:18)와 '사랑 안에서'(1:4, 3:17, 4:2, 15-16, 5:2)가 여러 번 나온다. 영 안에 있는 것만으로는 부족하다. 우리는 또한 사랑 안에 있어야 한다. 영 안에 있을 때 우리는 사랑 안에서 처신할 수 있다. 그러나 우리가 단지 영 안에 있는 것만을 강조하고 사랑 안에 있는 것을 강조하지 않는다면, 우리의 육체와 자아는 교정을 받을 수 없을 것이다. 사랑 안에서 행하는 것은 우리의 육체와 자아를 제한한다. 우리가 자아 안에 있는지 혹은 육체 안에 있는지를 아는 능력은 우리가 사랑 안에서 처신하는지에 달려 있다.

만일 우리가 누군가와 함께 봉사하면서 아무 말을 하지 않더라도 내적으로 화가 나 있다면, 그것은 우리가 육체 안에 있고 자아 안에 있다는 것을 증명한다. 발을 씻겨 주는 것은 모든 화를 처리하는 길이다. 에베소서는 교회의 건축이 영 안에 있고 사랑 안에 있다는 것을 계시한다. 이 사랑은 교리가 아니라 실재이다. 만일 동역자들이 서로 사랑할 수 없다면, 우리의 일은 효과가 적을 것이다. 만일 우리가 서로 사랑한다면, 사람들은 우리가 주님께 속한 제자라는 것, 즉 주님을 섬기는 사람이라는 것을 알게 될 것이다. 더욱이 성도들은 우리가 하는 말을 들을 것이고, 기꺼이 우리의 인도를 따를 것이며, 우리의 일은 효과적일 것이다. 만일 우리 가운데 사랑하는 광경이 없다면 성도들의 마음은 차가워질 것이고, 우리가 말씀을 잘 전하는 역량이 있을지라도 우리의 일은 결과가 많지 않을 것이다. 어떤 지방에 있는 몇몇 동역자들은 유능하지 않거나 은사가 없어 보일 수 있다. 그러나 만일 그들이 서로 발을 씻겨 준다면, 서로에 대한 그들의 사랑이 성도들을 따뜻하게 하고 열게 할 것이다. 그러한 동역자들의 일은 매우 효과적일 것이다.

일단 우리가 서로 사랑하면 '하나'에는 문제가 없다. 어떤 사람들은 다른 이들에게 '찬바람을 일으키고' '찬물 끼얹기'를 천성적으로 좋아한다. 만일 누군가가 "오늘은 날씨가 따뜻해서 참 좋네요."라고 말하면, 그들은 "날씨가 추웠으면 더 좋았을 거예요."라고 말한다. 이러한 기질을 보이는 사람들은 파쇄되지 않았으며, 그들이 하는 어떤 일도 결과를 얻지 못할 것이다. 우리 가운데 있는 어떤 형제들은 문제를 일으키거나 분열을 만들어 내려고 하지는 않지만, 다른 이들과 하나가 될 수 없다. 그들은 하나가 된 느낌이 없다. 참된 하나가 있으면 거기에는 반드시 조화됨이 있을 것이다. 그러한 상황에서 동역자들은 같은 것을 말할 것이고, 일에 있어서 누군가가 찬바람을 일으키거나 찬물을 끼얹는 것이 없을 것이다.

이전에 중국 대륙에 사랑스러운 한 형제가 있었는데, 그 형제는 신사적이고 온유하며 겸손하다고 두루 인정받았다. 그러나 동역자들이 어떤 것을 제안할 때, 그는 항상 다른 의견을 말했다. 예를 들면, 교회가 저녁에 복음을 전하고자 하면, 그는 저녁도 좋지만 아침에 전하는 것이 더 좋다고 말했다. 동역자들이 아침에 집회를 하자고 하면, 그는 저녁에 하는 것이 더 좋겠다고 말했다. 결국 동역자들은 그와 교통하는 것을 어려워했다. 심지어 동역자들이 진리를 연구하기 위해 함께 모였을 때에도 그는 동일한 태도를 취했다. 그는 분명히 물에 잠기는 침례에 동의했지만, 어떤 이가 물에 잠기는 침례를 먼저 언급하면 그는 물을 뿌리는 세례도 어떤 상황에서는 행할 만한 이유가 있다고 주장하면서 “어떤 사람이 숨을 거두려고 하는데, 여전히 그를 물속에 넣어 침례를 주어야 합니까? 이런 경우에는 그에게 물을 뿌리는 것이 합리적일 것 같습니다.”라고 말했다. 그는 설득력 있는 주장을 할 수 있었다. 앞선 형제님들은 그를 매우 잘 알았기 때문에 한번은 우리에게 다음과 같은 우스갯소리를 한 적이 있다. “그 형제는 참으로 사랑스럽지만 한 가지 어려움이 있습니다. 만일 여러분이 동쪽으로 가고자 한다면, 동쪽으로 가자고 말하지 말고 서쪽으로 가자고 말해야 합니다. 그러면 그는 동쪽으로 가자고 말할 것입니다. 그러지 않고 여러분이 동쪽으로 가자고 말한다면, 그는 분명히 서쪽으로 가야 한다고 말할 것입니다.” 그 당시에 나는 이 말을 듣고 그다지 믿지 않았는데, 그와 함께 오랫동안 동역하면서 그 말이 조금도 틀리지 않는다는 것을 발견했다. 삼십여 년이 지났지만, 이 형제는 지금까지도 어떤 일을 성취하지 못했다. 그는 성경에 대해 매우 익숙하고 영어와 중국어를 모두 잘했지만 아무것도 이루지 못했다. 그는 선하고 겸손하고 온유했지만, 마지막에 이르러 그와 동역할 수 있는 사람은 한 사람도 없었다.

몸의 증거는 사랑 안에서의 동역에 달려 있음

우리의 일은 몸의 증거를 위한 것이고, 우리의 일의 열쇠는 동역이다. 동역이 없으면 축복이 없다. 동역은 단지 일하는 동료 관계가 아니다. 동역에는 반드시 사랑이 있어야 한다. 이 사랑은 타고난 사랑이나 천연적인 애정이 아니다. 구약에는 소제물에 꿀을 넣어서는 안 된다는 규정이 있는데(레 2:11), 이것은 우리가 천연적인 애정을 지녀서는 안 된다는 것을 가리킨다. 그 대신에 부활을 상징하는 유향이 소제물에 더해져야 했다(1절). 우리의 천연적인 애정은 유향이 아니다. 그것은 부활 안에 있는 것이 아니다. 우리의 봉사에서 우리는 반드시 주님에게서 나온 사랑이 있어야 한다.

나는 여러분 모두에게 "여러분의 동반자는 누구입니까?"라고 묻고 싶다. 만일 여러분이 "저는 사람들에게 잘못한 적이 없고, 어떤 사람에게서도 미움을 받지 않고 반대도 당하지 않지만, 누가 나의 동반자인지는 모르겠습니다."라고 말한다면, 이것은 여러분이 실패했다는 증거이다. 여러분은 십여 년 동안 일 안에서 봉사하면서, 육체에 속한 애정에 의한 친구는 없지만 사랑 안에서 몇몇 동반자를 얻었다고 말할 수 있어야 한다. 비록 여러분이 더 이상 그곳에서 봉사하지 않을지라도, 여러분 안에 어떤 느낌이 남아 있어야 한다. 만일 이런 종류의 체험이 없다면, 우리의 봉사는 실패한 것이다. 우리가 실패하는 이유는 여전히 육체와 타고난 사람 안에 있기 때문이다. 우리는 기꺼이 자신을 다른 사람에게 내어놓으려고 하지 않고, 그들이 발을 씻겨 주는 것을 받아들이려고 하지 않는다.

동역자들이 함께 모일 때, 그들은 일에 관해 교통하는 것으로 시작하지 말아야 한다. 그 대신 그들은 주님의 증거를 위해 서로의 발을 씻겨 주어야 한다. 그 결과 사랑의 분위기가 있게 되었다면, 일의 구십오 퍼센트는 이미 성취된 것이고 그들은 축복을 얻을 것이다. 동역자들 사이에 이러한 상황이 있다면 어둠의 권세는 무너질 것이다.

부디 이것이 우리의 실행이 되기를 바란다. 그러지 않는다면 우리는 생명 안에서 별로 자라지 못할 것이고 일에 있어서도 효과가 별로 없을 것이다. 참된 동역은 사랑 안에서 발을 씻겨 주는 것에 달려 있다. 만일 우리가 기꺼이 서로의 발을 씻겨 준다면, 교회에는 봄날이 올 것이다. 성도들은 열려 있을 것이고, 우리의 일은 효과적이게 될 것이다.

사랑이 있으면 하나가 있게 된다. 요한복음 13장은 사랑 안에서 발을 씻겨 주는 것을 말하고, 15장은 사랑 안에서 열매를 맺는 것을 말하며, 17장은 사랑 안에 있는 하나를 제시한다. 하나는 단지 분열되지 않는 것만을 의미하지 않는다. 분열되지 않는 것은 표면적인 것에 불과하다. 참된 하나는 사랑 안에서 발을 씻겨 주는 것이다. 이것이 오늘날 우리의 필요이다.

인도하는 형제들은 이 일에 있어서 반드시 솔선할 수 있어야 한다. 그들은 반드시 솔선하여 주님의 은혜를 받고 서로에게 자신을 맡겨야 한다. 우리는 더 이상 간격이 없고 조화로운 영을 지니게 될 때까지 사랑 안에서 서로의 발을 씻겨 주어야 한다. 이것이 하나이다. 그러면 사람들은 우리가 주님께 속했다는 것과 주님께서 하나님에게서 보냄을 받으셨다는 것을 알게 될 것이다. 이것이 우리의 일의 효력이다. 만일 우리가 각지에서 이러한 사랑을 갖는다면, 우리 가운데 참된 부흥이 있게 될 것이다.

발을 씻겨 주는 실행

발을 씻겨 주는 것의 첫 번째 조건은 우리가 함께 봉사하는 동역자들에게 기꺼이 마음을 여는 것이다. 이것이 현재 우리에게 필요한 것이다. 이것은 다만 절차가 아니라 우리 안에서부터 나오는 어떤 것이다. 여러분은 동역자들을 집에 초대하여 함께 애찬을 하고 나서 여러분의 발을 씻겨 달라고 요청할 수 있다. 여러분은 동역자들에게 자신을 열고 완전히 맡겨야 한다. 여러분은 여러분의 영적 생명과 생활에 관련된 여러분의 모든 결점과 약점과 타당하지 않은 것들을 지적하도록 동역자들에게 요청해야 한다. 여러분은 그들에게 "저는 제 자신을 여러분에게 내어놓았습니다. 저의 결점을 많이 지적해 주시면 감사하겠습니다."라고 말해야 한다.

동역자들에게는 바로 이것이 필요하다. 우리는 말씀을 전할 더 많은 재료를 얻기 위해 더 많은 메시지를 들을 필요가 없다. 우리의 일은 더 이상 단지 말씀을 전하는 데 달려 있지 않다. 우리는 서로 철저하게 교통해야 한다. 우리는 독립적이었지만, 이제 우리 자신을 함께 봉사하는 이들에게 내어놓아야 한다. 우리는 방관자들이나 냉소적인 사람들이 우리에 대해 말하는 것은 무시해야 하지만, 우리와 함께 봉사하는 이들이 하는 말은 다 받아들여야 한다. 설령 그들이 하는 말이 정확하지 않고 도가 지나칠지라도, 우리는 모두 받아들여야 한다.

우리는 우리 안에 그 영께서 계시기 때문에 영을 따라 행하는 것으로 충분하다고 말해서는 안 된다. 우리는 반드시 다른 이들에게 열려 있어야 한다. 이것은 우리가 우리 안에 있는 영을 가볍게 본다는 의미가 아니다. 모든 진리에는 양면이 있기 때문에, 우리는 결코 한쪽으로 치우쳐서는 안 된다. 우리는 우리의 영 안에서 강해야 하며, 우리의 몸 안에서도 강해야 한다. 우리는 자신의 영만 돌보고 자신의 몸을 돌보지 않아서는 안 된다. 마찬가지로 우리는 주님과 합당한 관계를 유지하기 위해 주님과 교통해야 하며, 또한 그리스도의 몸 안에 있는 형제자매들과 합당한 관계를 가져야 한다.

우리는 어떤 한 방면도 가볍게 보아서는 안 된다. 우리는 주님과의 교통을 강조하는 만큼 몸 안에 있는 형제자매들과의 관계도 동일하게 강조해야 한다. 우리의 전 존재가 강건하기 위해서 우리는 우리의 영과 혼과 몸에 동일하게 주의를 기울여야 한다. 우리의 봉사에 변화가 필요하다. 과거에 우리는 봉사를 할 때 겸손하고, 잘못하지 않고, 사람들의 마음을 상하지 않게 하면 만족했다. 그러나 이제 우리는 한 팀의 경기자들처럼 봉사해야 하고, 동역 안에서 봉사해야 한다. 이것은 조화됨과 하나 됨을 요구한다.

3

성소 안에서의 동역

제3장
성소 안에서의 동역

하나님의 빛은 성소 안에 있음

우리는 종종 자신의 어려움들을 해결하기 위해 주님께 그것들을 가져가야 한다는 관념을 갖는다. 우리는 주님과 교통하기 위해 주님께 가까이 나아가야 하고, 우리의 약함을 시인해야 하며, 주님의 긍휼을 구해야 한다고 생각한다. 이러한 관념은 틀린 것은 아니지만, 우리의 체험은 종종 이 방법이 그렇게 잘 통하지 않는다는 것을 보여 준다. 많은 때 주님은 우리를 우리의 약함에서 구원해 주지 않으신다. 예를 들면, 우리는 우리의 성질에 대해 반복해서 기도하지만 여전히 그것을 제어하지 못할 수 있다. 우리는 주님만이 우리의 상태를 드러내실 수 있다고 생각한다. 그렇지만 우리가 여러 해 동안 기도해도 자신의 상태를 전혀 알지 못할 수 있다. 그러나 흥미로운 것은 우리가 최선을 다해 주님께 구하더라도 여전히 자신의 문제들을 볼 수가 없는데, 우리 주변의 형제들은 우리의 문제들을 분명하게 볼 수 있다는 것이다.

성경은 하나님께서 빛이시고, 하나님의 말씀이 빛이며, 그리스도도 빛이시라는 것을 보여 준다(요일 1:5, 시 119:105, 요 8:12). 이뿐 아니라 성령도 빛이시다(계 4:5). 그러므로 하나님께서 빛이시라는 것은 하나님의 말씀과 그리스도와 성령을 포함한다. 구약은 우리에게 빛이신 하나님께서 그분의 거처 안에 계신다는 것을 분명히 보여 준다. 성소 안에는 금 등잔대의 빛이 있었고, 지성소 안에는 하나님의 영광의 빛이 있었다. 이것은 하나님의 빛이 그분의 거처 안에 있다는 것을 보여 준다. 한 면으로 각각의 믿는 이가 하나님의 거처이고, 다른 한 면으로 교회가 하나님의 거처이다. 그러므로 우리가 하나님의 거처 안에 있지 않다면, 우리는 자연광만 받을 수 있을 뿐 하나님의 빛 비춤은 받을 수 없을 것이다. 그러나 하나님의 거처 안으로 들어간 후에 우리는 등잔대에서 나오는 하나님의 빛을 보거나, 빛이신 하나님에 대한 더 깊은 누림인 하나님의 영광의 빛을 볼 수 있다. 하나님의 빛 비춤을 받기 위해서 우리는 반드시 하나님의 거처 안으로 들어가야 한다.

하나님의 빛 비춤을 구하기 위해 우리는 하나님의 성막이자 하나님의 거처인 교회 안에 있을 필요가 있다. 그러나 우리는 교회 안에 있지만 성도들과의 동역 안에는 있지 않을 수 있다. 우리와 성도들의 관계는 객관적일 수 있다. 우리는 성막 안에 있는, 즉 성막을 세우는 데 쓰이는 널빤지들 중 하나가 아니라 손님일 수도 있다. 따라서 하나님의 거처의 빛은 우리에게 실지적이지 않을 수도 있다.

함께 주님을 섬기고, 동역 안에 있고, 널빤지들로서 함께 짜맞추어져 있는 성도들이 하나님의 거처이다. 이 동역 가운데서 하나님의 빛이 나타난다. 우리에게 해결할 수 없는 어려움이 있다 할지라도, 우리가 그것을 기꺼이 동역 안으로 가져간다면 그 어려움은 해결될 것이다. 우리가 여러 문제들을 동역 안으로 가져간다면, 우리는 빛을 볼 것이다.

봉사하지만 하나님의 거처 안에 들어가지 않음

안타깝게도 어떤 성도들은 여전히 손님이다. 그들은 다른 성도들과 동역 가운데서 섬기지 않는다. 그러므로 그들은 빛을 받기가 어렵다. 겉으로 보기에 어떤 형제는 장로로서 봉사하고 있을지 모르지만, 실지적으로 말해서 그는 결코 자신을 형제자매들과 연결한 적이 없다. 그는 교회 안에서 책임을 지고 있지만 또한 손님처럼 행동한다. 그러한 상황은 심지어 동역자들 사이에도 존재한다. 겉으로는 그들에게 어떤 문제도 없지만 사실상 그들에게는 큰 문제가 있는데, 그것은 그들이 결코 자신을 함께 봉사하는 이들에게 내놓은 적이 없기 때문이다.

어떤 자매들은 자매 집회에 와서 다른 자매들과 교통을 하지만 결코 자신을 내놓지 않고 다른 자매들과 섞이지도 않는다. 그들에게 있어서 자매들 사이의 교통은 거처가 아니다. 그 자매들이 교통 안에서 섞일 때 그 자매들은 하나님의 거처 안에 있게 되는데, 그것은 그 거처가 바로 자매들 자신이기 때문이다. 이것은 영적인 실재로서 가장할 수 없는 것이다.

어떤 동역자들은 서로 섞여 있지만, 어떤 동역자들은 자신을 고립시킨다. 여러분은 어떤 동역자가 다른 사람들과 함께 봉사하지만 성소 안에 함께 서 있지 않다는 것을 쉽게 알 수 있다. 성막 안의 널빤지가 아닌 사람은 빛을 보거나 공급을 얻기가 어렵다.

우리에게 필요한 어떤 빛이나 구원의 어떤 방면들은 우리가 성소 안에서 성도들과 섞일 때만 얻을 수 있다. 우리는 하나님에게서 직접 모든 빛을 받지는 않는다. 우리가 성도들과 섞일 때 우리는 성소 안으로 들어가고, 거기서 빛을 볼 수 있다. 이것은 모든 그리스도인에게 사실이다.

많은 그리스도인이 단지 하나님에게서 직접 은혜를 받을 수 있을 뿐 교회를 통해 은혜를 받을 수 있는 길을 갖지 못한다. 이것은 매우 큰 부족이다. 그들은 어떻게 교회를 통하여 은혜를 받는지를 모르기 때문에 하나님의 은혜를 만지기가 어렵다. 어떤 성도들은 그들이 은혜를 받는 수단인 교회를 주의하지 않고 심지어 반대한다. 믿는 이들은 하나님에게서 직접 은혜를 받을 수 있지만, 하나님의 직접적이지 않은 방문도 있는데 그것은 교회를 통해 이루어진다. 구약에서 제사장들은 성막 안에 들어가서 섬기고 나왔다. 제사장들과 성막은 분리되어 있었다. 그러나 신약에서는 제사장들이 성막이며, 제사장들과 성막은 분리되지 않는다(벧전 2:5). 그러므로 우리가 교회를 통해 은혜를 받을 때 교회 안으로 섞이고 건축된다. 만일 우리에게 섞임과 건축이 부족하다면, 우리는 하나님에게서 직접 오는 약간의 은혜는 받을 수 있지만, 교회를 통해서만 얻을 수 있는 은혜의 풍성한 공급은 받을 수 없다.

만일 우리가 성질이나 기질의 문제로 겪는 어려움을 어떻게 해도 해결할 수 없다면, 우리는 자신의 노력을 버리고, 우리와 함께 봉사하는 동역자들에게 자신을 내맡겨서 그들이 우리의 발을 씻겨 주도록 해야 한다. 그러면 우리의 문제들은 해결될 것이다. 우리는 기도로 주님께 간구할 필요가 없다. 만일 우리가 이것을 실행한다면, 성소 안의 빛이 우리에게 비칠 것이다.

동역이 바로 성소임

현재 교회가 건축되지 않았고 동역자들도 건축되지 않았다. 우리에게 성소를 위한 재료가 있다 할지라도 성소가 건축되었는지에 대해서는 의문이다. 어떤 지방에 많은 형제자매가 있다고 해서, 그것이 그들이 하나의 성막으로 건축되어 있다는 것을 의미하지는 않는다.

동역자들이 성막을 세우는 데 쓰인 널빤지들처럼 함께 건축되었다면, 함께 모일 때 그들은 성소와 지성소가 될 것이다. 그들은 금등잔대의 빛과 하나님의 영광의 빛을 가질 것이다. 우리의 문제는 널빤지들이 부족한 것이 아니라 널빤지들이 함께 건축되지 않았다는 것이다. 만일 널빤지들이 여기저기 흩어져 있기만 하다면, 우리에게는 성막이 없을 것이다. 성막이 없다면 성소가 없고, 성소가 없다면 지성소가 없다. 결과적으로 우리에게는 금등잔대의 빛과 하나님의 영광의 빛도 없을 것이다. 하나님의 빛은 오직 성소와 지성소 안에서 비치는데, 성소와 지성소는 서로 맞추어지고 조화를 이루는 널빤지들로 건축된다. 그러므로 동역자들은 각지에서 반드시 동역해야 한다. 우리가 이런 식으로 성막이 될 때 빛을 받게 된다.

비록 여러분이 있는 지방에 여러분과 함께 봉사하는 다른 동역자가 없을지라도, 생명 안에서 비교적 성숙한 대여섯 명의 형제자매들은 있을 것이다. 여러분은 그들과 동역해야 한다. 만일 이러한 조그만 성막도 건축할 수 없다면, 그 지방 전체를 성막으로 건축하는 것은 어려울 것이다.

결국 우리는 하나님의 빛이 성막을 통해 우리에게 임한다는 것을 알게 될 것이다. 어떤 성도들은 다른 사람들과 동역이 필요하다는 것을 보지 못하기 때문에 은혜를 받을 수단을 잃어버린다. 그들이 은혜를 받을 수 있는 수단은 성막, 특히 성소이다. 이 성소는 일반적으로 말하는 교회가 아니다. 성막이 없다면 우리는 빛을 받을 수 없다. 우리는 봉사하고 말씀을 전할 수 있지만 빛을 받을 수 있는 영역 밖에 있을 수 있다. 결과적으로 우리의 일은 별로 효과적이지 않을 수 있다.

발을 씻겨 줌으로써 동역하여 성소 안으로 들어감

주님께서 우리에게 긍휼을 베푸셔서, 우리가 봉사하면서 항상 성막을 건축할 수 있기를 바란다. 이것을 위해서 반드시 발 씻겨 줌이 있어야 한다. 어떤 성경 해설가들은 요한복음이 성막을 묘사하고 있다고 지적한다. 요한복음 1장 29절은 "보십시오, 세상의 죄를 없애시는 하나님의 어린양이십니다."라고 말하는데, 이것은 번제단을 가리킨다. 13장에서 발을 씻겨 주는 것은 물두멍을 가리키며, 그 후에 주님은 그분을 받아들인 사람들을 데리고 성소로 들어가셨다. 이 견해는 매우 일리가 있다. 발 씻음의 기능, 곧 물두멍의 기능은 우리가 성소 안으로 들어갈 수 있게 한다. 구약에서 성소로 들어가기 전에 제사장들은 먼저 자신의 손과 발을 씻어야 했다. 마찬가지로 신약의 봉사자들인 우리도 성소 안으로 들어가려면 발 씻는 일을 빠뜨릴 수 없다. 우리가 일단 발을 씻으면 성소 안으로 들어가게 된다.

나는 모든 형제자매들이 발을 씻겨 주는 것을 실행하기 바란다. 그러면 우리는 우리의 상태에 대해 빛 비춤을 받게 될 것이다. 그러지 않으면 여러 해 동안 기도해도 아무런 결과가 없을 수 있다. 우리의 참된 상황은 오직 성소의 빛 안에서만 드러날 수 있다. 이러한 체험이 없다면, 우리는 원하는 모든 것을 기도할 수 있지만 문제들은 남아 있을 것이고 자신의 상태를 알지 못할 것이다. 그러나 우리가 우리 자신을 성도들에게 내맡기고 사랑 안에서 서로 발을 씻겨 준다면, 우리는 성소가 될 것이고, 빛이 비칠 것이며, 우리의 상태가 드러나게 될 것이다. 그러면 우리는 자신의 상태에서 구원받을 수 있게 된다.

우리 안에 계신 생명의 영은 우리에게 주관적인 구원을 주신다. 그러나 어느 날 우리는 우리가 로마서 8장에 있는 빛을 보기 위해서는 로마서

12장 안에 있어야 한다는 것을 발견하게 될 것이다. 로마서 6장에 있는 사실이 8장에서 체험될 수 있는 것처럼, 로마서 8장에 있는 빛이 12장에서 체험될 수 있다.

그러므로 우리 동역자들은 반드시 동역해야 하고, 하나로 섞이기 위해 함께 봉사하는 이들에게 자신을 반드시 열어야 한다. 그럴 때 우리 안에 있는 빛은 정오의 태양과 같이 빛날 것이다. 우리는 성소의 빛과 지성소의 빛을 가질 것이고, 자신을 알게 될 것이며, 우리의 타고난 기질과 개인주의와 단독적임과 괴팍함에서 구원받을 것이다.

어떤 사람은 우리가 우리의 타고난 기질에서 구원받을 수 있는 효과적인 길이 그 영 안에 사는 것이라고 말할지도 모른다. 우리는 그 영 안에 사는 것에 대해 말할 수 있지만 여전히 특이한 기질을 가지고 있다. 그러나 발 씻김을 실행한다면 우리는 구출받을 것이다. 우리가 우리의 기질에서 구출받고자 한다면, 우리는 반드시 몸 안에 있어야 하고 동역 안에 있어야 한다. 우리의 기질에서 구원받는 것은 몸 안에 있다.

여러분은 자신을 나에게 내맡기지 말고 여러분과 함께 봉사하는 사람들에게 내맡겨야 한다. 여러분은 그들에게 오도록 요청해야 하고, 자신을 그들에게 내맡겨야 한다. 여러분은 그들에게 여러분을 '수술'해 달라고 요청해야 한다. 그들은 여러분을 환자처럼 대해야 하고, 여러분은 그들이 여러분을 자유롭게 수술하도록 해야 한다. 그러면 여러분을 여러 해 동안 방해해 왔던 약점들이 제거될 것이다. 소수의 동역자가 서로 의사가 되고 서로 환자가 될 때 참된 사랑이 있게 된다.

발을 씻겨 주는 체험이 필요함

내 안에는 한 가지 무거운 부담이 있는데, 그것은 동역자들이 발 씻김이라는 이 중요한 체험에서 실패한다면, 우리는 단지 일반적인 일만 할 수 있을 뿐이고 우리의 유용성과 효율성도 일반적이리라는 것이다. 우리의 유용성과 효율성이 홍수와 같기를 원한다면, 우리는 반드시 이 중요한 체험을 해야 한다. 나는 우리가 더 많이 기도하여 우리가 이 체험을 갖기를 열망하게 되기 바란다. 동역자들인 우리가 봉사에 매우 큰 전환을 갖기 원한다면, 함께 봉사하는 이들에게 반드시 우리 자신을 내맡겨야 한다. 봉사할 때 우리는 우리 자신을 서로에게 내맡겨야 한다. 이것을 행할 때, 우리는 쉽게 파쇄될 것이고, 자신에 대해 매우 분명한 인식을 갖게 될 것이며, 속히 구출받게 될 것이다. 그러면 성소의 빛과 교회의 공급과 교회의 참된 표현이 있게 될 것이다. 또한 우리의 참된 기능이 나타날 것이다. 우리는 구출되기 위해서 반드시 몸을 의지해야 한다. 이 몸은 실행적이고 실지적인 것이지 객관적인 것이 아니다. 이것이 오늘날 우리의 필요이다. 우리는 이것에 관해 주님의 긍휼을 얻도록 주님을 앙망해야 한다.

4
파쇄됨

제4장
파쇄됨

돌파구가 필요함

사랑 안에서 서로 발을 씻겨 주는 문제를 보았다면, 마치 야곱이 얍복강 여울에 이르러(창 32:22) 중요한 단계에 이른 것처럼 우리도 어느 단계에 이르렀다고 할 수 있다. 야곱은 태어나기 전에 하나님께 선택되었고, 여러 해 동안 하나님 앞에서 많은 체험을 가졌다. 하나님은 심지어 그에게 나타나시고 그분의 약속을 성취하셨다. 하나님은 야곱을 돌보시고 보호하시며 목양하셨다. 그러나 야곱이 얍복강 여울에 도착했을 때, 그는 자신의 앞길이 불확실하다고 느꼈고, 그의 형을 대면해야 하는 일로 두려워했다. 비록 우리가 야곱과 똑같은 어려움을 가지고 있는 것은 아니지만, 우리도 우리의 일에서 어떻게 해야 신선하고 살아 있고 풍성하고 효과적으로 전진할 수 있는지 알지 못하는 지점에 이르렀다. 우리는 정말로 돌파구가 필요한 지점에, 정말로 전환이 필요한 지점에 이르렀다.

우리는 자아의 파쇄라는 문제에서 돌파구가 필요한데, 이 자아는 바로 우리라는 사람이다. 동역에 있어서의 문제들은 자아, 곧 우리라는 사람에게서 기인한다. 그러므로 우리는 전진할 힘이 부족하고, 우리의 일은 효과적이지 못하다. 이 중요한 지점에 이른 우리에게는 참으로 주님의 긍휼이 필요하다. 하나님은 우리에게 뛰어난 조건들과 더불어 놀라운 환경을 주셨지만, 우리는 동역에 있어서 매우 빈약한 것 같다. 우리라는 사람이 파쇄되지 않고 그대로 남아 있기 때문에, 우리의 동역은 긴밀하게 함께 짜이지 않고 참되지도 않다.

우리라는 사람이 파쇄되기 위해서는 주님의 긍휼이 필요하다. 그러나 우리가 주님의 긍휼을 기다리면서 주님께서 우리를 파쇄하시기만 기다린다면, 나는 우리가 주님께서 다시 오실 때까지 기다릴지라도 여전히 파쇄되지 못할까 봐 두렵다. 우리의 구원은 몸 안에 있고, 성소 안에 있으며, 또한 동역 가운데 있다. 이것은 단지 사랑 안에서 서로 발을 씻겨 주는 문제가 아니다. 이것은 우리가 자신을 다른 이들에게 내맡길 수 있는지, 그리고 자신을 믿지 않고 우리와 함께 봉사하는 사람들을 믿을 수 있는지에 달려 있다. 우리는 단순히 우리와 함께 봉사하는 성도들에게 자신을 내맡길 필요가 있다.

자신을 영적인 동반자들에게 내맡김

이것을 언급할 때 나는 우리가 자신을 다른 이들에게 내맡기려 할지라도, 우리를 참되게 아는 사람이 많지 않기 때문에 우리가 자신을 내맡길 만한 사람이 아무도 없을까 봐 염려된다. 이것은 우리가 일을 행한 방식의 결과이다. 과거에 우리는 서로에게 친절했지만 서로를 만지는 것을 두려워했다. 우리는 모두 이러한 상황에 있다. 우리는 여러 해 동안 몇몇의 동역자와 함께 봉사해 왔지만, 우리의 동반자들이 누구인지를 말하지 못한다. 누가 우리의 동반자인지 불분명한데, 우리 자신을 누구에게 내맡길 수 있겠는가? 만일 여러분이 나에게 맡기겠다고 한다면, 나는 여러분에 대해 잘 알지 못하기 때문에 받아들일 수 없다. 만일 여러분이 내가 여러분의 발을 씻겨 주기를 원한다면, 나는 어디서부터 시작해야 할지를 모를 것이다. 이것은 마치 의사가 환자의 맹장을 제거하기로 되어 있었는데 실수로 위를 제거한 것에 비유할 수 있다. 그러므로 우리가 어떤 사람에 대해 모른다면 함부로 그를 수술해서는 안 된다.

우리가 함께 봉사하는 이들에게 자신을 내맡길 수 있는지의 여부는 우리가 평상시에 그들에게 충분히 자신을 열었는지에 달려 있다. 그들에게 자신을 감추어 왔다면, 우리 자신을 그들에게 내맡기기가 어려울 것이다. 그러나 평상시에 그들에게 충분히 열려 있었다면, 우리는 자신을 그들에게 내맡길 수 있을 것이고, 그들도 우리의 발을 씻겨 줄 수 있을 것이다. 지금까지 우리가 서로에게 열지 않았고 서로 앞에서 폭로된 적이 없었다면, 우리는 단단한 껍데기 안에 있는 조개 같을 것이다. 그 결과, 우리는 서로 발을 씻겨 줄 길이 없을 것이다. 나는 동역자들이 여러 해 동안 봉사해 오면서 많은 것을 보고 체험했지만, 단지 노련하고 정치적인 사람들이 되었을까 봐 참으로 두렵다. 우리는 함께 섬기며 서로 문제를 일으키지 않지만, 함께 섞이는 데 매우 큰 어려움이 있다. 우리는 매끄러운 조약돌과 같다.

우리가 자아를 파쇄하는 일에서 돌파구를 갖지 못하면, 우리의 상황은 더욱 심각해질 것이다. 우리의 조약돌들은 반드시 파쇄되어야 한다. 그러지 않으면 우리는 단지 서로에 대해 화평하고 우리 가운데 아무 문제도 없는 상태일 뿐이다. 우리 모두는 단지 동료일 뿐 동역자들은 아닐 것이다. 우리는 이미 중요한 지점에 이르렀다. 우리 가운데의 상황은 기독교의 상황과 같다. 기독교에서 어떤 사람들은 집사가 되도록, 어떤 위원

이 되도록, 이사가 되도록, 장로가 되도록 선출된다. 겉으로는 모든 사람이 함께하지만, 내적으로 그들은 조금도 서로 섞이지 않았다. 우리의 봉사는 반드시 영 안에서의 섞임이어야 하며, 우리는 반드시 서로 섞여야 한다. 이것은 우리에게 열려 있고 파쇄될 것을 요구하며, 자신을 다른 이들에게 내맡길 것을 요구한다. 우리는 영 안에 있을 때만 서로 섞일 수 있고 함께 동일한 짐을 짊어질 수 있다.

이것은 동역자들 사이에 부담과 자원함이 있을 것을 요구한다. 우리는 반드시 함께 봉사하는 사람들에게 자신을 내맡겨야 한다. 만일 우리가 누구에게도 자신을 내맡길 수 없다면, 이것은 우리의 봉사가 완전히 실패했다는 증거이다. 우리에게 영적인 동반자가 아무도 없다면, 우리의 봉사는 지금까지 단독적인 봉사였을 것이다. 영적인 동반자가 있느냐 없느냐는 당을 짓는 것의 결과가 아니라 영 안에 있는 것의 결과이다. 비록 나는 백여 명의 동역자와 함께 일하지만, 적은 수의 형제자매들과만 오랜 기간 함께 봉사해 왔다. 그래서 나는 나 자신을 이 소수의 사람들에게 내맡기고 그들 역시 그들 자신을 나에게 내맡긴다. 우리에게는 영 안에서의 동반자들이 필요하다. 설령 우리가 다른 지방에서 봉사하게 되더라도, 우리는 영 안에서 여전히 동반자들이다. 그러나 내가 다른 곳에서 다시 한동안 봉사한 후, 나는 나 자신을 그곳에서 함께 봉사하는 사람들에게 내맡길 수 있는데, 그것은 내가 그들과 영적인 동반자가 되었기 때문이다. 이러한 동반자 관계는 영 안에 있는 것이며, 우리라는 사람을 파쇄할 수 있다.

몸을 통해 자아에서 구출됨

우리는 자아에서 구출될 필요가 있다. 그러지 않으면 우리의 문제들을 해결할 수 없을 것이다. 나이 든 많은 형제자매들이 여전히 자아에서 구출되지 못하고 있다. 구출되는 것은 몸을 필요로 한다. 우리는 우리의 봉사에서 동반자들이 필요하다.

영적인 많은 일은 몸의 원칙 안으로 가져와 해결해야 한다. 제시 펜 루이스(Jessie Penn-Lewis)는 비록 영적 전쟁에 대해 매우 많이 알고 있었지만, 그녀는 단지 개인적인 면만을 보았을 뿐이다. 점차 우리는 주님에 의해 인도를 받아 영적 전쟁은 반드시 몸 안에서 해야 한다는 것을 보게 되었다. 일단 우리가 몸 안으로 돌이키면 영적 전쟁은 매우 쉬워진다. 우리는 동일한 원칙에 따라 자아에서 벗어날 수 있을 것이다. 우리는 자신을 형제자매들에게 내맡겨서, 즉 우리의 자아의 문제를 몸에게 내맡겨서 몸이 처리하도록 해야 한다. 자아에서 벗어나는 것은 오직 몸을 통해서만 수행될 수 있다. 만일 몸이 없다면, 우리는 자아에서 벗어날 방법이 없을 것이다.

우리는 대부분의 사람이 우주적인 교회를 말하는 것과 같은 그러한 일반적인 방식으로 몸을 말해서는 안 된다. 우리는 한 지방에 있는 모든 믿는 이가 몸이라고, 더 구체적으로 말하면 우리와 함께 집회하는 사람들이 교회이며 몸이라고 말할지도 모른다. 그러나 이런 식의 말은 여전히 우리의 필요를 채울 수 없다. 실행에 있어서 몸은 우리와 함께 봉사하고 우리가 교통 안에서 서로에게 열 수 있는 사람들이다. 우리가 우리 자신을 이 성도들에게 내맡길 때, 우리는 자아에서 구원받고 구출될 것이다. 우리의 동역은 완전히 이것에 달려 있다. 그렇지 않으면 우리는 어떤 일을 함께 하는 동료에 불과할 것이고, 우리는 영 안에서 섞일 수 없을 것이다.

우리는 "나는 빛이 필요합니다. 빛이 없다면 나는 아무것도 할 수 없습니다."라고 말할지도 모른다. 이것은 참으로 사실이지만 우리가 빛이 오기만을 기다린다면, 우리의 문제들은 해결되지 않을 것이다. 그러나 우리가 자신을 다른 이들에게 내맡긴다면, 우리는 빛을 보게 될 것이다. 이것은 빛이 오고 나서 우리 자신을 다른 이들에게 내맡기는 문제가 아니다. 이것은 우리가 자신을 다른 이들에게 내맡기고 나서 빛을 보게 되는 문제이다. 성령께서 우리 안에서 일하신 결과, 우리는 봉사에서 다른 이들과 동역하려는 갈망을 갖게 된다. 우리가 다른 이들에게 자신을 내맡기면, 우리는 빛을 볼 수 있을 것이고 내적으로 구원받게 될 것이다.

우리는 어떻게 자신을 서로에게 내맡기고, 어떻게 서로에게 지체가 되며, 어떻게 서로의 발을 씻겨 주는지에 관해 교통해야 한다. 그러지 않으면 우리는 다른 사람들과 동역할 길이 없고, 우리의 일도 더 이상 진전할 길이 없을 것이다. 진정한 동역을 하려면 우리는 파쇄되는 일에서 반드시 돌파구를 찾아야 한다. 이전에 우리는 여러 해 동안 기다려도 이것을 통과하지 못하고 소용이 없었지만, 자신을 몸에게 내맡긴다면 통과하게 될 것이다. 참된 동역이 있자마자 많은 문제는 사라질 것이다. 우리가 기꺼이 원하지 않는다면 방법이 없겠지만, 우리가 기꺼이 원한다면 이것이 우리가 구출받는 유일한 길임을 알게 될 것이다. 그러므로 우리는 함께 봉사하는 사람들에게 자신을 내맡겨야 한다. 우리는 더 이상 미루어서는 안 된다. 심지어 다른 사람들은 모두 틀리고 우리가 전적으로 옳을지라도, 여전히 미루어서는 안 된다. 이것은 옳고 그름의 문제가 아니라 파쇄되는 문제이다. 우리가 다른 이들에게 우리 자신을 내맡기지 않는다면, 우리는 파쇄되지 못할 것이고, 우리에게는 어떤 동역도 없을 것이다. 그러므로 동역자들의 기본적인 필요는 자신을 동역자들에게, 함께 봉사하는 이들에게 내맡기는 것이다. 우리가 다른 사람들에게 자신을 내맡길 때, 우리는 한 영 안에 있게 될 것이고 동일한 부담을 짊어지게 될 것이다. 우리는 함께 섞이게 될 것이고 우리의 영은 해방될 것이다. 이것이 우리의 절박한 필요이다. 우리는 이 문제에서 돌파구를 갖기 바란다.

5

서로 발을 씻겨 주기 위해 자신을 내맡김

제5장

서로 발을 씻겨 주기 위해 자신을 내맡김

주님은 몸 안에서의 동역을 원하심

우리의 동역에서 서로 발을 씻겨 주기 위해 자신을 다른 이들에게 내맡기는 것은 필수 불가결한 일이다. 우리가 하나님에게서 받은 위임은 몸의 증거를 짊어지는 것이며, 우리의 일의 성질은 전적으로 동역의 문제이다. 그러므로 우리는 단독적일 수 없으며, 또한 절대로 단독적이어서도 안 된다. 이것은 마치 농구 경기를 하는 것과 같다. 그것은 팀 전체로서 경기를 하는 것이지 개인으로서 하는 것이 아니다. 그러므로 우리의 일은 농구 경기와 같이 절대적으로 동역이 요구된다. 우리는 주님을 오랫동안 섬겨 왔고 동역에서 많은 체험이 있기 때문에, 경험 많은 전문가들 같을 것이다. 그러나 우리는 단지 외적인 모습에서만 서로 일치할 뿐일 수 있다.

어떤 사람은 주님을 섬기기 위해 나왔을 때 '거칠게' 행동할지도 모른다. 경험이 좀 쌓이면 그는 '유순'해진다. 즉 정치적이게 된다. 이것이 동역자들 사이의 일반적인 상황이다. 우리는 서로를 알고 서로의 문제를 기억한다. 결과적으로 우리는 우리 영 안에서 섞일 수 없기 때문에 동역하기가 어려워진다. 우리는 동역 안에서 섬길 필요가 있는데도 동료에 불과하게 된다. 우리의 일이 확장되고 동역자 수가 많아질수록 상황은 더 나빠질 것이다. 게다가 우리는 동역자들을 더 자주 새로운 장소로 이동시켜야 하는데, 이렇게 이동할수록 동역자들은 다른 이들과 사이좋게 지내는데 더 노련해질 것이다. 그러므로 그들이 동역자들로서 봉사할지라도 그들은 단지 동료들일 뿐이다.

우리의 영이 나올 수 없다면, 우리의 일은 빈약하고 효과가 없을 것이다. 그뿐 아니라 대만에서 주님의 일은 조직이 될 것이고, 우리는 주님의 축복을 잃어버리게 될 것이다. 동역자들은 노련해지지만 참된 동역이 없기 때문에, 주님은 우리를 통하여 많은 일을 하실 수 없을 것이다. 우리가 갈망하는 것은 어떤 큰일을 해내는 것이 아니라 남아 있는 열매를 맺는 것이다. 만일 우리가 맺는 열매가 남아 있으려면, 우리의 영이 반드시 강한 방식으로 나와야 한다. 이것은 철저한 동역을 요구한다.

자신을 내맡기는 것은 동역과 축복을 가져옴

우리의 동역이 철저해지려면 우리는 반드시 자신을 다른 이들에게 내맡겨야 한다. 우리가 이미 이전에 이렇게 했을지 모르지만, 우리의 실행은 너무나 일반적이었다. 우리는 반드시 구체적이어야 하며, 우리 자신을 우리와 함께 봉사하는 사람들에게 내맡겨야 한다. 오직 이렇게 자신을 내맡길 때, 우리는 서로 참된 교통을 할 수 있다. 우리가 자신을 다른 이들에게 내맡길 때, 그 어떤 소원함이나 간격도 제거될 것이다. 이전에 우리는 신중해서 서로 다치게 할까 봐 두려워했다. 비록 함께 봉사하지만 우리는 신중하여 서로를 방어했기 때문에 참된 섞임을 가질 길이 없었다.

우리가 다른 이들에게 자신을 내맡길 때, 마음이 서로에게 열리게 될 것이고, 서로가 참된 섞임을 갖게 될 것이며, 우리의 영이 나올 것이다. 참된 사랑은 영에서 나온다. 이 사랑이 우리 가운데 있는 모든 얼룩과 결점을 제거할 것이다. 우리가 서로에게 자신을 열 때 사랑 안에서 신뢰가 산출될 수 있고, 그 사랑은 우리로 하여금 자신을 더욱 기꺼이 다른 이들에게 내맡기게 할 것이다. 그 결과 우리의 영은 자유롭게 흐를 수 있을 것이다. 그러지 않으면 우리는 우리의 행동과 말에서 신중해질 것이다. 그러나 우리가 기꺼이 자신을 다른 이들에게 내맡긴다면, 우리는 다른 이들이 우리에 관해 무엇을 말하든지 받아들이는 합당한 영을 갖게 될 것이다. 그러면 얼마나 많은 사람이 함께 봉사하든, 우리의 영이 자유롭게 흐를 수 있고, 우리는 축복을 받을 것이다. 이것은 우리의 동역에서 필수 불가결한 것이다.

서로 발을 씻겨 주는 실행

서로 발을 씻겨 주는 실행에 대한 우리의 관념은 새로워질 필요가 있다. 어떤 사람들은 우리가 이전에 함께 봉사해 본 적이 없고 서로 많은 접촉을 갖지도 않았으며 서로 충분히 알지 못하기 때문에, 발을 철저하게 씻겨 줄 수 없다고 말할지도 모른다. 이것은 우리가 이전부터 서로 얼마만큼 알고 있느냐의 문제가 아니라 우리가 서로 신뢰하고 있느냐의 문제이다. 우리가 이전부터 서로 알았든 알지 못했든 우리는 반드시 서로를 신뢰해야 하는데, 그것은 주님께서 우리가 동역하도록 우리를 함께 두셨기 때문이다. 이러한 신뢰는 우리가 어떤 먼지라도 씻어 버리도록 서로 발을 씻겨 주게 한다. 서로 발을 씻겨 주는 것은 이전의 먼지를 씻어 내는 것에 한정되지 않으며, 우리는 장래에 있게 될 먼지를 씻어 낼 준비를 해야 한다. 그러므로 우리는 우리 자신을 다른 이들에게 내맡겨야 한다. 우리가 새로운 지방에 가게 될 때, 우리는 그곳에서의 봉사를 위해 자신을 그곳의 성도들에게 내맡겨야 한다. 그러면 그 지방의 성도들 역시 자신들을 우리에게 내맡길 것이다. 그럴 때 상호 신뢰가 있게 되고, 우리의 영은 서로에게 열릴 것이다. 장래에 문제들이 있을 때, 우리는 동역 가운데서 서로의 발을 씻겨 주기가 쉬울 것이다.

더욱이 어떤 사람들은 발을 씻겨 주는 실행을 대규모로 해야 하는지 소규모로 해야 하는지 물을지도 모른다. 만일 우리가 자신을 내맡기는 목적을 본다면, 발을 씻겨 주는 것을 대규모로 하든 소규모로 하든 문제가 되지 않을 것이고, 우리는 성도들과 섞이게 될 것이다. 성도들이 다섯 명이든 오십 명이든 발 씻겨 줌을 철저하게 할 수 있다. 실행에 있어서 우리는 자신을 내맡기는 것만 주의하면 되며, 너무 많은 것을 고려할 필요가 없다.

한번은 부흥 집회에서 주님을 사랑하는 한 나이 든 자매님이 지나치게 활동적이었기 때문에 집회에 방해가 되었다. 니 형제님과 왕페이전(汪佩眞) 자매님과 나는 이 나이 든 자매님이 함께 봉사하는 이들에게 자신을 이미 내맡긴 사람이라는 확신을 가졌기 때문에, 집회 후에 그녀에게 한 통의 편지를 썼다. 만일 우리에게 그녀가 그 교통을 받아들일 것이라는 확신이 없었다면, 우리는 그렇게 하지 않았을 것이다. 그녀가 자신을 내맡기지 않았다면, 우리는 정반대의 결과를 얻었을 것이다. 편지를 보낸 후에 우리는 이 자매님의 반응을 기다렸다. 그녀의 반응은 집회에서 조용해진 것이었다. 그리고 그녀는 저녁 식사 때 웃는 얼굴로 우리를 보러 왔다. 식사를 다 하고 나서 왕 자매님이 그녀에게 마음이 어떤지 물어보았다. 그녀는 "주님의 사랑에 감사합니다. 그런데 발을 씻겨 주는 물이 너무나 뜨

거웠습니다.”라고 말했다. 그녀는 바로 니 형제님의 어머니이다. 이 일이 있고 나서 그녀는 참으로 도움을 받았을 뿐 아니라, 우리와의 교통도 더욱 친밀해졌고, 그녀는 우리가 그녀를 사랑한다는 더 강한 느낌을 갖게 되었다. 사랑이 없었다면 우리는 결코 편지를 쓸 수 없었을 것이다. 자매님은 도움을 받았고, 우리는 영 안에서 섞이고 동역할 수 있게 되었다.

모든 바깥층을 제거함

자신을 내맡기는 것은 한 면으로 사랑 안에서 서로 발을 씻겨 주기 위한 것이고, 다른 한 면으로 우리를 서로 분리하는 모든 바깥층을 제거하기 위한 것이다. 이것은 달걀 두 개를 함께 섞는 것에 비유할 수 있다. 우리가 달걀 두 개를 섞으려면 반드시 두 달걀의 껍질을 깨야 한다. 달걀의 껍질이 깨어지면 달걀 두 개가 함께 섞일 수 있다. 우리의 모든 바깥층이 제거될 때, 우리는 우리의 영과 우리의 혼과 우리의 마음 안에서 섞일 수 있을 것이다. 심지어 우리가 일을 위해 다른 곳으로 가게 될지라도, 우리는 단지 동료들이 아닌 영 안에서 참된 동역자들로서 섞일 수 있을 것이다. 그럴 때 주님의 일에 전망이 있을 것이다. 우리가 영 안에 있고, 서로의 발을 씻겨 줄 수 있고, 서로에게 정직한 말과 솔직한 말을 할 수 있다면, 많은 어려움이 제거될 것이다. 니 형제님의 어머니가 좋은 예이다. 비록 그녀가 그 집회에서는 방해가 되었지만, 기꺼이 자신을 우리에게 내맡겼기 때문에 그다음 집회에서는 어수선함에서 완전히 구출되었다.

우리의 현 상황은 우리가 서로에게 공손하지만 정직하지 않다는 것이다. 우리는 정직하게 말하여 다른 사람들을 마음 상하게 하기보다는 계속 잘못된 상태에 있으려고 한다. 그럴 때 주님의 일은 손상을 입게 된다. 만일 우리가 기꺼이 자신을 내맡기고자 하고 정직하고자 한다면, 주님의 일은 손상을 입지 않을 것이고, 우리는 영 안에서 섞이게 될 것이다. 이 섞임 안에서 한 사람은 천 명을 뒤쫓을 수 있고, 두 사람은 만 명을 도망치게 할 수 있다(신 32:30). 사람의 계산에 따르면, 한 사람이 천 명을 뒤쫓는다면 두 사람은 이천 명을 뒤쫓을 수 있을 것이다. 그러나 하나님의 말씀에 따르면, 두 사람이 함께 연결되었을 때, 그들은 만 명을 뒤쫓을 수 있을 것이다. 다른 말로 하면, 그들은 열 배나 더 효과가 있을 것이다. 이것은 하나님께서 정하신 것이다. 우리가 섞일 때 우리의 일은 효과적일 것이다. 그러므로 반드시 일에 효과가 있고 어려움을 제거하고자 한다면, 우리 자신을 다른 이들에게 내맡겨야 한다. 그러지 않으면 우리가 더 오래 함께 섬길수록 더 정치적이게 될 것이다. 비록 많은 문제가 없을지라도, 우리의 영은 점차 죽게 될 것이다. 결과적으로 우리의 봉사는 막대한 손상을 입을 것이다.

우리의 긴급한 필요

우리의 일을 고려할 때, 우리에게 몇 가지 분명한 필요가 있는 것 같다. 진리를 아는 것에 더하여 우리에게는 우리의 실행을 바꾸어야 하는 긴급한 필요가 있다. 또 다른 문제는 우리라는 사람과 관계되는 문제인데, 그것은 우리에게 동역할 능력이 없다는 것이다. 이것은 우리가 서로 다툰다는 의미가 아니라 서로 섞일 수 없다는 의미이다. 우리가 섞일 수 있는 능력은 우리의 동역이 참된지 그렇지 않은지를 결정한다. 그러므로 나는 주님 앞에서 이것이 현재 우리가 당면하고 있는 매우 중요한 관문이라고 깊이 느끼고 있다. 우리가 이것을 돌파할 수 없다면, 우리의 일은 형식적인 방식으로 수행될 것이고, 우리의 동역은 신발을 신은 채 가려운 발을 긁으려고 하는 것처럼 비효율적일 것이다.

나는 우리가 이것을 위해 계속 기도할 수 있기를 바란다. 자신을 내맡기는 것은 한 번으로 끝나는 문제가 아니다. 우리는 계속해서 자신을 내맡겨야 한다. 동역자들은 한 주에 한 번 모여서 서로에게 자신을 내맡길 수 있을 것이다. 우리 모두에게 이러한 영이 있어야 한다. 나는 형제들이 나의 발을 씻겨 주기를 바라고, 나는 형제들의 발을 씻겨 줄 준비가 되어 있다. 만일 우리가 언제 어디서나 이러한 태도를 지닐 수 있다면, 서로에게 진실한 영과 참된 사랑을 가질 수 있을 것이다. 이 진실한 영과 참된 사랑이 바로 우리의 일이 축복을 받을 수 있는 가장 큰 요인이다. 이것은 우리의 일 가운데 있는 많은 죽음의 요소를 제거할 것이고, 또한 우리의 일은 살아 있고 축복을 가져오는 일이 될 것이다. 우리 모두가 이것을 극도로 중요시하고 또한 이 일에 관해 주님을 앙망하기를 바란다.

6
우리의 일의 나아갈 길

제6장

우리의 일의 나아갈 길

동역자들은 여러 해 동안 봉사를 거치면서 여러 체험을 하고 많은 영적인 문제들을 접했을 것이다. 하지만 우리의 일의 현 단계에서, 우리는 더욱 깊어지고 더욱 풍성해지며 더욱 영적으로 가치 있게 될 필요가 있다. 이것들을 이루고 성취하려면 반드시 다음의 몇 항목을 중시해야 한다.

그리스도를 공급함

우리는 반드시 그리스도를 공급해야 한다. 그리스도를 공급하려면 반드시 그리스도를 알아야 한다. 복음을 전할 때 우리는 그리스도를 사람들 안으로 넣어 주는 것이고, 성도들을 도울 때 우리는 그들에게 그리스도를 공급하는 것이다. 우리의 모든 일은 바로 그리스도를 공급하는 것이다. 그러나 이 말이 우리 동역자들 가운데 단지 하나의 교리나 구호가 되어서는 안 된다. 이것은 반드시 우리의 체험이 되어야 한다. 우리에게 합당한 인식과 체험이 있다면, 우리가 하나님의 말씀에서 받은 빛에 근거하여 자신이 체험한 것을 다른 이들과 나눌 수 있다. 전한 말씀이 아무리 수준이 높을지라도 체험할 수 없다면, 그것은 단지 교리에 불과하다. 심지어 그리스도에 관한 말조차도 이론적일 수 있다. 우리는 반드시 체험을 가져야 한다. 우리의 메시지는 높아야 하지만, 우리의 메시지가 우리의 체험과 동떨어져서는 안 된다. 우리가 높은 메시지를 말한다면, 우리는 그것과 어울리는 체험을 해야 한다.

성도들을 이끌어 그 영을 알게 함

우리는 또한 성도들을 이끌어 그 영을 알게 해야 한다. 우리가 다른 이들에게 그리스도에 대해 말할 때, 우리는 그들에게 그리스도께서 실재이시라는 것을 보여 주어야 한다. 이것은 영적인 철학이 아니다. 그리스도는 말씀이실 뿐 아니라 살아 계신 영이시다. 우리는 반드시 계속해서 이것을 강조해야 하지만, 우리 자신의 말을 사용해서는 안 된다. 지난 이천 년 동안 그리스도의 위격에 관하여 많은 논쟁이 있어 왔는데, 이것은 삼일성에 관한 진리를 만진다. 우리는 논쟁을 피해야 한다. 우리는 성도들이 삼일성에 관한 교리를 분석하도록 인도하지 말고, 성경 말씀에 따라 단순히 진리를 그들에게 제시해야 한다. 고린도전서 15장 45절은 "마지막 아담은 생명 주시는 영이 되셨습니다."라고 말한다. 우리는 삼일성에 관한 교리는 이해하지 못할지 모르지만, 성경이 "마지막 아담은 생명 주시는 영이 되셨습니다."라고 말하는 것을 알고 있다. 고린도후서 3장 17절은 "주님은 그 영이십니다."라고 말한다. 성경 말씀이 이렇게 말할 뿐 아니라, 우리의 체험도 이것을 확증해 준다. 주님은 자신은 하늘에 남아 계시고 또 다른 분이신 그 영을 보내셔서 우리가 체험하도록 하지 않으신다.

주님 자신께서 우리 안에 들어오셨고, 우리 또한 그분 안에 있다. 그분은 우리가 체험하는 분이시다.

교회들 안에 있는 성도들은 우리가 따르고 누리고 체험하는 주님께서 참되시고 살아 계신다는 것을 보아야 한다. 이뿐 아니라 참되시고 살아 계신 분으로서, 그분은 그 영이시기 때문에 우리 안에 살고 계신다.

우리는 성도들에게 헬라어에서 '영'이라는 단어가 '호흡'과 같은 단어라는 것을 알려 주어야 한다. 주님은 오늘날 우리에게 호흡과 같으시다. 신체의 생명이 호흡에 달려 있듯이 영적인 생명도 호흡에 달려 있다. 주 예수 그리스도께서 우리의 영적인 호흡이시다. 주 예수님은 부활하신 날 저녁에 제자들에게 오셔서 숨을 불어 넣으시며 "성령을 받으십시오."(요 20:22)라고 말씀하셨다. 우리의 주님은 오늘날 우리에게 영적인 호흡이시다.

우리는 로마서 8장 16절이 "그 영께서 직접 우리의 영과 함께 … 증언하십니다."라고 말하기 때문에, 사람 안에 영이 있다는 것을 안다. 요한복음 4장 24절은 "하나님은 영이시니, 경배하는 사람들은 영 안에서 … 경배해야 합니다."라고 말한다. 하나님은 영이시기 때문에, 그분은 사람이 영 안에서 그분께 경배하기를 원하신다. 우리 속 깊은 곳에 한 부분이 있는데 성경은 그것을 영이라고 부르며, 이 부분은 우리가 하나님을 접촉하는 기관이다(요 3:6, 고전 6:17). 우리는 신성한 영과 우리 사람의 영을 체험해야 한다. 우리는 또한 다른 이들에게 이 두 영에 대해 말할 때 정확한 성경의 말씀들을 인용할 수 있어야 한다. 우리는 성도들에게 하나님께서 영이시고 우리 안에 영이 있다는 것을 반드시 지적해 주어야 한다. 이것은 우리가 공기로 둘러싸여 있고 호흡 기관을 사용하여 공기를 호흡해 들이는 것에 비유할 수 있다. 공기는 보이지 않지만, 우리는 우리의 호흡 기관을 사용하여 공기를 들이쉬고 내쉴 수 있다. 우리는 아침에 신선한 공기를 호흡할 때 내적으로 상쾌한 느낌을 갖게 된다. 마찬가지로 우리는 우리의 영을 사용하여 주님을 호흡해 들일 수 있다. 우리가 주님을 호흡해 들일 때 내적으로 상쾌하고 만족스러운 느낌을 갖게 된다.

만일 우리가 그 영을 언급하지 않은 채 그리스도에 관하여 말한다면, 우리의 말이 추상적이고 이론적이며 교리에 지나지 않는다는 것을 성도들에게 보여 주기 위해, 이러한 진리를 자주 말해야 한다. 우리는 반드시 성도들에게 그리스도께서 바로 우리의 영 안에 계신 생명의 영이심을 보여 주어야 한다. 그러므로 우리는 반드시 우리의 영에 주의를 기울이고, 우리의 영을 훈련하며, 또한 우리의 영 안에서 살아야 한다. 우리는 성경을 읽을 때 말씀을 기도로 읽음으로 우리의 영을 훈련하여 우리의 영이 나올 수 있게 해야 한다. 이렇게 훈련한 결과로 우리가 집회에서 기도하기 위해 입을 열 때, 우리의 영을 해방할 수 있을 것이다. 우리는 생각을 너무 많이 사용하지 말고 오히려 우리의 영을 사용하기를 훈련해야 한다. 이것은 우리가 진리를 이해할 필요가 없다는 말이 아니다. 우리는 진리를 이해할 필요가 있지만, 또한 우리의 영을 훈련할 필요가 있다. 우리의 영은 반드시 강해야 한다.

다른 이들과 조화되는 가운데 섞여야 함

또 한 가지는 우리가 반드시 우리의 일을 섞임의 방식으로 해야 한다는 것이다. 우리는 봉사할 때 동역자들과 섞여야 할 뿐 아니라 성도들도 섞이게 해야 한다. 동역자들이 먼저 섞이고, 그런 다음 그들은 장로들과 섞이고 지역 책임자들과 섞이며, 그리고 다른 봉사자들과 섞여야 한다. 결과적으로 모든 성도가 섞이게 될 것이다. 이것은 사람의 기술이나 성도들을 조직함으로 이루어지는 것이 아니다. 섞임은 영 안에서 이루어진다.

앞으로 우리는 반드시 우리의 일하는 방식을 바꾸어야 한다. 우리는 민주주의에 관심이 없다. 우리는 또한 상사와 부하 직원이 있는 그러한 세상 체계도 원하지 않는다. 인도하거나 전시간으로 봉사하는 것은 우리에게 특별한 지위가 있는 것을 의미하지 않는다. 이러한 관념은 반드시 철저히 제해져야 한다. 우리는 민주주의가 아닌 교통을 주의한다. 우리가 장로이기 때문에 모든 일에서 최종 결정을 내린다고 말하는 것은 틀린 것이다. 우리는 반드시 가능한 한 형제자매들에게 자신을 열고 그들의 견해를 받아들여야 한다. 예를 들어, 우리는 양밍(陽明)산에 가는 단순하고 편리한 길을 알고 있는데, 다른 한 형제가 더 시간이 걸리는 길로 가기를 원한다고 하자. 우리가 양밍산에 도착하는 한 우리는 우리의 길을 주장할 필요가 없다. 물론 주님께 잘못하는 일이라면, 우리는 결코 받아들여서는 안 된다. 그러나 주님께 잘못하는 것이 아니라면, 다른 이들의 교통을 받아들이기 위해 열려 있어야 하고, 자신의 방식을 주장하지 말아야 한다.

전시간으로 봉사하는 우리는 자신이 모든 것을 알고 있다거나 다른 사람들보다 더 역량이 있는 것처럼 행동해서는 안 된다. 이것은 잘못된 것이다. 우리는 마땅히 형제자매들과 다르지 않은 방식으로 그들과 함께 봉사해야 한다. 우리는 특별한 계급에 있는 사람이 아니다. 더욱이 우리는 형제자매들의 봉사를 지원해야지 그들을 대치해서는 안 된다. 우리가 원하는 것은 성도들의 봉사를 세워 주는 것이지 그들의 봉사를 빼앗는 것이 아니다. 우리는 그들의 봉사가 만족스럽지 못하다고 판단하지 말아야 하고, 그들의 봉사를 빼앗아 그들을 대신해 모든 것을 하려고 하지 말아야 한다. 이렇게 하는 것은 완전히 잘못된 것이다. 우리는 조금도 사람들에게 이러한 느낌을 주어서는 안 된다. 오히려 우리는 다른 이들에게 각 지방에 있는 교회의 봉사는 그 지방에 있는 성도들의 것이라는 느낌을 주어야 한다. 만일 주님께서 우리를 한 장소에 장기간 있도록 안배하셨다면, 우리는 그 지방에 있는 성도로서의 위치를 갖게 될 것이며 성도들과 함께 봉사해야 한다. 그러나 만일 주님께서 우리를 한 특정 지방에서 일에 참여하도록 안배하셨다면, 우리는 성도들을 돕고 지원해야지 그들을 대치해서는 안 된다.

우리는 일을 하러 나갈 때마다 성도들에게 우리에 대해 잘못된 인상을 주지 않게끔 주의할 수 있도록, 주님께서 우리에게 합당한 영을 주시기를 앙망해야 한다. 우리의 영과 태도와 표현은 반드시 항상 합당해야 한다. 우리는 성실하게 봉사해야 하며, 다른 이들을 대치하지 않고 오히려 지원해야 한다. 성도들이 주님의 길을 취하고, 주님의 증거를 유지하며, 주님을 경외하고 섬기기만 한다면, 그들이 취하는 방식은 틀리지 않는다. 우리는 동일한 목표를 가져야 하고, 성도들의 봉사에서 그들을 지지해야 한다. 이러한 영이 있다면 우리는 자신을 성도들에게 열 수 있을 것이고 그들과 섞일 수 있을 것이다.

이것이 조화되는 것이고 동역 안에서 섬기는 것이다. 우리가 항상 다른 이들과 조화되지 못한다면, 우리의 일은 실패할 것이다. 우리는 옳은 것이 우리의 일의 초점이 아니라는 것을 반드시 명심해야 한다. 내 직업이 과수원을 가꾸는 일이라고 가정해 보자. 내가 일을 시작할 때 그곳이 황폐해져 있었다면, 여러 해 후에 그곳은 살아 있고 무성하게 되어야 한다. 우리도 반드시 성도들을 그들의 영적인 상태가 합당해질 때까지 그와 같은 방식으로 돌보아야 한다. 우리가 우리의 일에서 모든 것을 옳게 하는 것으로는 충분하지 않다. 주님은 우리를 옳은 것을 하도록 보내지 않으셨다. 주님은 우리가 어떤 지방에서 일정 기간 섬긴 후에 그곳의 모든 성도들이 조화되고 살아나기를 원하신다. 우리는 성도들이 조화되고 영 안에서 살아나는 데 초점을 맞추어야 하며, 자신이 옳게 되는 데 초점을 맞추어서는 안 된다. 우리가 우리의 일에서 반드시 강조해야 하는 것들은 그리스도를 공급하는 것과, 성도들을 인도하여 그 영을 알게 하는 것과, 성도들이 조화 안에서 섞이는 것이다.

주님의 긍휼로 우리는 겸손해야 하고 길을 열어야 한다. 우리는 반드시 열려 있어야 하고, 동역자들에게 자신을 내맡겨야 하며, 동역자들이 우리의 발을 씻겨 주도록 해야 한다. 발을 씻겨 주는 일은 성급하게 할 수 없으며, 이삼 일 안에 철저히 행해질 수도 없다. 동역자들은 서로 발을 씻겨 준 후에, 장로들과 집사들과 지역 책임자들과도 함께 발을 씻겨 주는 실행을 해야 한다. 우리는 한 면으로 메시지를 전하여 성도들의 영을 불타오르게 해야 하고, 다른 한 면으로 성도들의 발을 조금씩 씻겨 주어야 한다. 철저히 발을 씻겨 주기 위해서는 우리에게 육 개월에서 일 년이 필요할 수도 있다.

물론 교회 안에서 어떤 일을 완전히 성공적으로 해낼 수는 없다. 교회는 가정이지 학교가 아니다. 가정에서는 항상 어느 정도의 무질서가 있다. 아들이나 딸이 성숙해지면 아기가 태어날 수 있고, 이 아기는 얼마만큼의 무질서를 야기한다. 그러므로 교회가 항상 질서 정연할 것이라고 기대해서는 안 된다. 교회는 가정이다. 한 가정에 다리 저는 아이가 태어나거나 눈먼 아이가 태어나도, 가정이라는 관점에서 말한다면 여전히 가정의 모습인 것과 같다. 우리는 다리 저는 이나 눈먼 이를 잘라 낼 수 없고 그렇게 해서도 안 된다. 교회 안에서 우리는 약한 이들을 돌보고, 눈먼 이들을 인도하며, 걷지 못하는 이들을 짊어지고 가야 한다. 왜냐하면 이것이 교회이기 때문이다. 교회에서는 성도들이 거역하거나 손상하는 일을 하지 않는 한 그것으로 충분하다.

어린이의 일과 청소년의 일과 자매의 일에 주의를 기울임

우리는 또한 어린이의 일과 청소년의 일에 주의를 기울여야 한다. 심지어 우리가 어린이나 청소년의 일을 한 적이 없다 할지라도, 여전히 우리는 그 일들을 해야 한다. 우리가 봉사하고 있는 지방의 교회에서 우리는 반드시 성도들을 어린이의 일에 참여시키고, 청소년의 일에 주의를 기울이도록 해야 한다. 우리는 주님에게서 이 부담을 받아야 하며, 일반적인 일을 하지 말아야 한다. 우리는 반드시 기회를 붙잡아야 하고, 어떤 곳에 씨를 뿌려야 결실이 있을지를 알아야 한다. 모든 교회에는 반드시 청소년을 위한 집회가 있어야 한다. 가능하다면, 중학생을 위한 집회와 고등학생을 위한 집회와 대학생을 위한 집회가 있어야 한다.

더욱이 자매들은 교회 안에서 봉사할 부담을 받아들여야 한다. 형제들만 봉사해서는 안 된다. 형제들은 관념의 전환이 필요하다. 형제들은 자매들이 머리가 될 수 없기 때문에 교회 봉사에 참여해서는 안 된다고 생각하지 말아야 한다. 우리는 자매들의 봉사를 중요하게 여겨야 한다. 물론 자매들은 반드시 머리를 덮어야 하고 머리가 되어서는 안 되지만, 자매들 역시 교회에서 봉사해야 한다. 자매들은 교회 봉사의 삼분의 이를 돌보아야 하고, 형제들은 삼분의 일을 돌보아야 한다. 이것이 합당한 비율이다. 그러므로 자매들은 반드시 부담을 받아들여야 한다. 만일 자매들의 도움이 없다면, 어린이의 일은 합당하게 수행될 수 없다. 같은 원칙이 청소년의 일에도 적용된다. 우리가 청소년의 일이 온전하게 되기를 원한다면, 자매들이 반드시 이 일에 참여해야 한다. 어린이의 일에서 구십 퍼센트 이상이 자매들의 참여를 필요로 한다. 자매들이 참여하지 않으면 어린이의 일이 성공할 방법이 없다.

또한 자매들은 오랫동안 집회에 나오지 않거나 뒤로 물러난 자매들을 위해 부담을 짊어질 수 있다. 자매들은 그들을 돌보아야 한다. 우리가 자매들의 봉사를 일으킬 수 있다면, 교회는 부흥될 것이다.

결론의 말

일에 대한 기초로서, 우리는 반드시 그리스도를 공급해야 하고, 영 안에 있어야 하며, 조화로운 동역이 있어야 한다. 이 세 가지는 형제들이 각지로 돌아가서 교회를 어떻게 인도하느냐에 달려 있다. 강단에서 전한 메시지를 통해서든 성도들과의 개인적인 교통에서든, 우리는 이 세 가지 것에서 성도들을 온전하게 해야 한다. 이 기초를 세운 후, 우리는 자매들을 일으켜서 뒤로 물러난 자매들을 돕고 어린이의 일과 청소년의 일을 돕도록 해야 한다. 교회 안의 일은 반드시 어린이들과 청소년들과 자매들에게 집중되어야 한다. 자매의 일은 소홀히 여겨져 왔다. 우리는 이 문제를 소홀히 하지 않도록 반드시 최선을 다해야 한다. 만일 우리가 이것들에 성공할 수 있다면, 우리는 교회를 주님의 축복 안으로 이끌 수 있을 것이다.

이 외에, 우리는 조금씩 집회 방식을 바꾸어야 한다. 예를 들면, 우리가 단지 말씀을 듣기만 하지 않도록 주일 오전 집회의 방식을 바꿀 필요가 있다. 우리는 이것을 성도들에게 교통하여 그들의 관념이 바뀌도록 해야 한다. 성도들이 이러한 관념의 변화를 받아들일 수 있을 때, 우리는 주일 오전 집회 방식을 바꾸어 메시지를 듣는 낡은 습관을 깨뜨려야 한다.

우리는 더 이상 과거처럼 일해서는 안 된다. 우리는 반드시 방식을 바꾸어야 한다. 우리는 이전에 어린이의 일과 청소년의 일과 자매의 일을 소홀히 여겼다. 우리는 일반적인 일들은 중시했지만, 청소년의 일에 대해서는 그다지 주의를 기울이지 않았고, 어린이의 일에 관해서는 단지 기도만 했다. 이제 우리는 반드시 어린이들과 청소년들과 자매들에게 우리의 노력을 집중해야 한다. 더욱이 우리가 전하는 메시지들은 반드시 단순하고 직접적인 방식으로 그 영이신 그리스도를 공급하는 것이어야 한다. 우리는 이러한 주요한 일들에 초점을 맞추어야 하며, 다른 것들에 초점을 맞추어서는 안 된다.

7
우리의 일의 다섯 방면

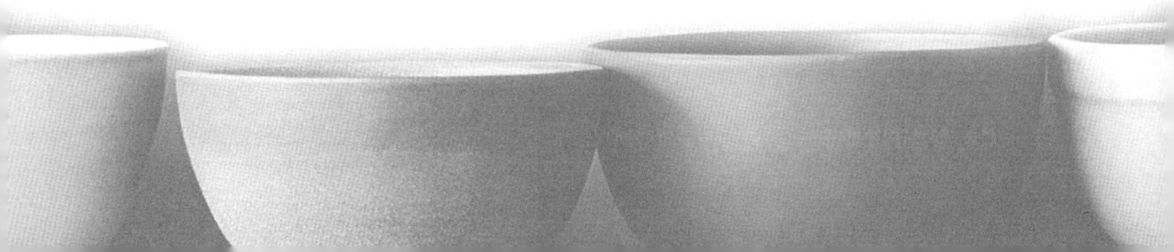

제7장

우리의 일의 다섯 방면

우리는 우리의 일의 다섯 방면에 주의를 기울여야 한다. 첫째는 동역자들에 관한 것이고, 둘째는 각 지방에서의 동역자들의 책임, 곧 동역자들과 각 지방에 있는 교회들 사이의 관계에 관한 것이며, 셋째는 자매들의 모임과 봉사에 관한 것이고, 넷째는 청소년의 일과 어린이의 일에 관한 것이며, 다섯째는 봉사하는 이들이 새로운 세대를 어떻게 일으키고 산출하느냐에 관한 것이다.

동역자들은 작은 권역들 안에서 동역해야 함

우리가 주의를 기울여야 하는 첫째 방면은 동역자들의 동역에 관한 것이다. 동역에 관하여 어떤 지방은 주님의 돌보심을 누렸지만, 어떤 지방에서는 동역이 부족하고 합당하지 못하였다. 이러한 부족이 있었던 이유는 몇몇 지방에만 두 명의 동역자가 있었고, 대부분의 지방에는 오직 한 명의 동역자만 있었기 때문이다. 그 결과 동역자들의 기능이 합당하게 나타나지 못했고, 제한받는 것이 부족하여 많은 공과를 배우지 못하였다. 어떤 젊은 동역자들은 어떤 인도도 받지 못하고 그들 스스로 자라도록 방치되었다. 이것은 참으로 손실을 가져왔다.

앞으로 우리는 방식을 바꾸어서 성경에 따른 방식, 곧 사도들이 우리에게 남겨 준 본을 취해야 한다. 우리는 일을 큰 권역들로 나눌 뿐 아니라 작은 권역들로도 나눌 것이다. 작은 권역들마다 최소 대여섯 명의 동역자가 동역하고 그중 한두 명이 앞장서게 될 것이다. 그들은 동역자들로 이루어진 작은 팀을 형성하게 될 것이다. 그들은 이러한 방식으로 동역하고, 훈련받으며, 공과들을 배우고, 제한을 받게 될 것이다. 거기에는 어느 정도의 규제가 있을 것이다. 결과적으로 모든 사람이 유익을 얻고 그들의 기능이 나타나게 될 것이다.

팀의 일원인 모든 형제는 자신의 지방에서 주된 책임을 져야 하며, 또한 그들이 속한 작은 권역 내에서 융통성 있게 봉사해야 한다. 예를 들면, 한 형제는 한 곳에서 다른 곳으로 가서 봉사 집회를 돌보거나 메시지를 전할 수 있어야 한다. 이렇게 실행한다면 우리는 매우 많은 유익을 얻을 것이다. 우리의 일은 이전보다 더욱 융통성 있게 돌아갈 것이고, 우리는 많은 공과를 배울 것이며, 더 나아가 참된 동역을 갖게 될 것이다.

여러분이 최근에 주님을 섬기기 위해 자신을 헌신한 젊은 형제나 자매라고 하자. 여러분은 규제받는 것을 배울 필요가 있는데, 이는 규제를 받지 않는다면 발전할 수 없기 때문이다. 니 형제님은 구원받은 후 얼마 되지 않아 주님의 부름을 받았는데, 당시 형제님은 겨우 스무 살 정도였다. 주님의 부름을 받아들인 후, 그는 상하이로 가서 위츠두(余慈度) 자매님과 동역하였다. 어느 날 위 자매님이 니 형제님에게 우체국에 가서 우편물을 부치도록 했는데, 도중에 뜻하지 않은 일이 일어나 몇 시간 뒤에야 우편물을 부칠 수 있었다. 이로 인해 니 형제님은 돌아와서 위 자매님에게 꾸중을 들었는데, 그것은 니 형제님이 청년이라서 놀다 온 것으로 추측했기 때문이다. 그녀의 꾸중에도 니 형제님은 자신을 변호하지 않고 질책을 받아들이는 공과를 배웠다. 이것은 매우 좋은 공과였다.

나중에 푸저우(福州)에서 많은 청년이 주님에 의해 일으켜졌고, 그들 대부분이 바버(Margaret E. Barber) 자매님에게서 유익을 얻었지만, 그녀에게 책망을 받지 않은 사람이 한 사람도 없었다. 마지막에 가서는 니 형제님 혼자만 남게 되었다. 여러 해 후에 내가 동남아시아를 방문했을 때, 이전에 바버 자매님에게 책망을 받았던 사람들을 만난 적이 있었는데, 그들은 나에게 이 사실을 확인해 주었다. 그들은 니 형제님이 항상 자신을 바버 자매님에게 내놓는 것을 좋아했다고 말하였다. 니 형제님은 꾸중을 들을 것을 알면서도 자매님에게 갔다. 니 형제님은 자매들이 머리를 덮어야 한다는 것을 절대적으로 인정했지만, 형제님은 자매들을 통해 구원받고 온전하게 되었다. 니 형제님은 위 자매님을 통해 구원을 받았고, 바버 자매님에게서 가장 큰 영적인 도움을 받았다.

당시 니 형제님은 함께 섬기는 다른 한 형제보다 다섯 살이나 어렸는데, 바버 자매님은 젊은 니 형제님이 반드시 압력을 받아야 한다는 것을 알고 있었기 때문에, 모든 일에서 니 형제님을 그 형제 아래에 두었다. 이것은 니 형제님에게 매우 힘든 일이었지만, 바버 자매님은 형제님을 계속 그 형제 아래에 두어 복종하게 하였다. 한번은 어떤 사람들이 니 형제님을 통해 구원받았고 침례를 받으려고 하였다. 그러나 니 형제님과 그 형제는 누가 침례를 주어야 하는지를 결정할 수 없었다. 니 형제님은 침례받고자 하는 사람들을 자신이 인도해 구원받게 했으므로 자신이 침례를 주어야 한다고 느꼈다. 그가 이 일을 바버 자매님에게 묻자, 자매님은 그 연장한 형제가 침례를 주어야 한다고 대답하였다. 니 형제님이 왜 그래야 하느냐고 묻자, 자매님은 "그가 자네보다 연장자이기 때문이네."라고 대답하였다. 그러나 니 형제님과 함께 섬기던 이들 중에 더 연장한 형제가 있었다. 니 형제님은 더 연장한 형제를 언급함으로써 그 형제를 이길 수 있다고 생각하여 바버 자매님에게 더 연장한 형제가 침례를 주어야 한다고 제안하였다. 그러나 바버 자매님은 반드시 그 첫 번째 형제가 침례를 주어야 한다고 말하였다. 바버 자매님은 조금도 그에게 양보하지 않음으로써, 그가 십자가의 공과를 배우도록 했으며, 복종하고 따지지 않는 것을 배우게 하였다. 이러한 체험들을 통하여 니 형제님은 압력을 받았고 어떤 공과들을 배웠다. 일생토록 그는 이러한 체험들을 통해 얻은 유익을 잊지 못하였다.

여러분은 모두 니 형제님의 책만을 읽어 보았고 그를 대면해서 보지는 못했다. 만일 여러분이 니 형제님과 함께 살 기회가 있었다면, 여러분 중 누구도 그것을 견딜 수 없었을 것이다. 니 형제님은 사람을 합당하게 다루는 능력을 가지고 있었다. 내가 처음 상하이에 갔을 때, 나는 몇몇 형제와 함께 집회소 건물에서 지냈다. 주일 아침에 형제들은 보통 첫 찬송이 불리기 전에는 집회에 참석하기 위해 아래층에 내려가지 않았다. 어느 날 집회를 인도할 때, 니 형제님은 일어나서 "일단 첫 찬송이 불리기 시작하면, 여러분은 위층에 있든 아래층에 있든 이동할 수 없습니다."라고 말했다. 그 이후로 우리는 정해진 시간 전에 집회에 오게 되었다. 니 형제님이 우리를 훈련시킨 방식은 참으로 우리에게 유익이 되었다. 청년들은 반드시 공과들을 배워야 한다. 중국인의 전통에 따르면, 아들이 부모의 가게에서 사업을 배우기란 어렵다. 갑은 그의 아들을 을에게 보내고, 을은 그의 아들을 갑에게 보내는 편이 낫다. 이런 식으로 해야 을은 갑의 아들에게 압력을 줄 수 있고, 갑은 을의 아들에게 압력을 줄 수 있다. 이것은 양쪽 아들을 모두 유용하게 만든다. 만일 우리의 자녀들을 우리 수하에 둔다면, 우리는 그들을 훈련시킬 길이 없을 것이다. 그들은 반드시 다른 사람의 수하에서 훈련받아야 한다.

과거에 동역자들이 엄격하지 않았기 때문에, 봉사하는 청년 형제들이 많은 압력을 받지 않았다. 그 결과 그들은 그다지 유용하지 않다. 압력이 적으면 유용성도 적다. 나는 동역자들 사이에 참된 동역이 이루어지기를 바란다. 모든 작은 권역의 각 사람은 공과들을 배우고 제한받는 것을 배우기 위해 다른 이들과 동역해야 한다. 그렇지만 우리는 사랑이 가득해야 한다. 비록 압력이 있지만 그것은 사랑의 압력이고, 그 책망은 사랑의 책망이다. 결과적으로 우리의 유용성은 증가할 것이다. 우리는 이 일을 실행하는 데 있어서 진지해야 한다.

동역자들은 각 지방에 있는 교회들을 돕고 유용한 이들을 산출함

우리는 또한 동역자들과 각 지방에 있는 교회들 사이의 관계를 고려할 필요가 있다. 원칙에 따르면, 전시간으로 봉사하는 동역자는 그 지방에서 책임을 맡지 않는 것이 가장 좋으며, 그 지방의 성도들이 봉사할 수 있는 기회를 갖도록 하는 것이 가장 좋다. 그러나 모든 지방에는 실지적인 필요가 있으므로, 동역자들이 가서 교회들을 도울 수 있다. 그러나 그들은 성도들을 돕되 대치해서는 안 된다. 그들은 봉사를 하는 동안 최선을 다해 성도들이 일어나 그들의 지방에서 책임을 질 수 있도록 도움으로 그들을 지원해야 한다.

동역자들이 모든 책임을 맡는다면, 그들은 성도들을 대치하는 것이다. 우리는 성도들이 봉사하는 법을 모르기 때문에 봉사할 수 없을 것이라고 생각해서는 안 된다. 우리는 반드시 그들을 지원하고, 가르치고, 그들이 봉사할 때 함께함으로써 그들에게 봉사할 기회를 주어야 한다. 점차적으로 그들은 우리가 하는 일을 하도록 배우게 될 것이다. 어떤 동역자들은 유용한 사람들을 산출할 수 있는 반면, 어떤 동역자들은 그러지 못한다. 동역자는 유용한 이들을 산출하려면 좋은 '재료'들이 필요하다고 말해서는 안 되고, 어떤 지방에는 '재료'들이 부족하다고 변명해서도 안 된다. 어떤 동역자는 '재료'들이 넘치는 곳에 있지만 유용한 이들을 산출하지 못할 수 있다.

유용한 이들을 산출하기 위한 원칙은 성도들에게 너무 많은 요구를 하지 않는 것이다. 우리는 성도들에게 공급해야 한다. 누군가가 어떤 일을 할 줄 모른다면, 우리는 그에게 배울 수 있는 기회를 주어야 한다. 만일 그가 실수를 하면 우리는 바로 책망하지 말고, 약간 교정해 주고 은혜를 공급한 후에 다시 그에게 하게 해야 한다. 그가 한 번 실패하더라도 우리는 그에게 다음 번에도 하게 해야 하고, 다음 번도 실패하더라도 그 다음 번에도 하게 해야 한다. 우리는 그를 도와서 그가 교회 안에서 책임을 짊어지게 해야 한다. 교회는 모든 성도들에게 속해 있다. 그러므로 교회와 관련된 일은 성도들의 손에 두어야 한다. 성도들이 일어날 필요가 있다. 동시에 우리는 성도들에게 우리가 주님에 의해 세워진 것은 각지에 있는 교회들을 돕기 위해서라는 느낌을 주어야 한다. 우리가 교회들 가운데서 하는 일은 결코 우리의 손안에 계속 있어서는 안 된다. 어떤 일도 우리의 손안에 두어서는 안 된다. 우리는 교회들을 건축하고 있다. 우리의 일이 백 퍼센트 성공적이어도, 우리는 그것을 모두 교회들에게 넘겨주어야 한다. 우리의 손은 비어 있어야 하고, 우리 자신을 위해서 어떤 것도 남겨서는 안 된다.

이것은 중국 대륙에서 일이 시작된 때로부터 지금까지 우리의 앞선 동역자들이 우리에게 남겨 놓은 본이다. 우리는 우리의 일의 결과의 크기에 관계없이 우리의 손에 아무것도 남겨 놓지 않았다는 것을 모든 형제자매들에게 순수한 양심 안에서 증언할 수 있다. 우리는 모든 것을 교회들에게 넘겨주었다. 우리의 의도는 형제자매들을 지원하는 것이고, 그들이 교회 안에서 일어나도록 하는 것이다. 우리는 이런 식으로 성도들을 도와서 각 지방에 있는 교회를 건축하기 위해 최선을 다하고, 또한 유용한 이들을 산출한다.

그러므로 우리 모두는 반드시 어떻게 유용한 사람들을 산출하는지를 배워야 한다. 더 좋은 재료를 찾으려고 하지 말고, 그 대신 사용 가능한 재료를 잘 활용해야 한다. 우리는 모두 하나님 앞에서 부족하지만, 그분은 우리를 있는 그대로 사용하실 수밖에 없다. 우리가 다른 이들을 온전하게 할 때에도 이 원칙을 적용해야 한다. 우리는 사용할 수 있는 형제들이나 자매들을 써야 한다. 우리는 그들을 받아들이고, 공급하며, 인도하고, 가르치며, 조절해야 하며, 충분한 은혜가 있다면 심지어 그들을 약간 다룰 수 있어야 한다. 우리는 이것이 그들을 온전하게 하는 것임을 그들이 점차적으로 깨닫도록 해야 한다. 그럴 때 어느 정도 시간이 지난 후, 우리가 있는 지방에서 유용한 사람들이 산출될 것이고, 그러면 우리는 다른 곳으로 가서 일을 할 수 있을 것이다. 만일 우리가 봉사할 수 있는 성도들을 산출할 수 없다면, 결과적으로 모든 일을 우리 혼자서 해야만 할 것이다. 그러나 이것이 가능한 일이기는 하는가? 좋은 현장 감독은 혼자 모든 것을 하지 않고 다른 이들이 여러 가지 일을 하도록 가르친다. 그는 다른 사람들이 어떤 일을 못하기 때문에 그가 혼자 그 일을 하겠다고 말하지 않는다. 그러나 어떤 동역자들은 그들의 일에서 이와 같이 행한다. 그들은 이 형제도 안 되고 저 자매도 안 된다고 느끼기 때문에, 결국 모든 것을 혼자 한다. 여러 해가 지나도 무언가를 할 수 있는 사람은 여전히 오직 그들 본인뿐이다. 그러므로 우리는 성도들이 잘하지 못하더라도 반드시 그들이 일들을 돌보도록 해야 한다. 우리는 반드시 그들에게 배울 수 있는 기회를 주어야 한다.

전시간 봉사자는 특별한 사람이 아님

전시간으로 섬기는 성도들이 그 지방에 있는 다른 형제들보다 더 영적인 것은 아니다. 어떤 성도들은 한 사람이 전시간으로 봉사하기 시작하면, 그가 다른 성도들보다 더 높은 지위에 있다는 관념을 갖고 있다. 그렇지 않다. 전시간 봉사자는 전시간으로 봉사하지 않는 성도들보다 더 높은 지위에 있는 것이 아니다. 이것은 잘못된 관념이므로 반드시 제거해야 한다. 지금부터 우리는 전시간 봉사자들을 특별한 그룹의 성도들로 간주하지 말아야 한다. 우리는 모두 동일하다. 차이점이 있다면, 그것은 어떤 성도들은 시간을 더 드리고 다른 성도들은 시간을 덜 드린다는 것이다. 전시간으로 봉사하고 다른 이들보다 더 기능을 발휘한다는 것이 그 사람의 영적 상태가 다른 성도들보다 더 강하다는 것을 의미하지 않는다. 교회들은 전시간 봉사자들이 특별하다고 생각해서는 안 되고, 전시간 봉사자들도 자신을 특별하다고 생각해서는 안 된다. 주님 앞에서 우리의 상태는 우리가 전시간으로 봉사하는지 그러지 않는지에 달린 것이 아니라, 신성한 생명 안에서 우리의 성숙한 정도와 주님 앞에서 우리의 유용성에 달려 있다. 어떤 형제들은 세상에서 직업을 갖고 있지만, 그들은 전시간 봉사자들보다 더 유용하고 성숙할지도 모른다.

우리가 이 두 가지 문제에 대해 분명하다면, 동역자들과 교회들 간에는 거의 어려움이 없을 것이다. 반복해서 말하지만, 동역자들은 성도들을 대치해서는 안 된다. 설령 성도들이 약하고 그들의 도움을 필요로 할지라도, 동역자들은 결코 그들을 대치하지 말아야 한다. 비록 어떤 동역자들은 장로로서 봉사하지만, 그들은 그들의 지방에 있는 형제들을 도와야 한다. 그들은 최선을 다해 그 지방의 형제들을 지원하여 그들이 일어날 수 있게 해야 한다. 더 나아가 동역자들은 결코 자신들을 특별한 사람으로 간주해서는 안 된다. 만일 동역자들에게 어떤 특별한 것이 있다면, 그것은 바로 그들의 영적인 생명과 영적인 기능에 있어야 한다. 동역자들이 이 두 원칙을 잘 지킨다면, 그들의 봉사는 교회들에게 어려움이 되지 않고 유익을 가져다줄 것이다.

최선을 다해 자매들을 기용함

우리는 또한 반드시 자매들의 봉사를 고려해야 한다. 우리는 자매들이 일어나 교회 안에서 봉사하도록 최선을 다해 격려해야 한다. 외적으로 보면 한 가정의 흥망성쇠는 아버지의 상태에 달려 있다. 그러나 아버지가 아무리 좋아도 가정이 합당하게 세워지고 아이들이 잘 자라는 것은 어머니에게 달려 있다. 중국인들은 좋은 가정을 이루는 열쇠가 가정 교육에 있다고 믿고 있고, 서양에서는 어머니의 교육에 있다고 믿고 있다. 자녀 교육의 육십에서 팔십 퍼센트가 어머니에게 달려 있다. 어머니는 합당하지만 아버지가 그렇지 못한 경우에도 가정의 자녀들이 매우 잘 자랄 수 있다는 것은 흥미로운 일이다. 그러나 아버지는 합당하더라도 어머니가 합당하지 않을 경우, 아이들은 그다지 잘 자라지 못한다.

이것은 교회에서도 동일하다. 교회 안에서 자매들은 머리의 권위를 취하지 말아야 하지만, 교회 봉사에서 자매들의 일은 중요하다. 사복음서와 사도행전에는 자매들의 봉사에 대한 기록이 있다. 주 예수님께서 이 땅에 계셨을 때, 그분은 자주 베다니에 있는 가정에 머무셨다. 비록 그 집은 어떤 형제의 집이었지만, 자매들이 봉사와 생명에 있어서 강했다(막 14:3, 마 26:6-7, 눅 10:38-40, 요 12:2-3). 베드로는 감옥에서 나와 한 자매의 집으로 갔다(행 12:12). 서신서들 역시 자매들이 교회들 안에서 중요했다는 것을 보여 준다(롬 16:1-6, 12, 요이 1).

우리가 중국 대륙에 있었을 때, 자매들은 항상 영적인 공급에서든 물질적인 공급에서든 형제들을 능가했었다. 자매들은 복종적이었지만 교회들을 향한 그들의 공급은 이루 헤아릴 수 없었다. 형제들이 무엇을 말하든지 자매들은 단순하게 따랐다. 그러나 대만에서 지난 십칠팔 년 동안 우리의 상황은 좋지 않았다. 이제 혼란은 지나갔기 때문에 우리는 자매들이 일어나기를 소망한다. 특별히 나이 든 자매들은 교회들 안의 각종 봉사에 대한 부담을 지도록 노력해야 한다.

현재 자매들은 그들의 기능에 있어서 매우 제한되어 있고, 단지 집회에 참석할 뿐이다. 많은 자매가 추구하는 마음과 영적인 공급을 갖고 있다. 많은 자매들이 시간이 있고 유능하지만 할 일이 없다. 이것은 교회들에게 매우 큰 손실이다. 자매들은 교회라는 우리의 가정의 거대한 자산인데, 우리는 그들을 쓰지 않고 있다. 만일 우리가 합당하게 자매들을 쓸 수 있다면, 풍성한 결과가 있을 것이다. 이것은 결코 일의 확산을 위한 것이 아니라 주님의 왕국의 확산을 위한 것이다.

그러므로 동역자들은 중요한 봉사들에 자매들을 참여시켜야 한다. 교회들은 자매들을 기용해야 한다. 자매들이 머리의 권위를 취하려고 할 것이라고 염려하지 말라. 이 몇 년 동안 자매들은 좋은 공과들을 배웠고 훈련을 받았기 때문에 자매들의 머리는 합당하게 덮여 있다. 그러나 그 기능은 반드시 나타나야 한다. 우리는 자매들을 기용하기 위해 모든 노력을 기울여야 한다.

어린이의 일과 청소년의 일을 함

우리는 또한 반드시 어린이의 일과 청소년의 일을 고려해야 한다. 대만의 내무부에서 제공한 최근의 신문 기사에 따르면, 대만 인구 천삼백만 명 중 십오 세 이하가 차지하는 비율은 사십오 퍼센트라고 한다. 이십 세 이하는 아마 대만 인구의 육십 퍼센트를 초과할 것이다. 이것은 청소년이 대만 인구의 삼분의 이를 차지한다는 것을 보여 준다. 그러므로 우리의 일은 반드시 그들을 대상으로 삼아야 한다. 우리는 청소년과 어린이에게 공을 들이기 위해 우리의 노력을 집중해야 한다.

과거 우리의 일은 지역 사회에 있는 사람들에게 중점을 두었고, 청소년의 일에는 충분한 주의를 기울이지 않았다. 오늘날 교육에 종사하는 이들이나 사업에 종사하는 이들은 청소년들에게 온 힘을 쏟는다. 그들은 다음 세대에 중점을 둔다. 교회들도 그러해야 한다. 만일 우리가 대만 본토 사람들에게 복음을 전하려면, 반드시 청소년들을 다리로 삼아야 한다. 청소년들에게 복음을 전할 때, 우리는 실지적으로 대만인들에게 복음을 전하는 것이다. 우리가 학생들을 복음화하면, 우리는 대만의 다음 세대를 복음화하는 것이다. 이렇게 하면 적은 노력으로 최대의 결과를 얻을 수 있다.

타이베이 교회에는 만 명이 넘는 성도들이 있다. 또한 다섯 살부터 열한 살까지의 어린이가 최소한 만 명이 있다. 만일 타이베이 교회가 만 명의 어린이를 모두 어린이 집회로 데리고 와서, 육 년의 시간을 들여 그들에게 영적인 교육을 한다고 가정해 보자. 육 년 후에 그들은 모두 젊은 성도들이 된다. 우리가 나가서 복음을 전하지 않더라도 육 년 안에 만 명의 젊은 성도를 얻을 수 있게 된다. 이것은 우리가 복음을 전하는 것보다 더 효과적이다. 이 어린이들은 침례를 받은 후에 중학교에 들어갈 것이고 그들의 학교에서 복음의 씨앗이 될 것이다. 우리는 그들을 통해 복음을 전하여 그들이 있는 중학교에서 학생들을 구원받게 할 수 있을 것이다. 우리의 돌봄을 받고 나서 이 성도들이 고등학교에 입학하면 그곳에서 복음의 씨앗이 될 것이다. 그들이 자신의 고등학교에서 복음을 전할 때, 학생들이 구원받고 양육받을 것이다. 그들이 고등학교를 졸업한 후 대학에 들어가면, 다시 그곳에서 복음의 씨앗이 될 것이다. 우리가 얻은 열매는 증가하게 될 것이다.

이뿐 아니라 이 젊은이들이 대학을 졸업하고 간호사, 의사, 회계사, 사업가, 교사 등으로 여러 분야에 취업하면, 그들은 사회에 막대한 영향을 끼치게 될 것이다. 그러므로 우리의 복음은 반드시 이 방향으로 가야 한다. 시작할 때는 쉽지 않을 것이다. 농부는 오늘 씨앗을 뿌리고 내일 수확을 기대할 수 없다. 그는 반드시 기다려야만 한다. 우리는 모든 동역자가 이 교통의 부담을 받아들일 수 있기를 소망한다.

대만에는 많은 청소년과 어린이가 있다. 여러 고등학교와 대학교에는 우리의 형제자매들이 있다. 주님은 우리에게 이렇게 좋은 환경을 예비해 주셨다. 우리가 이 기회를 붙잡지 않는다면 어리석은 것이다. 우리는 이 기회를 이용하여 어린이들과 청소년들을 더 많이 얻어 주님을 섬기는 데 있어서 유용한 이들을 산출할 수 있어야 한다.

영적인 후대를 산출함

각지의 동역자들은 또한 반드시 영적인 후대를 산출해야 한다. 지금 사십 세 이하인 동역자들이 거의 없다. 대만에는 사십 세 이상인 성도들이 많고 이십 세 이하의 성도들도 많지만, 삼십 대 성도들은 많지 않다. 동역자들과 성도들 가운데에 이 연령대가 부족하다. 이것은 마치 우리가 농부인데, 수확물의 얼마가 손상된 것과 같다. 그러므로 우리에게는 삼십 대의 동역자들이 부족하다. 이 연령층이 손상을 입었다. 우리의 일은 반드시 영적인 후대를 얻는 것에 초점을 맞추어야 한다.

우리는 성도들을 도와 생명 안에서 자라게 하여 그들 가운데서 전시간 봉사자들을 산출할 수 있어야 한다. 이것은 성도들을 지원하려는 것이지 부추기려는 것이 아니다. 만일 어떤 사람이 전시간으로 섬길 은사가 없고 주님께 부름을 받지 않았다면, 그를 부추겨도 소용이 없을 것이다. 우리는 성도들을 손상하는 대신 지원해야 한다. 우리는 우리의 일에서 항상 깨어 있어야 한다. 우리는 주님을 섬기려는 갈망과 잠재력이 있는 젊은이들을 도와야 한다. 우리는 그들을 부추기지는 않지만 그들이 이 방향으로 가도록 도와야 한다.

동역자들은 더 이상 젊다고 말할 수 없다. 그러므로 젊은이들이 더 일어나야 하고, 동역자들은 그들을 돌보는 법을 배워야 한다. 우리는 더 이상 이전처럼 자신의 일만 하지 말아야 하며, 젊은이들에 관심하지 않고 그들 마음대로 지내도록 내버려두어서는 안 된다. 모든 동역자는 여러 명의 젊은이를 돌보아야 한다. 이렇게 할 때 우리에게 도움이 될 뿐 아니라 일에도 도움이 될 것이다. 우리는 주님을 위해 반드시 이러한 책임을 짊어져야 한다.

우리는 모든 동역자가 이 부담을 기꺼이 받아들이기를 소망한다. 한 면으로 우리는 우리의 기능이 나타나도록 훈련해야 하고, 다른 한 면으로 영적인 후대들을 산출해야 한다. 우리는 이 길을 가기 위해 이미 우리의 장래를 헌신했다. 그리고 우리는 주님의 왕국이 확산되어 더 많은 사람이 구원받고 주님에 의해 일으켜지기를 갈망하고 있다. 우리는 어떤 큰일을 하고 싶은 것이 아니라, 주님의 왕국이 확산되고 주님의 길이 많은 나라에 전파되기를 바라는 마음을 갖고 있다. 우리는 반드시 이 부담을 우리의 어깨에 짊어지고 최선을 다해 이 일에 충성스러워야 한다.

이제부터 우리의 일은 반드시 이 다섯 가지 문제에 초점을 맞추어야 한다. 우리는 우리가 주님의 축복을 가져올 수 있을 것이라고 절대적으로 믿는다.

8

동역자들의 입체적인 동역

제8장

동역자들의 입체적인 동역

이번 장에서 우리는 동역자들의 동역의 장래를 고려해 볼 것이다. 이 문제는 매우 실지적이고도 중요하다. 우리의 동역자 형제자매들은 앞으로 반드시 입체적인 동역을 해야 한다. 그들은 자신들이 섬기는 장소에 따라 작은 권역에서 동역해야 한다. 이것은 일의 효과를 올리는 데 매우 도움이 될 뿐 아니라 생명의 공과들을 배우는 데도 매우 실지적인 도움이 될 것이다.

일을 하려면 동역이 있어야 함

주님의 일은 결코 한 사람에 의해 수행될 수 없다. 물론 사람이 아무것도 하지 않는 것보다 혼자서라도 일하는 것이 낫다. 역대로 많은 성도들이 혼자서 일을 했다. 주님을 사랑한 어떤 이들은 주님에게서 감동을 받았다. 그들은 주님을 섬기기를 갈망하여 그들의 집을 열어 복음을 전하고 사람들을 구원받게 하였다. 어떤 이들은 성경에 대해 약간의 지식이 있어서 각지에 가서 말씀을 전하거나 성경 연구 강좌를 개설하여 다른 사람들이 성경을 이해하도록 도왔다. 이 성도들에 의해 수행된 일은 확실히 사람들에게 유익을 주었다. 어떤 이들은 주님을 위해 모든 것을 버리고 각지를 다니며 말씀을 전하였다.

그러나 우리의 봉사가 축복을 받고 주님의 의도와 일치하여, 주님께서 각 지방에서 표현되시고 안식할 곳을 얻으시며 더 나아가 그분의 한 몸을 얻으시도록 하려면, 우리는 단독적으로 일하지 말아야 한다. 동역자들은 이러한 증거를 짊어지는 위임을 받았다. 우리의 일하는 방식은 개인의 방식이 아니라 교회의 방식이다. 만일 우리의 일이 단독적이라면, 우리가 이 증거를 짊어지고 이 길을 취할 때, 우리는 많은 열매를 맺지 못할 것이고 어려움이 될 것이다. 이것은 마치 구기 경기를 하는 것에 비유할 수 있다. 팀의 한 선수는 단독으로 경기를 할 수 없다. 만일 단독으로 경기를 한다면, 그도 그의 팀도 어려움을 겪을 것이다.

우리가 일을 하면서 비참하다고 느낀다면, 아마도 그것은 우리가 단독적인 일을 하고 있기 때문일 것이다. 우리가 단독적이지 않다면, 비참함을 느끼지 않을 것이다. 우리가 고통을 당하고 있고 모든 것이 잘못되었다고 느끼는 것이 반드시 성도들이 잘못했음을 의미하지는 않는다. 대부분의 잘못은 우리가 단독적인 데서 기인한다. 그러므로 우리는 결코 우리의 일에서 단독적이지 말아야 한다. 우리의 일의 성질은 단체적인 것이고 동역을 요구한다. 우리가 이 일에 참여하고자 한다면, 우리는 반드시 동역 안에 있어야 한다. 우리는 결혼을 예로 들 수 있을 것이다. 결혼하기를 갈망한다면 우리는 반드시 기꺼이 배우자와 조화 안에서 생활해야 한다. 결혼은 했지만 배우자와 조화 안에서 결혼 생활을 하지 않는 것은 비참한 상황이다. 이것은 동역자들의 상태를 보여 주는 듯하다. 우리는 우리 자신과 다른 이들에게 고통이 된다. 그러므로 우리는 여기서 대가를 계산하고 우리의 상황을 고려해야 한다.

지난 몇십 년 동안 많은 그리스도인이 우리 가운데 왔다가 다시 나갔다. 우리는 그들을 비난하지 않았고, 그들도 우리를 비난하지 않았다. 그들은 단지 그들 자신의 길로 갔을 뿐이다. 어떤 이들은 이 길을 갈 수 없었고, 그들도 그렇게 말했다. 우리는 그들이 잘못되었다고 말할 수 없는데, 그것은 그들이 솔직했기 때문이다. 그러나 만일 어떤 사람이 이 길을 취하기를 원하면서도 자신의 관념들에 따라 일한다면, 이것은 많은 어려움을 만들어 낼 것이다. 우리는 이상을 보았고 단독적인 일을 하지 않도록 인도받았다.

동역자들은 반드시 이 점에 관하여 매우 철저하게 인식해야 한다. 왜냐하면 이것은 기본적인 문제이기 때문이다. 만일 우리가 이 기본적인 문제를 해결하지 못한다면, 일을 수행하기가 매우 어려울 것이다. 우리는 우리가 지난 사십 년 동안 받은 인도와 걸어온 길, 곧 몸 안에서 동역하는 길에 관해 반드시 분명해야 한다. 그러므로 일은 전적으로 동역의 문제이다.

동역 안에서 수직적인 관계가 필요함

우리는 반드시 동역 안에서 수직적인 관계를 갖는 법을 배워야 한다. 동역자들 사이의 동역은 수평적인 관계뿐 아니라 수직적인 관계도 있다. 그러므로 이것은 입체적인 관계이다. 작은 권역에서 몇 명의 동역자가 서로 사랑한다면, 그들의 관계는 수평적이다. 그것은 평평한 것이지 입체적인 것이 아니다. 만일 동역이 입체적인 것이 되려면, 반드시 수직적인 관계가 있어야 한다.

어떤 물건이 더 평평할수록 용량은 더 적어진다. 예를 들면, 함석판은 아무것도 담을 수 없다. 무언가를 담으려면 입체적이어야 한다. 사람이 죽으면 평평하게 누워 있지만, 활동으로 충만하면 입체적으로 움직인다. 그리스도의 몸인 교회는 확실히 입체적이다.

우리의 동역 안에서 어떤 사람은 위에 있고 어떤 사람은 아래에 있다. 그러나 이것은 우리 가운데 공식적인 직위나 여러 계급이 있다는 것을 의미하지 않는다. 우리에게는 고위직도 없고 하위직도 없으며, 상사와 부하도 없다. 우리의 관계는 전적으로 몸 안에서의 동역의 문제이다. 많은 그리스도인은 로마 가톨릭교의 전통과 개신교 교파들의 조직을 보고 혐오감을 느낀다. 우리는 사람의 조직에서 나오는 모든 것과 사람들 위에 군림하고 통제하는 모든 것을 혐오해야 한다. 봉사하는 이들이 서로 간섭하지 않고 주님께 기도하여 그분의 인도를 개별적으로 따르는 자유로운 봉사도 있는데, 이것 역시 주님의 길이 아니다. 바울은 디모데에게 결코 "주님께 기도하십시오. 만일 주님께서 그대를 인도하시면 내게로 오고, 만일 주님께서 인도하지 않으시면 오지 마십시오."라고 말하지 않았다(비교 딤후 4:9). 성경에서 우리는 이러한 말을 찾아 볼 수가 없다.

어떤 사람은 요한일서 2장 27절을 언급하며 우리에게 기름바름이 있으니 아무도 우리를 가르칠 필요가 없다고 말할지도 모른다. 다른 어떤 이들은 히브리서 8장 10절과 11절을 언급하며 우리 안에는 생명의 법이 있기 때문에 누군가가 우리를 가르칠 필요가 없다고 말할 수도 있다. 우리가 성경을 자세히 읽어 본다면, 우리는 어떤 종류의 옷을 입어야 하는지 등과 같은 우리 일상생활의 일들에 관하여 인도하는 형제들이 우리에게 무엇을 해야 하는지를 말해 줄 필요가 없다는 것을 볼 수 있다. 우리는 단순히 기름바름의 가르침을 따르면 된다. 히브리서 8장과 요한일서 2장은 우리의 일상생활의 일들에 관한 것이다. 그러나 일의 움직임을 위해서는 분명히 인도하는 어떤 형제들이 필요하며, 그들이 보여 주는 본이 있다.

어떤 사람은 내가 일에서 인도하고 있기 때문에 인도하는 것에 대해 항상 말한다고 할지도 모른다. 사실 내가 더 젊었을 때는 이 문제에 대해 더 많이 말하였다. 나는 다른 이들에 의해 인도받는 것을 배웠고 또한 그 가운데서 은혜와 축복을 받았기 때문에, 인도받는 것의 유익을 알고 있다. 우리의 개인 생활에서 우리 안에 계신 생명의 영께서 모든 일에서 우리를 가르치시기 때문에, 우리에게는 다른 이들이 우리를 가르칠 필요가 없다. 그러나 일의 움직임을 위해서는 인도에 대한 분명한 필요가 있다. 바울은 인도하는 사람이었고, 바울과 동역하는 이들은 모두 그의 지시를 따랐다. 우리는 성경을 다시 연구할 필요가 있으며, 성경의 가르침을 넘어서지 말아야 한다.

동역 안에서 아무도 인도하지 않는다면, 우리가 어떻게 일을 할 수 있겠는가? 미국은 세계에서 가장 민주적인 국가이지만, 미국 정부와 군대에서 언론의 자유를 항상 허용하는 것은 아니다. 미국인은 입법에서는 자유를 갖지만 법률의 집행에서는 자유가 없다. 이것이 미국이 강대국이 된 이유이다. 만일 모든 미국인이 입법에서도 자유롭고 법률의 집행에서도 자유롭다면, 미국은 혼란에 빠질 것이다.

오늘날 동역자들의 동역에서도 원칙은 동일하다. 우리가 함께 교통할 때는 자유롭지만, 교통한 후에 행동할 때는 더 이상 자유가 없다. 오직 이런 방식으로만 우리의 일은 입체적일 수 있다. 우리가 함께 교통할 때 심지어 가장 어린 형제일지라도 자신의 느낌을 자유롭게 말하고 교통할 수 있는 위치가 있으며, 더욱이 모든 사람은 겸손하게 다른 사람의 교통을 받아들여야 한다. 그러나 일이 결정된 후 집행할 때에는 자유가 없다. 인도하는 형제가 우리가 어떤 문제를 돌보기를 원한다면, 우리는 그것을 돌보아야 한다. 그가 우리가 어떤 곳에 머물기를 원한다면, 우리는 그곳에 머물러야 한다. 동역자들은 반드시 이 빛을 보아야 한다. 우리가 기도하고 교통하기 위해 함께 모일 때, 우리의 집회는 완전히 자유로워야 하고 각 사람이 자유롭게 말할 수 있어야 한다. 결정한 후 집행할 때에는 권위와 질서에 따라 그 결정을 반드시 지켜야 한다.

과거에 우리는 권위와 질서에 관하여 은혜를 누렸지만, 충분한 인식을 갖지 못하였다. 우리는 이 문제를 이해할 필요가 있다. 우리의 일이 강하고 효과적이기 원한다면, 집행에 있어서 반드시 의견이 없어야 한다. 우리는 이것이 사람의 조직이라거나 사람의 뜻에서 나온 것이라고 말해서는 안 된다.

다른 사람에게 복종하는 것을 배우고 또한 다른 사람을 인도하는 것을 배움

만일 우리가 동역에 있어서 수직적인 관계를 보았다면, 우리의 책임은 더욱 무거워질 것이다. 나이 든 형제는 다른 사람들을 인도하는 책임을 져야 한다. 어떤 형제자매들은 다른 사람들의 인도를 받지도 않고 또한 다른 사람들을 인도하지도 않는데, 그것은 다른 사람들의 인도를 받지 않을 때 더 자유로울 수 있고, 다른 사람들을 인도하지 않을 때 부담이 가볍기 때문이다. 그들은 자유롭고 편안하다. 이런 길을 선택하지 않을 사람이 있겠는가? 책임을 짊어진 어떤 형제들은 인도하는 것이 쉽지 않다는 것을 안다. 내가 상하이에 있는 교회에 있었을 때, 때로는 상황이 너무 어려워서 내가 자매였더라면 정말 좋았을 것이라고 느낀 적이 있었다. 왜냐하면 자매들이 자주 나에게 와서 "리 형제님, 형제님은 이 일에 대해 어떻게 생각하십니까?"라고 물었기 때문이다. 내가 "여러분은 어떻게 생각하십니까?"라고 물으면, 자매들은 "형제님이 머리이시니 우리가 무엇을 해야 할지 알려 주세요."라고 말했다. 그러므로 때때로 나는 무슨 일이 생기면 형제들에게 가서 어떻게 해야 하는지 물어볼 수 있는 자매였으면 좋겠다고 생각했다. 그랬다면 얼마나 쉽겠는가!

우리가 주님을 사랑하고 우리의 일이 효과적이기를 원한다면, 우리는 반드시 다른 이들에게 복종하는 것을 배워야 하고, 그런 다음 다른 이들을 인도하는 것을 배울 수 있다. 우리가 다른 사람들에게 복종할 때 우리는 자유를 잃게 되고, 우리가 다른 사람들을 인도할 때 우리의 부담은 무거워진다. 그럼에도 불구하고 우리 모두는 이 두 가지를 반드시 배워야 한다. 그러지 않으면 우리의 일에는 장래가 없다. 우리가 다른 이들에게 복종하는 것만으로는 부족하다. 우리는 다른 이들을 인도할 수도 있어야 한다. 우리가 다른 이들을 인도하지 않는다면 장래에 누가 인도하겠는가? 그런데 우리는 다른 이들을 어떻게 인도해야 하는가? 우리가 다른 이들의 인도를 받아 본 적이 없다면, 우리는 다른 이들을 인도할 수 없을 것이다. 우리가 배워야 할 많은 공과가 있다. 예를 들면, 우리는 어렸을 때 부모에게서 교육을 받는다. 그러면 우리가 부모가 될 때 자녀들을 교육할 줄 알게 된다. 만일 우리가 말썽꾸러기 자녀였고 부모의 훈계를 듣지 않았다고 가정해 보자. 우리가 부모가 되면 많은 어려움이 있을 것임을 알 수 있을 것이다.

우리는 단독적인 일이나 내일 끝나 버릴 일시적인 일을 하는 것이 아니기 때문에, 우리의 일을 계속할 수 있는 사람들이 필요하다. 그러나 우리가 새로 들어온 이들을 온전하게 하지 않는다면, 그들이 무엇을 하게 되겠는가? 그러므로 모든 동역자는 성도들을 온전하게 해야 한다. 그러지 않으면 우리의 일에는 전망이 없을 것이다. 우리는 해마다 젊은 동역자들이 들어오고, 오 년 후에는 오륙십 명이 더해지기를 바란다. 이 새로운 동역자들은 우리에 의해 온전하게 될 것이다. 그러면 또 다른 팔 년에서 십 년 내에 그들은 그들 다음에 더해진 이들을 온전하게 할 수 있을 것이다. 이것이 수직적인 관계를 갖는 것이다.

우리는 참으로 책임을 맡고 있으며, 이 부담을 두려워해서는 안 된다. 나는 가정을 가짐으로 생기는 번거로움을 원하지 않았던 많은 젊은 여자를 보아 왔다. 그러나 그들이 결혼하게 되면, 현모양처가 되어야 한다는 부담을 짊어질 수밖에 없다. 결국 그들은 자녀들을 돌보기를 갈망하던 이들보다 자녀들을 더 잘 돌보게 되었다. 우리는 반드시 우리의 책임을 보아야 한다. 우리는 주님의 가정 안에서 현모양처가 되어야 한다. 우리는 다른 이들에게 복종해야 하고 다른 이들을 인도해야 하는데, 그러지 않으면 우리의 일은 지속될 수 없을 것이고 장래가 없게 될 것이다. 우리의 일이 전망이 있고 효과적이려면, 우리는 다른 이들에게 복종하는 것과 다른 이들을 인도하는 것을 배워야 한다. 바꾸어 말하면, 어떤 사람은 우리 위에 있기 때문에 우리는 그에게 복종해야 하고, 어떤 사람은 우리 아래에 있기 때문에 우리는 그를 인도해야 한다. 우리 모두는 반드시 이 공과를 배워야 한다.

우리는 또한 어떤 경제적인 책임을 짊어지기를 배워야 한다. 우리가 비교적 젊은 사람들을 인도할 때, 우리는 그들의 필요를 돌보아야 한다. 우리 가운데는 동역자들의 조직이 없고 월급을 주는 제도도 없다. 그러나 나이 든 이들은 다른 이들을 사랑하고 돌보아야 한다. 이 문제는 우리의 일의 효과에 영향을 미친다. 모든 작은 권역에서 입체적인 동역 안에 있는 수직적인 관계가 나타나야 할 필요가 있다. 그러면 우리의 일의 열매는 두 배가 될 것이다. 우리의 관계는 조직으로 떨어져서는 안 되고 반드시 생명에서 자라 나와야 한다.

우리는 자매들의 봉사 안에 수평적인 관계가 있을 뿐 아니라 수직적인 관계도 있기를 소망한다. 나이 든 자매들은 몇몇 비교적 젊은 자매들을 돌보아야 한다. 우리가 주님의 상 앞에 올 때는 모두가 평등하다. 그러나 우리의 봉사에서 움직일 때는 마땅히 수직적인 관계를 가져야 한다. 그러므로 생명 안에서 더 성장한 자매들은 비교적 젊은 자매들을 돌볼 책임을 져야 한다. 이러한 분위기 안에서 다음 세대가 산출될 것이다.

일의 장래를 위해서 참된 동역을 가짐

진리에는 언제나 두 방면이 있다. 한 면으로 우리 각자는 그 영을 따라 행해야 한다. 다른 한 면으로 우리는 몸의 느낌을 돌보아야 한다. 우리가 몸 안에서 살 때 동역이 있다. 동역 안에서 어떤 이들은 연장하고 어떤 이들은 비교적 젊으며, 어떤 이들은 인도를 받고 어떤 이들은 인도한다. 그러나 이것은 육체나 조직을 따른 것이 아니라 생명을 따른 것이다. 그러므로 주님께서 우리를 긍휼히 여기시고 우리에게 개인적인 그리스도인의 생활과 교회 사이의 균형을 보여 주시기를 바란다. 우리는 결코 내적으로 주님과 교통하는 것을 소홀히 해서는 안 되며, 생명의 내적 느낌과 생명의 인식과 생명의 성장을 주의해야 한다. 우리는 또한 몸이 있음을 시인한다. 우리는 반드시 몸 안에서 사는 것을 배워야 하고, 수직적이고도 수평적인 교통을 갖기를 배워야 한다.

만일 우리가 동역자들 가운데서 유용한 이들을 산출하기를 원하고, 동역자들의 관계가 입체적인 관계가 되어 그들의 기능이 나타나기를 원한다면, 반드시 수직적인 관계가 있어야 한다. 이것은 어떤 동역자들은 높은 위치에 있고 어떤 이들은 낮은 위치에 있는 조직에 따른 관계가 아니다. 오히려 이것은 몸 안에 있는 문제이다. 우리 가운데에는 교황이 없다. 만일 있다면 우리가 모두 교황일 것인데, 그것은 우리 모두가 권위에 복종하고 또한 우리 모두가 권위로서 봉사하기 때문이다.

우리는 다른 이들에 의해 온전하게 되기를 배워야 하고, 또한 다른 이들을 온전하게 할 부담을 받아야 한다. 이렇게 할 때, 주님의 일에는 전망이 있게 되고, 우리 가운데 참된 사랑이 있게 될 것이다. 그렇지 않으면, 새로 구원받은 사람들은 스스로 자라도록 방치될 것이고, 주님을 섬기려고 일으켜진 이들도 스스로 자라도록 방치될 것이다. 스스로 자라도록 방치되는 것과 다른 이들의 온전하게 함을 받는 것은 큰 차이가 있다. 이것은 야생에서 자란 과실수와 과수원에서 자란 과실수 사이의 차이에 비유될 수 있다. 우리는 마치 정원사가 정원을 돌보는 것처럼 반드시 젊은이들을 부지런히 돌보아야 한다. 우리는 비료를 주고, 물을 주고, 가지를 쳐주고, 보호하여 유용한 사람이 될 수 있도록 그들을 양성해야 한다. 우리는 주님을 사랑하기 때문에 이러한 부담을 받아들여야 한다.

나는 동역자들이 이 부담을 받아들여, 다른 사람들의 인도를 받아들이고 다른 사람들을 인도하는 것을 배울 수 있기를 소망한다. 우리는 단독적이지 않아야 하고, 수직적인 관계 안에서 견고하게 자리를 잡아야 한다. 나는 우리가 생명 안에서 성장하고, 많은 유용한 이를 산출하며, 일에 있어서 풍성한 결과를 갖게 되리라는 충만한 확신이 있다.

9

동역자들과 각 지방에 있는 교회들 사이의 동역

제9장

동역자들과 각 지방에 있는 교회들 사이의 동역

전시간 봉사자는 특별한 사람이 아님

이번 장에서 우리는 동역자들이 어떻게 그들의 지방에 있는 형제들과 동역하며 주님을 섬겨야 하는지에 대해 고려해 볼 것이다. 이 부분은 매우 많은 것을 포함하고 있지만 한 가지 기본적인 원칙이 있는데, 그것은 바로 동역자들이 성도들에게 전시간으로 봉사하는 사람들이 다른 계급의 사람들, 곧 특별한 사람들이라는 느낌을 주지 않아야 한다는 것이다. 그들은 반드시 봉사에서든 위치에서든 각지의 성도들과 다른 계급이 아니라는 그러한 방식으로 행해야 한다. 성도들 사이의 차이점은 단지 기능의 문제일 뿐 봉사하는 데 얼마나 많은 시간을 사용했는가의 문제가 아니다. 봉사하는 데 많은 시간을 드린 성도들은 특별하지 않다. 교회 안에는 성직자와 평신도라는 구분이 없어야 한다. 바꾸어 말하면, 교회 안에서는 어떤 사람이 전시간으로 섬기는지 그러지 않는지는 중요하지 않다. 전시간으로 섬기는 사람들과 전시간으로 섬기지 않는 사람들 모두가 동일하다. 전시간으로 봉사하는 성도가 전시간으로 섬기지 않는 성도보다 더 영적이거나 더 거룩한 것은 아니다. 전시간 봉사자는 특별하다는 관념을 반드시 무너뜨려야 한다.

아마도 어떤 지방에는 무의식중에 전시간 봉사자가 다른 이들보다 높고 또한 그렇기 때문에 특별한 사람들이라는 관념의 분위기가 있을 수 있다. 어떤 이들은 전시간 봉사자들이 마땅히 더욱 영적이고, 더욱 많이 기능을 발휘해야 하며, 모든 일을 책임져야 한다고 생각한다. 이러한 분위기가 어디에서 왔는지 모르겠지만, 이러한 관념은 완전히 틀린 것이다. 나는 동역자들이 자신이 가져야 할 합당한 태도를 분명히 하고, 자신을 특별하다고 여기지 않기를 소망한다. 만일 어떤 성도들이 전시간 봉사자들을 특별한 사람으로 보고 그것 때문에 항상 그들에게 의존한다면, 우리는 전시간 봉사자들은 특별한 사람들이 아니며, 또한 그렇기에 성도들이 전시간 봉사자들에게 의존하지 말아야 한다는 것을 그들에게 설명해 주어야 한다. 파트타임 즉 일부 시간으로 섬기는 성도들은 매우 유용하며, 어떤 경우에는 풀타임 즉 전시간으로 섬기는 이들보다 더 유용하다. 그러므로 우리는 반드시 우리 가운데 있는 분위기를 바꾸어야 한다. 장로들과 동역자들과 인도하는 이들은 전시간으로 섬기는 이들일 수도 있고, 또한 일부 시간으로 섬기는 이들일 수도 있다. 우리는 반드시 이 점을 매우 강조하여 지적해야 한다.

성도들의 봉사를 대치해서는 안 됨

전시간 봉사자들은 각처에서 결코 형제자매들의 봉사를 대치하거나 대신해서는 안 된다. 이것은 두 가지 이유 때문에 실행하기가 쉽지 않다. 첫째, 사람은 다른 이들에게 의존하려는 습관을 가지고 있다. 성도들은 전시간 봉사자들이 자신들보다 더 능력이 있다고 생각하기 때문에 언제나 그들의 봉사에 의존한다. 둘째, 성도들은 전시간 봉사자들이 섬기기 위해 그들의 모든 시간을 드렸기 때문에 반드시 그들이 더 많이 일해야 한다고 느낀다. 이 두 가지 이유 때문에, 봉사에서 성도들을 대치하지 않으려면 어느 정도 노력이 필요하다. 전시간 봉사자는 형제자매들에게 "제가 전시간 봉사자로서 많은 시간을 들여 봉사하고 있지만, 전시간 봉사자가 아닌 형제자매님들도 여전히 저보다 더 많이 일해야 합니다. 이 교회는 여러분의 집이므로 언제나 여러분 스스로 해야 하며, 저는 돕기 위해, 부족한 부분을 보충하기 위해 있는 것에 불과합니다. 저는 얼마 동안 돕다가 떠날 것이므로 반드시 여러분 스스로 해야 합니다."라고 말해야 한다. 우리는 형제자매들 가운데 이러한 분위기를 만들고 그들의 관념을 바꿈으로써 그들이 전시간 봉사자들에게 의존하지 않도록 해야 한다.

동역자들이 나가서 일할 때, 그들은 그들 자신의 일을 하려는 어떤 의도도 가져서는 안 된다. 우리의 일은 결코 자신을 위한 것이 아니다. 우리가 어떤 지방에서 얼마만큼 일을 하든지 간에, 이 모든 것은 교회를 위한 것이고 어떤 것도 우리의 손안에 남겨 놓아서는 안 된다. 우리는 자신의 일을 하고 있는 것이 아니라 주님의 일을 하고 있는 것이다. 주님의 일은 교회를 건축하는 것이기 때문에, 우리의 일의 모든 열매는 교회에 속해야 한다. 이런 이유로 우리는 어디에 가든지 점차 합당한 분위기를 만들어 내어, 우리가 그들을 도우러 왔기 때문에 언젠가 떠날 것이므로, 성도들이 교회의 사무를 자신들의 집안일처럼 돌보아야 한다는 것을 알게 해야 한다. 우리는 반드시 교회 안에 이러한 분위기를 만들어야 하고 이러한 관념을 성도들 안에 넣어 주어야 한다. 그러지 않으면 우리는 일을 수행해 나갈 수 없을 것이다.

항상 성도들의 기능을 온전하게 함

동역자들은 또한 모든 성도들을 유용하게 만들어야 하고, 기능을 발휘하지 않는 성도들이 기능을 발휘하도록 수고해야 한다. 우리는 "타이베이에는 은사 있는 이들이 많고 재목들이 많지만 내가 있는 지방은 가난하고 재목들이 거의 없습니다."라고 말해서는 안 된다. 이것은 전혀 사실이 아니다. 모든 형제자매는 하나님께서 쓰시는 재목들이다. 그 재목들은 서로 다르지만, 그럴지라도 그들은 재목들이며 모두 유용하다. 심지어 우리가 어떤 특정 재목에 결점이 있다고 생각할지라도 그것은 여전히 유용하다. 예를 들면, 우리가 최상의 목재로 만든 탁자든 질이 낮은 목재로 만든 탁자든, 그것은 여전히 탁자이며 여전히 유용하다. 동일한 것이 의자에도 적용된다. 우리가 의자를 나무로 만들든 놋으로 만들든 혹은 금으로 만들든 그것은 여전히 의자일 것이며, 사람들이 그 위에 앉을 수 있을 것이다. 우리에게 금이 없으면 놋을 사용할 수 있고, 놋이 없으면 나무를 사용할 수 있다. 우리는 심지어 질이 낮은 나무를 사용할 수도 있다. 우리 수중에 있는 재료의 질에 상관없이 우리는 여전히 반드시 의자를 만들어야 한다. 그러므로 우리는 성도들이 있다면 재목들이 있다고 간주해야 한다. 그러므로 재목들이 없다고 말하는 것은 정확한 말이 아니다.

어떤 이들은 재목들은 있지만 그 재목들이 좋지 않다고 말할지도 모른다. 이것은 좋은 변명이 되지 못한다. 예를 들면, 어떤 남편은 대학 졸업자일 수 있고, 어떤 남편은 박사일 수 있으며, 어떤 남편은 거리 청소부일 수 있고, 어떤 남편은 대통령일 수 있다. 이 네 사람은 모두 남편이다. 대통령이 거리 청소부보다 남편이 될 자격을 더 갖추었는가? 대통령이 남편이 될 자격을 갖고 있는 것처럼 거리 청소부 역시 남편이 될 자격을 갖고 있다. 그러므로 성도들이 있다면 재목들이 있는 것이며, 우리는 그들을 사용해야 한다.

우리는 대학 학위는커녕 초등학교도 졸업하지 않은 형제들이 있는 어느 지방에서 봉사할 수도 있다. 그들은 겉으로 보기에 능력이 없는 것처럼 보일 수 있지만, 우리는 여전히 그들을 써야 하고 그들을 유용한 재목들로 만들어야 한다. 우리는 그들 가운데서 장로들을 산출해야 한다. 모든 형제들이 남편들이 될 수 있다면, 그들은 또한 확실히 장로들이 될 수 있을 것이다. 아마 그들은 능력이 그렇게 많지 않고 재간도 그다지 없을 수 있으며, 그다지 영적이지 않을 수도 있다. 그러나 그들은 합당하게 하나님을 경외하고, 하나님께 경배하기 위해 정기적으로 주님의 상 집회에 참석한다. 아마 십 년 후에는 현지의 어떤 대학생들이 구원받게 될 수 있고, 성도들의 자녀들이 자라서 대학을 졸업하고 주님을 사랑하기 위해 일어날 수도 있을 것이다. 그러면 그 젊은이들에게 큰 잠재력이 있게 될 것이다. 다음 세대는 모든 면에서 첫 세대와 다를 것이다. 그러므로 우리는 우리의 일에 있어서 넓고 긴 안목이 필요하다.

우리는 일에 있어서 현재의 단계에 도달하는 데 사십 년이 걸렸다. 이것은 짧은 시간이 아니다. 많은 성도는 우리가 처음 일을 시작할 때 얼마나 어려웠는지 알지 못한다. 때로는 우리의 과수원에 나무가 한 그루밖에 없는 것 같았는데, 우리는 그 한 그루의 나무를 보살피며 극도로 귀하게 여겼다. 초기의 어려움이 없었다면 우리는 지금 주님의 축복을 누릴 수 없었을 것이다. 그러므로 우리는 일을 할 때 반드시 넓은 마음과 긴 안목을 가져야 한다. 우리는 어떤 사람을 자격이 없다거나 표준에 이르지 못했다고 여기지 말아야 한다. 사실상 자격을 갖추지 못한 사람들이 우리가 가서 일할 필요가 있는 사람들이다. 우리는 이미 자격을 갖춘 성도들을 온전하게 할 필요가 없다. 심지어 어떤 형제가 "저는 세상을 사랑하므로 자격이 없습니다."라고 말할지라도, 우리는 여전히 그에게 "형제님, 괜찮습니다. 주님은 낙심하지 않으시며 저도 낙심하지 않습니다."라고 말해야 한다. 우리는 반드시 그러한 형제에 대해 계속해서 소망을 가져야 한다. 우리에게 그러한 영이 있을 때 우리의 일은 효과적일 것이다.

성도들이 얼마나 많은 재능을 가졌는지에 상관없이, 우리는 반드시 모든 성도들을 사랑하는 영을 지녀야 한다. 우리는 반드시 자신의 목숨을 사랑하듯이 그렇게 성도들을 사랑해야 한다. 어떤 이가 형제이기만 하다면, 우리는 그를 귀히 여겨야 한다. 어떤 이가 자매이기만 하다면, 우리는 그녀를 귀히 여겨야 한다. 어떤 형제가 유용해 보이지 않을지 모르지만, 그는 오 년 후에 사도 바울처럼 유용하게 될 자신의 동생을 데리고 올지도 모른다. 만일 우리가 그 형제를 포기한다면 그의 동생은 오지 못할 것이고, 우리의 손실이 얼마나 클지 결코 알 수 없을 것이다. 우리는 그러한 한 형제에게 부지런히 수고해야 하는데, 그것은 수많은 사람이 그에게서 산출될 수도 있기 때문이다. 그러므로 우리는 어떤 사람을 포기하는 것을 작은 일로 생각해서는 안 된다. 한 성도를 포기하는 것은 지대한 영향을 끼칠 수 있다.

우리는 반드시 주님의 길을 취해야 하고 각 사람을, 심지어 쓸모없어 보이는 사람조차도 보물로 여겨야 한다. 중국인들은 심지어 다리를 절거나 앞을 못 보는 아들일지라도 없는 것보다 낫다고 말한다. 어떤 사람에게 아들이 한 명이라도 있다면, 그에게는 다음 세대가 있기 때문에 소망이 있는 것이다. 우리는 일에 있어서 반드시 장기적인 안목을 가져야 하고, 항상 최선을 다해 다른 이들을 온전하게 해야 한다. 우리가 여러 지방에 일하러 갈 때 항상 심판관처럼 측량하는 자를 가지고 가서 다른 이들을 측량한다고 가정해 보자. 우리는 돌아와서 성도들에게 어떤 형제는 자격이 없고 어떤 자매도 자격이 없다고 말할 것이다. 우리는 자격이 있는 사람이 아무도 없다고 여길지 모른다. 만일 우리가 이렇다면 우리는 우리의 일을 그만두는 편이 낫다. 주님의 일은 이렇게 하는 것이 아니다. 어떤 동역자들은 주님의 일을 하는 다른 방식을 가지고 있다. 그들이 어떤 지방에 가면, 그들은 점차적으로 모든 성도들을 인도하여 일어나 섬기게 한다. 그들은 나이 든 성도이든 어린 성도이든 좋은 성도이든 좋지 않은 성도이든 모두 사용할 수 있으며, 그들을 유용한 성도들이 되게 한다. 동역자들은 반드시 이 기술을 배워야 한다.

우리는 반드시 일하는 방식을 바꾸어야 한다. 우리는 사람들을 잘라내거나 버리지 말아야 하고, 오히려 항상 그들을 온전하게 해야 한다. 우리는 우리가 있는 지방의 형제들이 안 좋은 재목들이고 장로들이 되기에 적합하지 않기 때문에 그들을 제쳐 놓아야 한다고 생각해서는 안 된다. 그들이 장로 직분을 위한 재목은 아닐지라도 우리는 여전히 그들에게 시간을 들여야 한다. 그들 가운데는 어느 정도 나이 든 사람들이 있을 것인데, 우리는 반드시 이들을 일어나게 해야 한다. 처음부터 우리는 그들을 장로로 임명해서는 안 된다. 우리는 장로의 일을 할 때, 단지 그들에게 요청하여 우리와 함께하게 해야 한다. 어느 정도 시간이 지나고 나서, 우리는 해야 할 일을 그들에게 알려 주고 그들 스스로 하게 할 수 있다. 그들이 실수하면, 우리는 바로잡아 주되 여전히 그들이 스스로 일을 계속하도록 해야 한다. 그들이 못할수록, 우리는 더욱 그들이 하게 해야 한다. 우리는 충분한 인내심을 가지고 그들을 반복하여 가르쳐야 한다.

성도들이 봉사하도록 최선을 다해 온전하게 해야 함

우리가 주님을 위해 일할 때, 우리는 사람들을 인도하여 구원받게 하고, 주님을 사랑하게 하며, 생명의 성장을 추구하게 해야 한다. 이것들은 옳지만, 우리는 이것들로 충분하다고 여겨서는 안 된다. 우리는 또한 반드시 성도들이 봉사하도록 인도해야 한다. 예를 들면, 어떤 형제가 지금은 세상을 사랑하고 주님을 위하는 마음이 없지만, 그러한 상태가 바뀔 수 없는 것이 아니다. 심지어 그가 반년 동안 집회에 나오지 않을지라도, 그 형제는 여전히 주님을 생각한다. 그러므로 우리는 그가 할 수 있는 단순한 일을 찾아 줄 수 있다. 우리는 그에게 어떤 성도를 공항에서 모시고 오라고 부탁할 수도 있다. 이 단순한 일이 그를 일으켜 세울지도 모른다. 우리는 그가 오랫동안 집회에 나오지도 봉사하지도 않았다고 해서 그를 무시해서는 안 된다. 우리는 그를 생각하고, 그를 위해 기도하며, 그에게 봉사할 기회를 찾아 줄 필요가 있다. 그러면 그는 일어날 수 있다. 우리는 반드시 이것을 배워야 한다.

우리가 상하이에 있었을 때, 많은 동역자가 함께 봉사했었다. 그 가운데 왕 자매님이라는 분이 있었는데, 그녀는 성도들을 잘 품는 자매님이었다. 비록 그녀는 자매였지만, 자매들을 마음에 품었을 뿐 아니라 형제들도 마음에 품었다. 예를 들면, 한번은 그녀가 나에게 "리 형제님, 어떤 형제가 샤오난먼(小南門)에 살고 있는데, 오랫동안 보지 못했습니다. 그 형제는 사람들을 대신해 직장을 잘 구해 줍니다. 우리가 무엇을 해야 할까요? 직장을 잃은 한 형제가 있습니다. 형제님께서 그 형제에게 전화를 해서 이 형제를 위해 일자리를 소개해 줄 수 있는지 물어봐 주시겠습니까?"라고 말했다. 우리는 이것이 단지 직장을 소개해 주는 것에 불과하다고 생각할지 모르지만, 이 간단한 접촉이 그 형제가 분발되도록 도울 수 있다. 비록 그가 오랫동안 집회에 나오지 않았지만, 그는 우리가 여전히 그를 잊어버리지 않았고, 그를 신뢰하며, 중요하게 여기고, 기꺼이 어떤 것을 그에게 맡긴다고 느낄 것이다. 일단 그의 마음이 부드러워지면, 집회에 와서 도움을 받도록 그를 초대하는 것이 쉬워질 것이다.

왕 자매님은 항상 우리에게 성도들에게 전화를 걸고, 성도들에게 편지를 보내고, 그들을 초대하여 식사를 하고, 그들과 함께 있어 주라고 말했다. 그녀가 우리에게 성도들을 생각하게 하고 그들을 접촉하도록 격려함으로써, 많은 성도가 부흥되었다. 우리는 반드시 이런 식으로 일하는 것을 배워야 한다.

성도들을 봉사 안으로 이끌기 위해, 우리는 성도들이 다른 이들을 위해 일자리를 소개해 주고, 방을 구해 주며, 의사를 찾아 주고, 다른 많은 일을 하도록 도울 수 있다. 우리는 반드시 모든 형제자매를 봉사하게 하는 길을 찾아야 한다. 우리는 성도들이 단지 그들의 내적인 인도를 따라서 봉사하게 해서는 안 된다. 우리는 일들을 설명해 주고 그들이 무엇을 해야 하는지를 이해하도록 도와줄 필요가 있다. 개는 사람의 생명도 없고 하나님의 생명도 없기 때문에 봉사할 수 없으며, 육신이 죽은 사람을 가르쳐 봉사하도록 하는 것도 소용없는 일이다. 어떤 사람이 봉사할 수 있으려면, 그는 반드시 살아 있어야 하고 하나님의 생명을 소유하고 있어야 한다. 그러나 이것으로는 여전히 충분하지 않다. 우리는 그를 가르치고 빛 비추어 주어야 한다. 그러면 그는 일어날 수 있고 봉사 가운데 들어올 수 있을 것이다.

또 다른 예를 들어 보자. 우리는 기부를 권유하지 않는다. 어떤 형제가 매우 부유하지만 집회에 잘 오지 않는다고 가정해 보자. 우리는 그를 방문하여 "형제님, 지금 교회에서 어떤 한 가정이 화재를 당해 모든 재산을 잃어버렸습니다. 저는 기부를 요청하는 것이 아닙니다. 저는 다만 이 일을 형제님 앞에 두기를 원합니다. 주님께 기도해 보시고 형제님께 그 가족을 돌볼 부담이 있는지 살펴보십시오."라고 말하며 권유할 수 있다. 많은 경우 그러한 상황에서 미지근한 그 형제는 부흥될 것이다. 아마 그는 기꺼이 그 가족을 돕기 원할 것이다. 그는 다른 사람을 물질적인 면에서 돕지만, 그 자신은 영적인 면에서 부흥된다. 이것은 기부를 권유하는 것과 다르다. 기부를 권유하는 것은 자선 사업에서 하는 일이다. 그것은 단지 부유한 사람의 손에서 돈을 거두어 가난한 사람에게 전해 주는 것이다. 이것은 우리가 하는 일이 아니다. 우리가 돈을 다루는 목적은 항상 성도들을 영적인 방면에서 돕기 위한 것이다. 어떤 형제가 교사이고 수학을 잘한다고 가정해 보자. 우리는 그에게 수학을 잘 못하는 어떤 성도의 아들을 도와주도록 격려할 수 있다. 이것은 우리가 수학을 잘 못하는 누군가를 도우려는 것처럼 보일지 모르지만, 실지로는 한 성도를 도와 그가 일어나 봉사할 수 있는 기회를 찾아 주는 것이다. 이것은 우리가 수학을 잘하는 그 형제와 교통하고 그가 일어나 봉사하도록 하는 기회를 준다. 이것은 우리가 어떻게 일해야 성도들이 살아나게 되고 섬기기 시작하는지를 보여 준다.

이 예들은 우리가 어떻게 일해야 하는지에 관해 분명한 인상을 준다. 우리가 어떤 지방에 있든지 우리는 반드시 성도들이 봉사하도록 도와야 하며, 이것은 뒤로 물러난 사람과 세상을 사랑하는 사람도 포함한다. 오직 이렇게 함으로써 우리는 그들을 온전하게 할 수 있다. 우리가 단지 말씀을 전하는 것만을 배운다면, 우리의 일은 받아들여지지 않고 효과적이지 않을 것이다. 우리의 일에는 많은 방면이 있다. 지금까지 우리는 말씀을 전하는 것과 성도들이 영적이 되도록 인도하는 것에 있어서 훈련을 받았다. 그러나 우리에게는 성도들이 봉사하도록 인도하는 것에서 부족이 있다. 어떤 동역자들은 단지 말씀만을 전한다. 그들은 성도들과 성도들의 가족의 건강 상태나 성도들의 자녀가 공부에서 뒤처지는 것에 관해서는 관심이 없다. 어떤 동역자가 이러한 태도를 지니는 것은 옳지 않다.

우리는 성도들에게 그들의 능력 이상의 부담을 주어서는 안 된다. 우리가 그들에게 지나친 부담을 주면, 그들은 압박을 받게 될 것이다. 다른 방면에서 우리는 그들에게 어떤 일들을 할당해 줌으로써 그들의 마음을 고무할 것이다. 사람의 본성에 따르면, 우리가 한 아이를 돌본다면, 그 아이는 우리에게 애정을 지닐 것이고, 우리는 그 아이를 돌보는 마음을 지닐 것이다. 그러나 우리가 아이를 돌보지 않는다면, 그 아이와 우리 사이에는 아무런 애정도 없을 것이다. 우리가 그 아이를 돌볼수록 관계는 더 깊어질 것이다. 이와 마찬가지로, 성도들이 교회 안에서 봉사할수록, 그들은 교회에 대해 더 많은 사랑과 관심을 갖게 될 것이다.

성도들을 신뢰하는 것을 배움

동역자들은 또한 반드시 성도들에게 책임을 넘겨주어야 하고 그들을 신뢰하기를 배워야 한다. 이것은 마치 "누군가를 고용하려면 의심하지 마라. 누군가가 의심스럽다면 고용하지 마라."라는 속담과 같다. 우리가 다른 사람에게 돈을 관리하도록 맡긴다면, 그가 돈을 훔쳐 갈지도 모른다는 생각에 사로잡혀서는 안 된다. 우리가 날마다 우리의 돈에 대해 그에게 확인한다면, 그와의 관계에 지장을 줄 것이다. 우리가 교회 안에서 어떤 사람과 함께 일할 때, 우리는 그를 의심해서는 안 되고 반드시 그를 신뢰해야 한다. 우리는 주님의 은혜로 자신의 일을 하는 것이 아니라 교회의 일을 하고 있다. 우리는 반드시 성도들에게 그들이 책임을 맡고 있고 그들이 교회의 주체라는 느낌을 갖게 해야 한다. 그러므로 우리는 반드시 모든 것을 그들이 돌보도록 넘겨주어야 한다.

만일 우리가 한 지방에 있는 교회에서 인도하는 사람으로서 봉사한다면, 성도들이 모든 일에 대하여 우리에게 와서 물을 것이다. 그때 우리는 반드시 공과를 배워서 무엇을 해야 한다고 생각하는지 그들에게 묻는 습관을 세워야 한다. 어떤 형제가 우리에게 "이 일을 어떻게 해야 합니까?"라고 묻는다면, 우리는 "형제님은 어떻게 생각하십니까?"라고 질문해야 한다. 그가 "이 일은 마땅히 이렇게 해야 할 것 같습니다."라고 말한다면, 우리는 "좋군요, 그렇게 합시다."라고 대답해야 한다. 우리는 그가 그의 방식대로 하게 해야 한다. 심지어 그의 방식이 우리의 방식보다 좋지 못할지라도, 우리는 그가 하게 해야 한다. 이것은 마치 양밍산에 올라가는 것과 같다. 우리는 이십오 분 만에 갈 수 있는 지름길을 알고 있지만, 어떤 형제가 삼십오 분이나 걸리는 다른 길을 제안할 수 있다. 만일 그가 자신이 제안한 길이 옳다고 여긴다면, 우리는 그 경로를 취해야 한다. 중요한 것은 그에게 책임을 지게 하는 것이다. 아마 그는 나중에 더 짧은 경로를 발견하고 다음번에는 그 경로를 취하게 될 것이다. 그는 조금씩 배우게 될 것이다.

만일 우리가 우리의 경로가 더 좋다고 주장한다면, 책임을 그에게 넘겨줄 수 없게 된다. 그러므로 우리는 결코 우리의 길을 주장하지 말아야 한다. 우리의 목표는 목적지에 도착하는 것이다. 십 분 빨리 가든 십 분 늦게 가든 상관없이 우리는 목적지까지 가는 부담을 그에게 넘겨주어야 한다. 한두 번 가 본 다음 그는 더 가까운 경로를 찾게 될 것이다. 우리가 이렇게 성도들을 온전하게 하면 결국 여러 책임들이 그들의 책임이 될 것이다. 우리가 이렇게 삼 년에서 오 년을 봉사한 후, 주님께서 우리를 다른 지방으로 인도하시면 떠나기가 쉬울 것이다. 그것은 모든 부담을 성도들이 짊어지고 있을 것이기 때문이다.

동역자들이 어디를 가든 그들이 봉사에서 이러한 태도를 취한다면, 많은 문제가 사라질 것이다. 동역자들과 장로들의 관계에 문제가 없을 것이고, 동역자들과 성도들의 관계에도 문제가 없을 것이다. 모든 문제가 이번 장에서 우리가 교통한 것의 중점들을 실행함으로써 해결될 것이다. 이러한 중점들을 실행하지 않는다면 문제들이 가득 쌓이게 될 것이다. 우리가 교회의 일을 하면 할수록 성도들을 덜 기쁘게 할 것이다. 우리가 그들을 위해 더 많은 일을 할수록 그들을 덜 기쁘게 할 것이다. 우리에게는 성도들이나 어떤 지방에 있는 교회를 통제하고자 하는 의도가 조금도 없지만, 우리가 일하는 방식이 잘못되었다면 교회를 통제한다는 인상을 성도들에게 주게 된다. 그 결과 우리도 고통을 당하고 성도들 역시 고통을 당하게 될 것이다. 성도들은 또한 우리가 빨리 떠나면 좋겠다고 생각하게 될 것이다. 게다가 우리가 좋지 못한 인상을 남겼기 때문에, 다른 동역자들이 그곳에서 봉사하기가 어려울 것이다. 성도들은 경계심을 가질 것이고, 동역자들이 그들을 통제할 것이라고 생각하여 동역자들을 꺼리게 될 것이다. 그러므로 우리는 반드시 우리의 일하는 방식을 바꾸어야 한다. 우리가 그곳에서 장로로서 섬기든 그러지 않든, 성도들에게 우리가 그들을 대치한다는 느낌을 주어서는 안 된다. 오히려 우리는 그들에게 우리가 그들을 돕는다는 느낌을 주어야 한다. 우리는 반드시 성도들 안에 이러한 느낌을 산출해야 한다.

자매들을 잘 기용해야 함

자매들도 이러한 교통을 받아들여야 한다. 특별히 나이 든 자매들은 그들이 전시간으로 섬기든 일부 시간으로 섬기든 이런 방식으로 일해야 한다. 우리는 반드시 비교적 젊은 자매들에게 우리가 그들을 온전하게 하는 것이지 그들을 대치하는 것이 아니라는 느낌을 주어야 한다. 우리는 그들이 일어나서 봉사해야 한다는 느낌을 주어야 한다. 그러므로 동역자들은 최선을 다해 자매들을 기용해야 하고, 어떻게 일하는지를 모르는 자매들조차도 기용해야 한다.

타이베이에서 정기적으로 집회에 참석하는 성도들의 인수는 약 삼사천 명이며, 우리는 침례 받은 약 만 명의 성도들의 명단을 갖고 있다. 이 성도들 가운데 다섯 살에서 열한 살 사이의 어린이가 만 명 이상 있을 것이다. 나는 자매들에게 우리가 만 명의 어린이 모두를 어린이 집회에 데리고 와서 매주 한 번 주님에 관해 이야기해 주는 일에 대해 상상해 보라고 요청하고 싶다. 이것은 엄청난 일일 것이다. 나는 우리 자매들이 이 부담을 받아들이고 이 일에 자신들의 전 존재를 쏟아붓기를 바란다.

그러한 일을 위해 우리에게는 주일에 어린이를 돌보는 데 자신을 드리는 한 무리의 자매들이 필요하다. 만일 한 자매가 열 명의 어린이를 돌본다면, 삼백 명의 자매가 삼천 명의 어린이를 돌볼 수 있을 것이다. 교회는 성도들이 동역할 수 있도록 공식적으로 공지하여 성도들에게 알릴 수 있다. 그러면 주일 오전에 많은 자매가 동역할 수 있을 것이다. 어떤 이들은 아이들을 데려오고, 어떤 이들은 어린아이들을 돌보며, 어떤 이들은 비교적 나이 많은 아이들을 가르칠 수 있을 것이다. 만일 자매들이 기꺼이 이 일에 신실하게 수고한다면, 다섯 살이나 여섯 살의 어린이들이 열한 살이나 열두 살이 될 때, 그들은 구원받고 침례 받게 될 것이다. 만 명의 젊은 성도가 있게 될 것이다. 이것은 증가를 얻는 것에 있어서 복음을 전하는 것보다 훨씬 효과가 있다. 게다가, 이렇게 얻어진 이들은 모두 좋은 기초를 갖게 될 것이다. 그들은 구원받고 나서 중학교에 진학해서 복음의 씨앗이 될 것이다. 그들은 자신의 학교에서 복음 전파를 시작할 수 있다. 이런 방식으로 우리는 끊임없이 증가할 것이다. 이것은 얼마나 가치 있는 일인가!

우리는 타이베이에 있는 교회가 언젠가 만 명의 어린이가 모이는 집회를 가질 수 있도록 주님을 앙망한다. 우리는 집회소에서 어린이 집회를 할 수 있고, 많은 형제자매가 가정을 열어 어린이 집회를 할 수 있다. 우리가 이런 식으로 만 명의 어린이를 돌본다면, 수년 후에는 매년 심지어 매월 많은 어린이에게 침례를 주게 될 것이다. 이것은 모든 과실수가 많은 열매를 맺는 과수원에 비유할 수 있다. 엄청난 일이 우리를 기다리고 있으며, 이 일은 효과적일 것이다.

이 외에도 많은 자매가 일어나 냉담하고 뒤로 물러난 자매들을 찾으러 가야 한다. 이를 위해 인도하는 자매들은 함께 모여서 기도할 필요가 있다. 그다음에 자매들은 자매들의 모임들을 가져야 한다. 메시지가 없어도 된다. 자매들은 함께 교통하고 기도하며 다과를 나누는 비공식적인 집회를 가질 수 있다. 주일에 어떤 자매들은 이 집 저 집을 방문하여 자매들을 모아 비공식적인 집회를 가져야 한다.

우리는 할 일이 너무나 많다. 그러므로 장로들과 동역자들은 반드시 이 기회를 붙잡아야 한다. 만일 우리가 부지런히 일한다면, 십 년 후에 교회들 안에 얼마나 많은 유용한 사람이 산출될지 알 수 없다. 이것은 주님께 영광이 될 것이다. 오늘날 우리는 주님을 위해 여기 있으므로 이 기회를 붙잡아야 하고 우리가 가진 모든 것을 주님께 드려야 한다.

10

동역자들의 봉사를 안배함

제10장

동역자들의 봉사를 안배함

장로나 집사로서 봉사하는 동역자들은 각 지방에 있는 교회에 머물면서 봉사함

어떤 전시간 봉사자가 한 지방에 있는 교회에서 오랫동안 봉사할 때, 그는 그 지방에 있는 교회에서 어느 정도 영구적인 봉사자가 된다. 에베소서 4장 11절은 네 부류의 은사 있는 사람들을 언급하는데, 그들은 사도와 신언자와 복음 전파자와 목자 및 교사이다. 우리는 이 네 부류에 교회의 장로와 집사를 추가할 수 있다. 과거에 봉사의 안배에 있어서, 우리는 어떤 권역의 일의 중심에 있는 큰 교회에 비교적 강한 몇몇 동역자가 있어야 한다는 원칙을 따랐다. 이 동역자들은 그 교회의 증거를 강화했고, 또한 그 권역에 있는 교회들 안에서 일하고 기능을 발휘함으로써 그 권역의 필요를 돌보았다. 그러므로 어떤 동역자들은 사도 베드로와 요한이 예루살렘 교회에서 장로로서 봉사했던 것처럼 각 지방에 있는 교회에서 장로로서 봉사했다.

이 원칙에 근거하여 우리는 어떤 동역자들을 어떤 지방의 장로들이 되도록 안배했었다. 그러나 우리는 이 원칙을 지나치게 적용했는데, 그것은 비교적 조그만 교회들은 이렇게 안배할 필요가 없었기 때문이다. 어떤 전시간 봉사자 형제가 한 지방에 영구적으로 정착하도록 안배될 때, 그는 그곳에서 장로의 직분을 다할 것이다. 표면적으로는 일에서 그 형제를 어떤 지방에 가서 동역자로서 봉사하도록 안배하지만, 실지로 그는 그곳에 장로가 되는 것을 배우기 위해 간 것이다.

주님 앞에서 얼마 동안 고려한 후, 우리는 대만의 현 상황에 따라 장로나 집사로 섬기는 전시간 봉사자 형제는 자신의 기능에 대해 분명해야 한다고 느낀다. 그런 다음 그는 주님의 인도와 안배에 따라 정착하여 장로나 집사의 일을 해야 한다. 다른 전시간 동역자들은 에베소서 4장에서 언급한 은사 있는 사람들로서 기능을 발휘해야 한다. 장로나 집사로서 기능을 발휘하는 대신에 그들은 신언자와 복음 전파자와 목자 및 교사로서 그들의 은사와 기능을 사용해야 한다. 이 동역자들은 각 지방에 있는 교회들 안에 영구적으로 머물러서는 안 되고, 그들의 기능을 다하기 위해 각지를 돌아다녀야 한다.

은사 있는 사람들은 지방에서 나와서 일의 확산을 위해 동역자 팀을 형성해야 함

은사 있는 사람이면서 한 지방에서 장로로 섬기고 있는 한 형제가 즉시 그의 책임을 벗어 버릴 수 없다면, 그는 그 지방에 머물면서 봉사를 계속해야 한다. 그러나 원칙적으로 그는 결국 그 지방에서 나와야 한다.

에베소서 4장에 언급된 은사 있는 사람들은 그들의 실지적인 상황의 필요에 따라 서로 가까운 곳에 거하면서 한 팀으로 일하기 위해 자주 교통하는 동역자 그룹이 되어야 한다. 그러한 동역자가 삼십 명이 있는데 그중 몇 명이 복음 전파자라고 가정해 보자. 이 형제들은 그들의 부담과 여러 지방에 있는 교회들의 필요에 따라 복음을 전파하기 위해 각지를 다녀야 한다. 이뿐 아니라 그들은 새로운 지방들로 가서 복음의 확산을 위해 복음의 일을 시작해야 한다. 아마도 어떤 동역자들은 목자 및 교사로서 새 신자들을 온전하게 하는 일을 할 수 있을 것이다. 그들은 마땅히 교회들에게 가서 새 신자를 온전하게 하도록 성도들을 도와야 하고, 한 지방 한 지방에 새 신자를 온전하게 하는 일을 세워야 한다. 아마도 어떤 동역자들은 학생들을 잘 돌볼 것이다. 그들은 마땅히 대학생들과 고등학생들이 있는 교회로 가서 젊은이들을 일으키는 것을 돕고 젊은이들을 돌보는 일을 세워야 한다. 만일 어떤 동역자들이 성도들을 인도하여 성경을 연구하는 것과 기도하는 것과 주님과 교통하게 하는 것을 잘한다면, 그들은 여러 교회들을 방문하여 성도들이 말씀을 읽고, 기도하며, 하나님을 누리기 위해 말씀을 기도로 읽는 생활을 세우도록 도와야 한다. 어떤 동역자들은 메시지를 전할 수 있는 능력이 있다. 그들은 가오숑(高雄)이나 타이중(臺中)이나 타이베이 등과 같은 비교적 큰 지방에 가서 분기별로 또는 월별로 특별 집회를 열어서 성도들이 더 온전하게 되도록 해야 한다. 더욱이 어떤 동역자들은 일본과 동남아시아와 한국 등과 같은 곳에 가서 교회들을 방문해야 한다. 그들은 현지의 장로들에게 그 교회의 행정의 책임을 맡기고, 집사들에게 여러 가지 봉사를 맡겨야 한다.

어떤 전시간 봉사자들은 기능과 본성에 있어서 장로나 집사이다. 그러한 동역자들과 전시간 봉사자들은 주님의 인도를 구해야 하고, 주님의 인도에 따라 각지에 안배되어 장로나 집사로서 봉사해야 한다. 나머지 동역자들은 움직이기 쉬운 팀을 이루어 함께 일해야 한다. 물론 그 가운데

한 명은 인도를 해야 하지만, 그들은 모두 함께 모여 기도하고 주님을 찾아야 하며, 두 명씩 짝지어 다른 장소로 나가야 한다. 어떤 동역자들은 이미 장로나 집사의 일을 하고 있다. 이것이 그들의 기능과 본성이다. 그러한 동역자들은 장로나 집사로서 섬기기 위해 그 지방에 남아야 한다. 나머지 동역자들, 곧 에베소서 4장에 언급된 그러한 은사 있는 사람들은 각 지방에서 나와서 교통이 편리한 곳에 거주해야 하고, 일의 확산을 위해 주님의 인도를 구하는 하나의 팀을 이루어야 한다.

교회들의 실지적인 상황에 따라 고려하고 교통해야 함

만일 어떤 교회의 장로들이 이 실행이 그들이 있는 교회에 영향을 줄 것이라고 느낀다면, 교통하기 위해 이 문제를 내놓을 수 있다. 예를 들면, 화롄(花蓮)에 있는 몇 명의 동역자들은 분명 장로나 집사의 일을 하고 있지 않고, 에베소서 4장에 언급된 은사들로서 기능을 발휘한다. 원칙에 따르면, 그들은 마땅히 화롄에서 나와야 하지만, 그들이 즉시 나온다면 화롄에 있는 교회는 큰 영향을 받을 것이다. 이것은 집에서 거대한 기둥 하나를 빼내어 집을 무너뜨리는 것에 비유할 수 있다. 상황이 이러하다면 화롄의 장로들은 이 문제를 내놓을 수 있고, 우리는 다른 방법이 있는지 고려해 볼 수 있다. 이것은 화롄의 장로들이 자신의 지방을 위한 느낌이 너무 강하거나 자신들을 너무 많이 돌보기 때문일 수도 있다. 만일 기둥 한 개를 옮겼는데도 집이 여전히 견고하게 서 있다면, 굳이 그 기둥을 그곳에 남겨 놓아야 한다고 주장할 필요가 없다.

우리의 교통은 세상 사회에서 개최하는 회의나 토론과 같은 것이 아니다. 우리는 우리의 영 안에 있는 느낌에 따라 제안을 할 수 있고, 그런 다음 성령께서 우리에게 하도록 인도하시는 일을 할 수 있다. 나는 우리 모두가 기도하기를 바란다. 일에 어떤 필요가 있을 때, 우리는 이러한 은사 있는 사람들을 각지 교회에서 나오게 하여 그들이 여러 지방을 차례로 돌면서 교회들을 돕고 성도들에게 공급할 수 있게 할 것이다. 다시 말해서, 은사 있는 사람들은 움직일 수 있게 될 것이고, 필요가 있는 곳에 보내어질 수 있을 것이다. 각지의 장로들은 그들의 지방에 있는 교회의 실지 상황과 필요를 주님 앞에 가져가서 은사 있는 동역자가 그들의 지방에 더 오래 머무를 필요가 있는지를 고려해야 한다. 만일 교회들에게 필요가 없다면, 때가 되었을 때 우리는 은사 있는 이들을 그 지방에서 나오게 할 것이고, 장로나 집사로서 섬기는 전시간 동역자들만 그 지방에 영구적으로 거하도록 남겨 둘 것이다. 은사 있는 사람들이 교회들에서 나오게 되면, 그들은 하나의 움직이는 팀이 되어 이곳저곳을 다니면서 교회들에게 공급해야 한다. 이를 위해 동역자들은 더 많은 교통을 가져야 한다.

11
자매들의 봉사

제11장

자매들의 봉사

교회 봉사에서 자매들의 위치

이번 장에서 우리는 교회 봉사에서 자매들의 위치를 고려해 볼 것이다. 우리는 종종 물질적인 것들에서 영적인 것에 대한 상징들을 발견한다. 우리는 교회 안에서 자매들의 위치와 봉사에 대한 상징으로 가정에서 여자의 위치와 봉사를 들 수 있다. 교회는 하나님의 가정이다. 한 가정에는 부모와 자녀, 남편과 아내, 연장자와 연소자, 남자와 여자가 있다. 가정 안에서 여자는 명확한 위치를 갖고 있다. 표면적으로 볼 때 여자의 위치는 남자처럼 드러나지 않을 수 있는데, 그것은 하나님의 정하심에 따라 남자가 머리이기 때문이다(고전 11:3, 엡 5:23). 비록 서양에서 남녀평등을 강조하고 여권 신장을 말하지만, 여전히 남자가 더 두각을 나타낸다. 그럴지라도, 가정에서 여자는 아내이든 어머니이든 크고 중요한 책임을 맡고 있으며, 그녀의 영향력은 엄청나다. 일찍이 어떤 사람이 나에게 중국에서는 여자들에게 권한이 없고 모든 권한이 남자들에게 있다고 말했다. 나는 그에게 “당신은 잘못 보았습니다. 중국에서는 실지적으로 여성의 권한이 굉장합니다.”라고 말했다. 중국의 가정에서 권한의 구십 퍼센트는 여성의 수중에 있지만, 표면적으로는 볼 수 없고 감추어져 있다.

합당한 가정에서는 여자가 머리가 되어서는 안 된다. 현모양처인 여자는 가정에서 모든 것을 짊어져야 한다. 그럼에도 불구하고 그녀는 스스로 결정을 내리거나 행동해서는 안 되고, 공개적으로 가족을 대표해서도 안 된다. 오히려 남편의 명령에 따라 일들을 해야 한다. 집안일의 구십 퍼센트가 자신의 손에 달려 있다 할지라도, 아내는 남편의 동의와 인도 아래 일들을 해야 한다. 그러지 않는 가정은 좋은 가정이 아니다. 남편이 모든 것을 하는 가정은 마비될 것이다.

교회생활에서도 마찬가지이다. 자매들이 머리가 되는 것은 잘못된 것이고 극도로 위험한 것이다(비교 딤전 2:12-14). 그러나 자매들은 아무것도 하지 않고 형제들이 모든 봉사를 돌보는 교회는 마비될 것이다. 정상적인 교회에서는 형제들이 모든 것을 인도하고, 자매들은 완전한 조화 안에서 따르고 동역한다. 이것은 마치 중국 속담에서 말하는 ‘부창부수’와 같은 것이다. 형제들이 인도하면, 자매들은 그들의 인도를 따른다. 그러나 일의 구십 퍼센트는 자매들에 의해 수행된다.

그러므로 우리는 반드시 자매들에게 일할 기회를 주어야 한다. 자매들이 많이 일할수록 더 좋다. 십 년 전 나는 사회의 조류가 교회 안으로 들어와 합당한 질서를 어지럽힐까 봐 우려되어 감히 이런 말을 하지 못했다. 그러나 자매들은 여러 해 동안 온전하게 함을 받았고, 또한 여러 해 동안의 소요에 의해 시험을 거쳤다. 우리는 자매들이 자신의 위치와 분량을 알고 주님의 길에 대하여 분명하리라고 믿는다. 그러므로 우리는 자매들에게 섬길 수 있는 더 많은 기회를 주어야 한다. 자매들을 가르치고 자매들의 봉사를 계발하여 그들이 기능을 발휘할 더 많은 기회를 갖게 해야 한다.

이번에 우리는 과거에 우리가 소홀히 했던 다섯 가지 주요 항목을 언급하려고 하는데, 이 일들은 우리가 수행하는 데 자매들의 동역을 요구하는 것들이다. 현재 이 일들에 대한 우리의 관심이 부족하다. 형제들은 이 다섯 가지 항목에 대해 속수무책이기 때문에, 반드시 자매들이 일어나 책임을 짊어져야 한다.

어린이의 일

자매들의 봉사를 위한 첫째 항목은 바로 어린이의 일이다. 어린이의 일에 대해 내 안에는 참으로 무거운 부담이 있다. 모든 교회들은 반드시 어린이의 일을 해야 한다. 통계에 따르면, 대만 전체 인구 가운데 사십오 퍼센트가 십오 세 이하로서 약 육백만 명이라고 한다. 각 지방에 있는 교회들에는 어린이가 있는 가정이 꽤 많이 있다. 나는 타이베이에 있는 교회에 약 만 명의 어린이가 있고, 대만의 나머지 교회들에도 같은 수의 어린이가 있는 것으로 추산한다. 만일 우리가 이 이만 명의 어린이에게 일한다면, 육칠 년 후 그들은 모두 청소년 형제자매들이 될 것이다. 이것이 바로 자매들이 해야 할 일이다.

과거에 타이베이에 있는 교회는 이 일에 적절한 주의를 기울이지 않았다. 타이베이에 있는 만 명의 어린이 중에 주일 집회에 참석하는 어린이의 수는 단지 오백 명 정도에 불과하다. 팔구천 명의 어린이가 어떤 돌봄도 받지 못하고 있다. 우리가 타이베이에서 복음을 전하기 위해 온갖 노력을 들일지라도, 일 년에 삼천 명 혹은 심지어 이천 명도 구원하지 못할 수 있다. 만일 우리가 만 명의 어린이를 양육한다면, 육칠 년 후에 그들은 모두 청소년 형제자매들이 될 것이다. 이것은 우리에게 매년 평균 천 명의 증가가 있을 것임을 의미한다.

소수의 봉사하는 자매들을 안배하여 인도하게 함

이 일을 수행함에 있어서 우리는 몇 가지 원칙에 주의를 기울여야 한다. 첫째, 자매들 가운데 몇 명이 일어나 어린이의 일을 인도해야 한다. 몇몇 나이 든 자매는 반드시 이 부담을 받아들여야 한다. 장로들은 또한 약 세 명에서 여섯 명의 자매들을 안배하여 이 책임을 짊어지게 해야 한다.

자매들이 어린이들을 집회에 데려옴

자매들은 또한 어린이들을 집회에 데려와야 한다. 만일 한 자매가 열 명의 어린이를 데리고 올 수 없다면, 다섯 명은 데리고 올 수 있을 것이다. 매주 자매들은 어린이들을 어떻게 집회에 데리고 올 수 있는지를 고려해야 한다. 만일 집회 장소가 적합하지 않다면, 자매들은 자신의 집을 열 수 있다. 자매들은 어린이들을 돌보면서 그들을 위해 기도하는 유모와 같다. 집회가 끝나면 자매들은 그들을 집에 데려다주어야 한다. 모든 자매가 이 봉사에 자신을 드려야 한다.

젊은 자매들을 교사가 되도록 훈련시킴

우리는 반드시 젊은 자매들을 기용하여 어린이 집회를 인도하도록 해야 한다. 두세 명의 다른 자매들이 어린이들에게 찬송을 가르치는 일을 도울 수 있다. 교회는 교사들을 훈련시켜 젊은 자매들이 어린이들을 가르치고 인도하는 것을 배우게 해야 한다. 또한 어떤 형제들은 어린이 집회를 위한 자료를 모으고 교재를 만들어야 한다. 그들은 저학년용과 중학년용과 고학년용으로 교재를 준비해야 한다.

어린이 집회를 위해 가정을 엶

성도들은 어린이 집회를 위해 그들의 가정을 열어야 한다. 어린이의 일이 잘 수행된다면, 내가 추산하기로는 각 그룹에 이십오 명에서 삼십 명의 어린이가 참여하는 약 삼백 개의 그룹이 있게 될 것이다. 이는 만 명에 가까운 어린이들이다. 이것은 우리에게 어린이 집회를 위한 수백 개의 장소가 필요하다는 것을 의미한다. 물론 우리는 집회소를 사용할 수 있지만, 우리의 집회소 숫자는 이 필요를 채우기에 역부족이다. 많은 형제자매들이 그들의 가정을 열 필요가 있다. 주일마다 어린이를 위한 삼백 개의 집회 장소가 있으면 좋을 것이다. 이 봉사는 얼마나 아름답겠는가! 그리고 주님의 일이 얼마나 많이 확장되겠는가!

온 교회가 이런 방식으로 동원된다면, 모든 형제자매들이 봉사할 기회를 갖게 될 것이다. 어떤 사람은 자신의 가정을 열 수 있고, 어떤 사람은 어린이들을 집회에 데리고 올 수 있으며, 어떤 사람은 어린이들을 가르칠 수 있다. 모든 성도들이 한마음 한뜻으로 주님의 마음의 갈망을 위해 수고한다면, 그 유익은 측량할 수 없을 것이다. 이것은 어린이들에게 우리가 모두 주님을 위하며, 보상을 바라지 않고 그들을 돌보고 있다는 인상을 줄 것이다. 집을 여는 사람도 돈을 요구하지 않고, 가르치는 사람도 돈을 요구하지 않으며, 어린이들을 집회에 데리고 오는 사람도 돈을 요구하지 않는다. 성도들은 돈을 요구하기는커녕 어린이 봉사를 하기 위해 드는 비용을 지불하기 위해 자신의 돈을 사용한다. 그 결과, 모두가 기쁨으로 가득할 것이다. 우리가 이런 식으로 어린이 집회를 하는 것은 어린이들에게 어려서부터 깊은 인상을 줄 것이다. 어린이들은 그리스도를 위해 살고 그리스도를 위해 자신을 희생하며 그들 자신을 위하지 않는 사람들을 보게 될 것이다. 이것은 최고로 유익한 것이다. 그뿐만 아니라 무의식중에 아이들의 친척들에게 영향을 주어, 복음 집회에 쉽게 그들을 초청할 수 있을 것이다. 그러므로 어린이의 일은 중대한 봉사이다.

오랫동안 집회에 나오지 않은 자매들을 회복시킴

자매들의 봉사를 위한 둘째 항목은 오랫동안 집회에 나오지 않은 자매들을 회복시키는 것이다. 자매들은 가능한 한 모든 방법을 동원하여 오랫동안 집회에 나오지 않은 자매들의 주소를 파악해야 한다. 어떤 자매들이 이 일을 인도해야 할 것이다. 봉사의 다섯 가지 항목에는 인도하는 사람이 필요하다. 인도하는 자매들은 여덟 명에서 열 명의 자매로 구성된 가정 소그룹을 세워야 한다. 가정 소그룹으로 모이는 일자와 장소는 소그룹별로 정할 수 있다. 그러면 자매들은 오랫동안 집회에 나오지 않은 자매들을 자신의 집으로 초대하여 교통하는 시간을 갖고, 다과를 나누며, 약간의 찬송을 부를 수 있다. 달리 말하자면, 자매들은 형식에 구애받지 않고 교통하는 시간을 가질 수 있다. 나는 이러한 실행이 집회에 나오지 않는 자매들을 고무시킬 것이라고 믿는다. 만일 우리가 이 자매들을 고무시킬 수 있다면, 이 자매들의 남편들 중 적어도 절반은 영향을 받아서 주님을 사랑하게 될 것이다. 그러므로 이것 또한 중대한 봉사이다.

학생의 일에 동역함

셋째 항목은 학생의 일이다. 학생의 일도 자매들의 협력이 필요하다. 우리는 대만의 모든 대학 출입구 근처에 몇몇 직장인 성도의 가정들이 있기를 간절히 소망한다. 우리가 캠퍼스에서 복음을 전파할 때, 누군가가 구원받으면 즉시 그를 이 가정들 중 한 곳에 데려갈 수 있다. 이런 방식으로 그 가정들은 청년들을 위한 가정들이 될 것이다. 학생들은 집에서 살든 그러지 않든, 다른 사람들의 집에 있기를 좋아한다. 우리가 우리의 가정을 연다면, 청년들이 보살핌을 받게 될 것이다. 자매들이 이 부담을 받아들이고 기꺼이 동역한다면, 캠퍼스에서 복음의 일의 결과는 두 배가 될 것이다. 그러므로 이것도 일에서 중대한 항목이다. 가정들이 학생들을 돌봄으로써 학생의 일에 동역할 수 있다면, 그것은 그 일에 매우 큰 도움이 될 것이다.

영적인 유모가 되기를 배움

넷째로, 자매들은 영적인 유모가 되기를 배워야 한다. 한 무리의 젊은이들이 침례를 받았을 때, 그들의 부모는 적절한 목양을 하지 못할 수도 있다. 이들 젊은 형제자매들에게는 부담을 갖고 그들을 영적으로 돕고 인도하고자 주님의 인도를 구하는 영적인 어머니들이 필요할 것이다.

만일 자매들이 이렇게 젊은이들을 목양할 수 있다면, 그것은 큰 도움이 될 것이다. 이것은 젊은이들이 주님께 전환할 기회를 주게 될 것이다. 왜냐하면 그들이 부모의 말은 듣지 않을 수 있어도 그들의 영적인 어머니의 말은 들을 것이기 때문이다. 우리가 그들을 돌보고 사랑하는 것이 모두 주님에게서 나온 것임을 깨닫게 한다면, 그들은 마음을 열어 우리의 말을 쉽게 받아들이게 될 것이다.

주님께 쓰임 받았던 많은 믿는 이가 가정에서 구원을 받고 목양을 받았다. 예를 들면, 여러 고아원을 경영했던 조지 뮐러(George Mueller)는 대집회에서 구원받은 것이 아니다. 그는 어떤 믿는 이의 가정에서 열린 복음 모임에서 구원받았다.

성도들을 접대함

마지막으로, 우리는 많은 자매가 접대를 위해 그들의 집을 열기를 바란다. 매번 특별 집회나 청소년 훈련이 있을 때, 자매들은 손님들을 접대하기 위해 자신의 가정을 열어야 한다. 접대를 위해 가정들을 연 결과는 풍성하고 매우 유익하다. 현재 우리는 손님들을 집회소에 안배했는데, 이것이 유익할 수도 있지만 따뜻함이나 돌봄이 있다고는 말하기가 어렵다.

로스앤젤레스에 있는 교회가 한 가지 예이다. 여름 훈련 때 외지에서 온 백여 명의 성도들은 모두 성도들의 가정에서 접대를 받는다. 1963년에 우리가 로스앤젤레스에서 첫 번째 훈련을 가졌을 때, 총 삼십여 명의 훈련생들이 전시간으로 참석했었다. 그다음 해에는 참가 인수가 육십 명 정도로 증가했다. 그때는 접대할 가정들이 부족했기 때문에 일에서 훈련생들을 위한 접대를 안배하였다. 1965년에 우리는 집회소를 구입했고, 성도들은 집회소 부근에 집을 구했다. 그리하여 집회소 주변 지역에 팔구십여 명의 성도가 거주하였다. 그 결과 그해에 모든 성도들이 접대를 위해 그들의 집을 열었고, 각 가정마다 두세 명의 성도들을 접대하였다. 손님들뿐 아니라 모든 성도들이 훈련에 참석했다. 그러므로 저녁 집회가 있기 전에 집회소 주위에는 곳곳에 형제자매들이 있었다. 미국 사람들은 거리에서 걸어 다니는 경우가 매우 드물고 외출 시 대부분 자동차를 몰고 나간다. 그러나 집회소에서 걸어서 갈 수 있는 거리에 사는 성도들은 자동차로 집회에 가지 않는다. 그 대신 그들은 성경을 손에 들고 삼삼오오 모여 걸어서 집회에 갔다. 외지에서 그 훈련에 참석한 성도들은 거의 백 명에 가까웠고, 그들 모두는 그 지방의 성도들에게서 접대를 받았다. 접대는 사람들에게 깊은 인상을 주고 큰 도움을 준다. 집회가 끝나면 성도들은 각 가정에 돌아갔고, 접대하는 가정들과 손님들은 더 많은 교통과 기도를 하곤 하였다.

우리는 대만에서도 많은 가정이 접대를 위해 열리기를 소망한다. 매번 훈련이 있을 때, 몸이 건강하고 특별한 돌봄이 필요하지 않은 성도들은 집회소에 거할 수 있다. 그러나 어떤 성도들은 몸이 약하거나 영적으로 약하여 가정의 돌봄이 필요하다. 이런 성도들의 필요를 채울 수 있는 열린 가정들이 있다면, 그 성도들을 격려하기가 쉬울 것이다. 물론 어떤 형제가 자신의 가정을 열기 원한다면 가족의 동의가 필요하다. 그럼에도 불구하고 접대를 제공하는 책임은 자매들에게 있다.

결론

나는 대만에 있는 모든 자매가 이것을 실행하기를 바라는 마음으로 이 다섯 가지 주요 항목을 제시했다. 우리는 교회 봉사에서 책임의 삼분의 이가 자매들에게 있고 삼분의 일이 형제들에게 있다고 믿는다. 베다니의 경우가 그러했다. 베다니에 있는 그 가정에는 마르다와 마리아라는 두 자매와 나사로라는 한 형제가 있었다(요 12:2-3). 자매와 형제의 비율은 이 대 일이었다. 그러나 우리의 현재 상황은 교회 봉사의 삼분의 이가 형제들에게 있고 삼분의 일이 자매들에게 있다. 이것은 마땅히 있어야 할 상황과 반대된다. 이것은 자매들에 관한 우리의 일에 부족이 있다는 것을 증명한다. 우리는 적극적으로 전진하여 봉사하는 자매들의 수가 증가하기를 소망한다.

교회 안에 자매들의 수가 감소한다면, 이것은 교회가 약해지고 있거나, 자매의 일에 문제가 있다는 것을 의미한다. 자매들은 반드시 일어나야 한다. 교회에서 평상시에 하는 봉사 외에, 자매들은 반드시 앞에서 언급한 다섯 가지 주요 항목의 봉사를 적극적으로 맡아야 한다. 자매들은 냉담하고 뒤로 물러난 자매들이나 오랫동안 집회에 나오지 않은 자매들에 대한 신상 기록 카드를 수집해야 하고, 주님의 인도에 따라 그들을 돌보아야 한다. 또한 자매들은 어린이가 있는 모든 가정의 목록을 작성하고, 그 가정들을 방문할 자매들을 안배해야 한다. 동역자들도 교회들 안에서 이 일들을 추진해야 하고, 자매들이 일어나 이 일들을 돌보도록 해야 한다. 더욱이 자매들은 젊은 형제자매들을 목양하는 유모가 되기를 배워야 한다.

12
어린이의 일

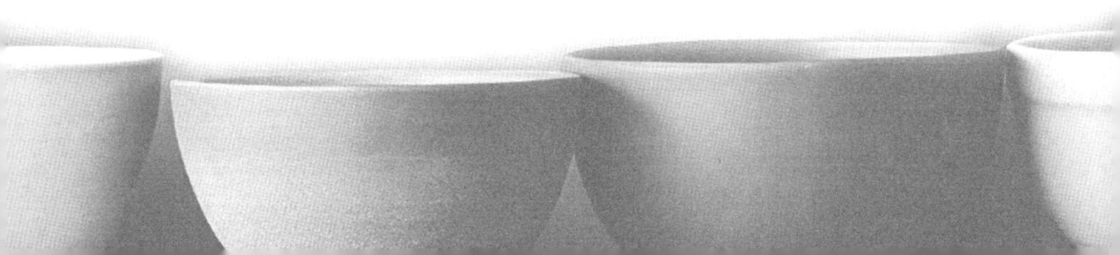

제12장

어린이의 일

우리는 우리 가운데 어린이의 일이 매우 주요한 일이 되기를 기대한다. 그러므로 우리는 이 일을 제대로 인식하고 준비하는 것이 필요하다. 어린이의 일을 언급할 때, 우리는 다섯 살 이상부터 초등학교를 졸업하기 전까지의 어린이들을 두고 말하는 것이다. 이들이 어린이의 일의 대상이다. 이 연령대보다 어린 유아들에 대해서는 우리가 돌볼 수 없다면 그들의 부모들에게 맡길 수밖에 없을 것이다. 우리는 청년들과 대학생들에게 말씀을 전하기 위해서는 반드시 잘 준비해야 한다는 것을 알고 있을 것이다. 하지만 다섯 살부터 열두 살까지의 어린이들에 대해서 어떤 이들은 사탕을 한 줌씩 나누어 주기만 하면 돌볼 수 있다고 생각할지도 모른다. 그러나 그런 식으로 어린이들을 대하는 것으로는 좋은 결과를 얻을 수 없다. 내가 관찰한 바에 따르면, 효과적으로 하기가 가장 어려운 일이 바로 어린이의 일이다.

주일 학교 방식을 피해야 함

기독교에서는 어린이의 일을 하는 것이 마치 학교를 운영하는 것과 비슷하다고 여긴다. 그래서 어린이의 일을 주일 학교라고 부른다. 서양에서는 모든 세대를 위한 주일 학교가 있다. 즉, 장년과 청년과 대학생과 청소년과 어린이를 위한 주일 학교가 있다. 교파에서는 먼저 주일 학교 수업이 있고, 그 후에 모두가 함께 모여 주일 예배를 드린다. 주일 학교 수업에서는 교재를 사용할 수 있다. 우리는 이 방법에 동의하지 않는다. 우리는 우리의 어린이 집회가 주일 학교의 분위기를 가져서는 안 된다고 느낀다. 우리의 체험에서 볼 때, 우리가 어린이의 일을 학교로 여기고 교재로 가르치는 것은 어린이들에게 유익한 점보다는 해로운 점이 많다. 이 방법은 어린이들을 너무 이른 지식으로 교육하는 것이다. 나중에 어린이들이 성장했을 때, 그들은 진리를 듣는 것에 그다지 열려 있지 않을 것이다. 어린이들은 주일 학교에서 너무 많은 성경 이야기를 들었기 때문에 듣는 것에 있어서 둔해질 것이다. 그들이 성장하여 다시 들어도 감동을 받지 못할 것이다. 이것은 하나의 어려움이다.

그러므로 우리가 어린이의 일을 위해 준비하는 교재는 기독교의 주일 학교에서 사용하는 교재의 영향을 받지 말아야 한다. 우리는 그들의 교재를 사용하지 말아야 할 뿐 아니라 참고조차 하지 말아야 한다. 우리는 반드시 기독교의 주일 학교 방식을 버려야 한다. 우리는 절대로 그들의 자료를 참고하지 말아야 한다. 그들의 교재는 어린이의 일에서 우리에게 도움이 되지 않을 것이다. 그와 반대로 우리의 일을 빗나가게 할 것이다.

교재를 편집함

우리는 어떤 교재를 사용하여 어린이들을 가르쳐야 하는가? 우리는 어린이들에게 합당한 사람이 되는 법을 가르치는 것부터 시작해야 한다. 우리는 그들에게 사람이 동물과 나무와 식물과 꽃과 다르다는 것을 보여주어야 한다. 그다음에 우리는 사람의 성격과 행실에 대해 말해야 한다. 우리는 어린이들에게 부모님을 공경해야 한다고 가르쳐야 하고, 그들의 행동에 있어서 사랑이 많고 순수하며 순종적이고 정직하며 올바르도록 가르쳐야 한다. 우리는 그들에게 어떤 종교적인 사상과 관념을 주지 않도록 반드시 주의해야 한다.

사람이 동물과 다르다는 것을 말할 때, 우리는 사람은 하나님께서 창조하셨고, 하늘들과 땅도 하나님께서 창조하셨다는 것을 말할 수 있다. 우리는 또한 사람이 어떻게 하나님의 형상대로 창조되었는지에 대해 조금 말할 수 있다. 우리는 이것보다 더 많이 말하지 않아도 된다. 나는 창세기 1장과 2장의 모든 내용을 어린이들에게 설명하는 것에 대해 찬성하지 않는다. 심지어 창세기 3장에서 사람의 타락의 문제를 만지더라도, 우리는 간단하게 말해야 하고 타락의 이야기 전체를 말해서는 안 된다. 우리는 어린이들에게 말할 때 체험적인 이야기를 들려주어야 하고, 그들에게 너무 많은 교리를 주어서는 안 된다. 어린이들에게 너무 많은 것을 알게 하는 것이 반드시 유익한 것은 아니다.

우리는 어린이 집회를 위해 교사들이 실지 상황들에서 스스로 예화들을 찾아낼 수 있도록 그들을 훈련시켜야 한다. 예를 들면, 교사들은 어린이들에게 "네가 집에서 형의 사탕을 훔쳤다면 너는 정직한 사람일까?" 혹은 "엄마가 더 큰 사탕을 여동생에게 주는 것을 보고서 네 마음이 기쁘지 않고 질투한다면, 너는 엄마와 여동생을 여전히 사랑하는 것일까?"라고 물어볼 수 있다. 우리는 어린이들에게 말할 때 반드시 실지적인 예들을 사용해야 한다.

교사들을 위한 교재를 편집할 때, 우리에게는 진리를 알 뿐 아니라 문장력도 있는 형제들이 많이 필요하다. 교재는 다섯이나 여섯 단계로 되어 있을 필요가 없다. 우리는 단지 세 단계, 곧 초급과 중급과 고급만 있으면 된다. 각 단계의 교재는 이 년 동안 사용할 수 있다.

초급 교재는 전적으로 어린이의 관점에서 구성되어야 한다. 사람에 대해 말할 때, 우리는 아이들에게 사람이 개나 고양이나 호랑이와 같은지를 물어야 한다. 우리는 사람이 동물과 다르다고 말해 주고, 왜 사람이 그것들과 다른지를 설명해 주어야 한다. 이것으로 충분하다. 교리적인 설명을 제시할 필요가 없으며, 단지 실지적인 예들만 사용하면 된다.

점차적으로 중급 교재로 나아가면서, 우리는 어린이들에게 성경 지식을 조금 더 줄 수 있다. 우리는 그들에게 우주 가운데 하나님께서 계시고, 사람은 타락하여 죄를 지었으며, 주 예수님께서 우리의 구주이시라는 것에 대해 깊은 인상을 심어 줄 수 있다. 우리는 교리를 너무 많이 줄 필요가 없고, 성경에 있는 사실들로 그들에게 인상을 주어야 한다. 이렇게 할 때 어린이들이 고급 교재로 올라가면, 대집회의 메시지를 따라갈 수 있도록 거의 준비가 될 것이다. 어린이들에게는 너무 많은 교리가 필요하지 않다. 그들에게는 단지 진리에 대한 일반적인 지식이 필요할 뿐이다. 이것은 교재를 편집하는 형제들이 어린이들이 너무 이른 지식을 받아들이지 않도록 주의를 기울여 작업할 것을 요구한다.

이전에 우리가 중국 북부 권역에 있었을 때, 어린이들을 가르치는 자매들은 어른들의 집회 내용을 사용했다. 그 당시 어른들은 위층에서 집회하고 어린이들은 아래층에서 집회를 했었다. 우리가 공허함에 대해 말하면, 자매들은 어린이들에게 공허함에 대해 말했다. 우리가 육체를 처리하는 것을 말하면, 자매들도 육체에 관해 말했다. 나중에 나는 이 사실을 알고 나서, 봉사하는 이들에게 이것은 효과가 없을 것이라고 말해 주었다. 나는 그 어린이들이 침례를 받은 후에는 어떤 메시지도 들을 수가 없게 되었다는 것을 깨달았는데, 그것은 그들이 구원받기 전에 이미 새 신자를 온전하게 하는 메시지들을 다 들었기 때문이다. 우리는 어린이의 일을 결코 이런 방식으로 해서는 안 된다.

또 다른 예를 고려해 보자. 어느 날 아침에 집회소에 있을 때, 나는 어린이들이 "만세 반석 여시어"라는 찬송을 부르는 것을 들었다. 이 찬송은 어린이들에게 너무 깊은 찬송이다. 그러므로 어떤 성도들은 어린이 찬송을 만들 부담을 가져야 한다. 어린이 찬송은 간단하고 흥미로워야 한다. 그 찬송들은 종교적일 필요가 없다. 우리는 활기찬 곡조를 사용하여 꽃과 새에 대해 노래할 수 있다. 결국 우리는 어린이들에게 하나님에 대한 찬송을 가르칠 수 있게 된다. 어린이 찬송은 세 단계로 구성되어야 하며, 각 단계에는 최소한 50곡이 들어 있어야 한다.

교회 전체가 어린이의 일에 힘써야 함

우리가 어린이의 일을 잘할 수 있는지의 여부는 어느 정도는 교재에 달려 있고, 어느 정도는 인도하는 형제자매들에게 달려 있다. 각지의 책임 형제들과 동역자들은 반드시 하나님의 가정 안에서 어린이의 일의 중요성을 보아야 한다. 한 가정에서 어떻게 어린이들을 돌보지 않을 수 있겠는가? 이 일은 우리에게 매우 중요한 일이 되어야 한다. 어린이를 경시하는 가정은 없을 것이다. 가정은 최우선으로 어린이를 돌보고 키우며 가르친다. 그러므로 우리는 반드시 하나님의 가정 안에서 많은 어린이를 섬겨야 한다.

이제부터 동역자들은 사람들이 주님을 알도록 인도하는 방법에 대해 더 많이 강구해야 한다. 그들은 반드시 자매들과 어린이들에게 주의를 기울여야 한다. 그들은 자신에게는 이 두 방면의 일에 관하여 은사가 없기 때문에 할 수 없다고 말해서는 안 된다. 할 수 없다면 그것을 하는 법을 배워야 한다. 그들은 항상 배워야 한다. 동역자들은 어린이의 일을 하는데 개인적으로 참여할 필요가 없다. 그들은 그 지방의 인도하는 자매들을 만나서 어린이의 일을 위한 부담을 그들에게 맡길 수 있고 격려할 수 있다. 그들은 반드시 교회가 어린이의 일을 위한 부담을 받도록 인도해야 한다. 교회는 어린이의 일에 노력을 집중해야 한다.

각지 교회의 인도하는 자매들은 반드시 어린이의 일을 위한 부담을 받아야 한다. 교회의 안배와 장로들의 인도 아래서, 자매들은 어린이의 일에 집중해야 하고, 여러 자매들을 인도하여 이 일에 참여하게 해야 한다. 장로들은 세부적인 항목들까지 돌보기에는 너무 바쁘다. 자매들은 장로들을 기다리지 말고, 많이 기도한 후에 계획을 세워야 한다. 그러고 나서 자매들은 장로들의 승인을 받기 위해 어린이의 일에 대한 계획을 장로들에게 제시할 수 있다. 이것은 마치 한 가정에서 남편이 일로 바빠서 가정의 일에 대해 상세한 계획을 세울 수 없는 것과 같다. 아내는 계획을 세워서 남편의 동의를 거쳐 일들을 처리할 수 있다. 이런 방식으로 아내는 어떤 일도 독단적으로 하지 않으면서 때맞추어 가정의 세부적인 일들을 돌볼 수 있을 것이다.

어린이의 일을 잘하려면 우리는 세 방면을 주의해야 하는데, 그것들은 교재와 교사들의 훈련과 장로들의 인도이다. 교재를 편집할 형제들이 정해진 후에, 장로들의 인도와 교사들의 훈련이 이어져야 한다. 우리는 반드시 각지에서 어린이의 일을 추진해야 한다. 형제들은 이 일을 추진해야 하고, 자매들은 이 일을 수행해야 한다. 만일 모든 성도들이 기꺼이 이 부담을 받아들이고 기회를 놓치지 않는다면, 영광스러운 결과가 있을 것이다.

주님을 위한 우리의 일에는 반드시 장기적인 안목이 있어야 한다. 육 년은 눈 깜짝할 사이에 지나간다. 초등학교 1학년인 어린이들은 머지않아 젊은 형제자매들이 될 것이다. 그들이 중학교에 들어가면, 우리는 그들의 중학교 친구들에게 복음을 전할 수 있다. 그들이 고등학교에 진학하면, 우리는 그들의 많은 친구를 구원받도록 인도할 수 있다. 그들이 대학에 들어가면 복음의 씨앗이 될 것이다. 이런 식으로 젊은이들은 해를 거듭할수록 증가할 것이다. 이것으로부터 오는 유익은 매우 클 것이다. 그러므로 나는 어린이의 일을 추진하고, 여러 자매들이 참여하도록 인도하며, 젊은 자매들을 선발하여 교사로 훈련시키기를 장로들과 동역자들에게 간청한다.

13

전시간 봉사자들을 일으킴

제13장

전시간 봉사자들을 일으킴

이번 장에서 우리는 전시간 봉사자들을 일으키는 것에 대하여 교통할 것이다. 우리는 교회들이 더 많은 전시간 봉사자를 일으키기를 소망한다. 이들은 주님의 부름을 받아 전심으로 그분을 섬기는 다음 세대의 성도들이 될 것이다. 작년에 대만에서 이백여 명의 젊은 형제자매들이 전시간으로 봉사하기를 갈망한다는 의사를 표시했다. 이 성도들은 대만 각지에 흩어져 있는데, 우리는 그들을 인도하고 돕고 교육할 수 있는 올바른 길을 찾는 것을 소홀히 해서는 안 된다.

전시간으로 섬기고자 하는 갈망을 갖도록 젊은이들을 부축하고 교육해야 함

과거 우리가 중국 대륙에 있었을 때, 우리는 성도들이 전시간으로 봉사하도록 격려하지 않았다. 우리는 전시간으로 봉사하도록 그들을 고무하지도 않았고, 섬길 갈망을 가진 어떤 이에게 찬물을 끼얹지도 않았다. 어떤 사람이 일어나 주님을 섬기고자 하는 마음이 있다면, 우리는 그를 교육하고 지원해야지 결코 찬물을 끼얹어서는 안 된다. 기껏해야 우리는 "형제는 전시간으로 섬기는 것에 관하여 진지해야 합니다. 그러므로 가볍게 결정하지 말고, 반드시 이 일을 주님 앞에 가져가서 많이 기도해야 합니다. 그리고 주님께서 환경을 통하여 확증해 주실 때까지 기다려야 합니다."라고 말할 수 있을 것이다. 그러나 최근 몇 년 동안 우리 가운데 상황이 바뀌었다. 어떤 성도들이 주님을 섬기고자 하는 이들에게 찬물을 끼얹어 왔다. 그러므로 지난 십 년 사이에 대학을 졸업한 젊은이들 가운데 전시간으로 봉사하라는 주님의 부름에 반응한 사람이 거의 없었다.

우리는 이것으로부터 하나의 공과를 배웠다. 우리는 전시간 봉사를 하도록 청년들을 고무해서는 안 되지만, 그들에게 찬물을 끼얹어서도 안 된다. 우리는 주님을 섬기지 않는 것보다는 섬기는 것이 훨씬 좋다는 태도를 취해야 한다. 이것이 원칙이다. 어떤 사람이 주님을 섬기기 위해 그의 온 시간을 드리는 것이 주님을 섬기기 위해 시간을 전혀 내지 않는 것보다 훨씬 좋다. 우리가 사람을 분발시킬 수 없더라도, 그들에게 찬물을 끼얹지 않도록 매우 조심해야 한다. 일단 어떤 사람이 주님에 의해 일으켜진다면, 아마 그는 장래에 주님께 쓰임 받을 것이다. 그러나 우리가 그에게 찬바람을 일으키고 찬물을 끼얹어서 뒤로 물러나게 한다면, 어느 날 우리는 이 일에 관해 주님과 결산해야 할 것이다.

이것은 작은 일이 아니다. 우리 가운데 누구도 누가 전시간으로 주님을 섬겨야 하고 누가 섬기지 말아야 하는지 확신할 수 없다. 예를 들어, 한 젊은 형제가 나를 만나러 왔는데, 나의 현재의 관점에 따르면 그는 전시간으로 주님을 섬겨서는 안 된다고 생각한다고 가정해 보자. 내가 그에게 “형제는 주님을 섬기는 대신 학업을 계속해야 합니다.”라고 말한다고 하자. 나는 내가 옳다는 것을 어떻게 확신할 수 있는가? 하나님께서 이 형제를 부르실 뜻이 없다는 것을 어떻게 확신할 수 있는가? 내가 보기에 그는 전시간 봉사자처럼 보이지 않지만, 내가 보는 것이 정확하지 않을지도 모른다. 그에게 주님을 섬기고자 하는 마음이 있기 때문에 팔 년이나 십 년 동안 양성되고 지원을 받으며 주님을 추구한다면, 그는 주님께 쓰임 받게 될 수도 있을 것이다.

이와는 대조적으로, 내가 생각하기에 어떤 형제는 매우 좋고 전시간 봉사를 할 자격을 갖춘 것처럼 보인다고 가정해 보자. 내가 이해한 것이 옳지 않을지도 모른다. 그것은 나의 견해에 지나지 않는다. 우리는 그 형제가 여러 해 후에도 똑같을지 확신할 수 없다. 그러므로 우리는 결코 그 누구도 분발시키지 말아야 하고, 그 누구에게도 찬물을 끼얹지 말아야 한다. 이 책임은 너무나 중대하다.

우리는 우리의 일이 먼저는 사람들을 구원받게 하고, 그다음은 주님을 사랑하게 하며, 그다음은 주님을 섬기게 하는 것이라는 태도를 지녀야 한다. 만일 어떤 사람들이 주님을 섬기기 위해 기꺼이 더 많은 시간을 드린다면, 그것은 그들이 기꺼이 주님을 섬기려고 하지 않는 것보다 훨씬 좋다. 나는 오래 섬기면 섬길수록 누가 전시간으로 봉사해야 하고 누가 하지 말아야 하는지에 대해 더 확신을 가질 수 없다. 우리는 다만 주님을 경외하고 그분께 순종할 수 있을 뿐이다. 그럴지라도 한 가지 원칙이 있는데, 그것은 형제이든 자매이든 동역자이든 우리 모두가 이 땅에서 주님을 위해 살고 있고 주님을 섬기기 위해 있다는 것이다. 주님을 섬기는 것은 그 무엇보다도 좋은 것이다. 우리는 어떤 사람이 기꺼이 시간을 드리는 것이 드리지 않는 것보다 더 좋다는 태도를 취해야 한다. 그러므로 어떤 성도가 주님을 섬기고자 하는 갈망을 가질 때, 우리는 그에게 어떤 말을 함으로써 찬물을 끼얹지 않도록 조심해야 한다. 우리는 그가 더욱 주님을 사랑하도록 그를 지지해야 하고, 그가 주님 안에서 진보하기를 소망해야 한다. 더욱이 우리는 그가 하나님을 경외하도록 도와야 하고, 주님을 섬기는 것을 아무 생각 없이 결정하지 않도록 도와야 한다. 그는 주님의 인도를 기다려야 하고, 형제들의 확증하는 말을 들어야 하며, 주님을 간절히 추구해야 한다. 우리는 합당한 사람이 되기 위해서는 직장 생활을 계속하면서 인생에 대한 더 많은 체험을 하고 어떻게 일들을 처리하는지를 배워야 한다고 그에게 말해 줄 수도 있다.

우리는 어떤 젊은이에게 결코 다음과 같이 말해서는 안 된다. "형제는 전시간으로 섬길 필요가 없습니다. 형제는 박사 학위를 얻는 것으로도 주님을 영광스럽게 할 수 있습니다. 형제의 가정은 부유하지 않고, 부모님이 형제를 키우기가 쉽지 않았습니다. 형제가 학위를 얻는다면 장래가 밝을 것입니다. 만일 형제가 주님을 위해 일한다면 무슨 장래가 있겠습니까?" 우리는 결코 이런 말을 해서는 안 된다. 내가 여러분에게 엄숙하게 말하는데, 이것은 주님의 일에 관한 것이고 주님 앞에서의 한 사람의 장래에 관한 것이다. 성도들을 위해 결정을 내릴 수 있는 담대함을 가진 우리는 누구인가? 우리는 그들에게 무엇이 옳은지에 대한 확신을 갖고 있지 않다. 어떤 불신자가 자신의 친척이 큰일을 할 수 있는 잠재력이 있기 때문에, 그 친척이 주님을 섬기기 위해 자신을 헌신하는 것은 낭비이고 안타깝다고 여기더라도, 누구도 그 불신자를 비난할 수 없을 것이다. 또한 이 길을 취할 마음을 갖고 있지 않은 이름뿐인 그리스도인이 그렇게 말한다 할지라도, 우리는 그를 비난할 수 없을 것이다. 그러나 주님을 섬기는 사람이 다른 이들에게 찬물을 끼얹는다면, 이것은 완전히 잘못된 것이다. 이것은 주님 앞에서 심각한 일이다.

전시간으로 봉사하는 길을 취하도록 사람들을 양성함

어떤 젊은이가 일어나 주님을 사랑하면, 우리는 최선을 다해 그를 도와야 하고, 공급해야 하며, 또한 지도해야 한다. 우리는 그에게 주님을 섬기도록 지도해야 하며, 주님을 섬기려면 성격을 양성해야 하고 합당하게 처신하는 것을 배워야 한다는 것을 보여 주어야 한다. 그가 이것들을 추구할 때, 우리는 그에게 학업을 소홀히 해서는 안 된다고 충고해야 한다. 그는 자신이 주님을 섬기게 될 것이기 때문에 학위가 있든 없든 문제가 되지 않는다고 생각해서는 안 된다. 이러한 태도는 옳지 않다. 그는 장래에 기꺼이 전시간으로 주님을 섬길 것이므로 최선을 다해 공부해야 한다. 그가 공부를 잘하지 못한다면 주님을 잘 섬길 수 없을 것이다. 만일 우리가 참으로 그가 전시간으로 봉사하는 것이 적합하지 않다고 느낀다면, 우리는 그가 직장을 가지면서 여전히 주님을 섬기는 마음을 유지하도록 격려해야 한다. 우리는 그에게 주님을 섬기는 일에 있어서 어떤 사람은 전시간으로 섬기고 어떤 사람은 전시간으로 섬기지 않는다는 것을 보여 주어야 한다. 우리는 그가 직장을 갖도록 권해야 하고, 주님을 섬기려는 그의 갈망이 더욱 강해지기를 바라야 한다.

우리는 이 일을 점진적으로 해 나가야 한다. 우리는 신학교를 세워 사람들을 모아서 훈련시킨 후 전도사가 되게 하는 기독교의 길을 갈 수 없다. 그것은 우리의 길이 아니다. 우리는 반드시 형제자매들을 주님 안에서 성장하게 하여 그들이 전시간으로 섬겨야 하는지 섬기지 않아야 하는지가 나타나도록 해야 한다. 교회들은 정원과 같고 형제자매들은 어린 식물들과 같다. 교회들은 그들을 경작할 책임이 있다. 우리는 그들을 점점 자라게 해야지 찬물을 끼얹거나 낙담하게 하는 말을 해서는 안 된다. 우리는 그들이 주님을 섬기기에 적합하지 않다고 가볍게 말해서는 안 된다. 시간이 지남에 따라 그들 스스로 드러나게 해야 한다. 만일 그들이 전시간으로 섬기기에 적합하지 않다는 것이 분명해지면, 우리는 그들이 낙심하지 않도록, 돌아서서 세상을 사랑하지 않도록 지도해야 한다. 우리는 어떤 믿는 이들은 전시간으로 섬기도록 은혜를 받았고, 어떤 믿는 이들은 다른 방식으로 주님께 쓰임 받도록 은혜를 받았다는 것을 그들이 볼 수 있도록 도와주어야 한다. 우리가 이런 식으로 그들을 지도할 수 있다면, 비록 그들이 직업을 갖는 길을 선택할지라도 주님을 향하는 그들의 마음은 더 강해질 것이고, 직장 생활을 하면서도 주님을 향한 그들의 봉사는 더욱 증가할 것이다.

한 걸음 한 걸음 주님을 따르도록 사람들을 인도함

젊은이들은 자주 여러 가지 문제에 직면한다. 예를 들면, 유학을 가야 할지 말아야 할지 결정해야 하고, 배우자로 누구를 선택해야 할지 결정해야 한다. 우리는 그들의 문제들을 해결할 필요가 없다. 우리는 젊은이들에게, 다만 한 걸음 한 걸음 주님을 따르는 것을 배워야 한다는 것을 알려 주기만 하면 된다. 우리가 어떤 사람이 더 높은 학위를 얻기 위해 유학을 가야 하는지를 결정하기는 어려운 일이다. 우리는 유학을 가는 것이 틀렸다고 말할 수도 없고 옳다고 말할 수도 없다. 마찬가지로, 결혼하는 것이 틀렸다고 말할 수도 없고 옳다고 말할 수도 없다. 인생에 관한 일들에서, 주님은 각 믿는 이들을 다르게 인도하신다. 어떤 믿는 이들은 자신이 공부를 계속해서는 안 된다는 것을 분명히 알고 있고, 어떤 자매들은 자신이 결혼하지 않을 것에 대해 분명히 알고 있다. 어떤 자매들은 합당한 배우자를 만날 때까지 주님을 섬겨야 한다고 느낀다. 그런 후에 그들은 결혼할 것이고 가정을 꾸릴 것이다. 우리는 다른 이들을 대신하여 결정을 내릴 수 없다.

우리는 다만 주님을 진심으로 사랑하고, 매사에 주님을 찾아야 한다고 말할 수 있을 뿐이다. 그들은 마음이 세상을 향해 돌아서서는 안 된다. 만일 그들이 유학을 가더라도, 그들의 마음이 세상을 향해서는 안 된다. 그들의 존재는 주님을 향해 분명해야 한다. 주님께서 그들이 유학을 가도록 허락하시면 그들은 가야 하고, 주님께서 허락하지 않으시면 가지 말아야 한다. 나는 공부하기 위해 미국에 온 몇몇 형제자매들을 만났는데, 그들은 아주 잘 지내고 있다. 어떤 이들은 이미 졸업했고, 어떤 이들은 재학중이다. 그들은 주님께 유용하다. 그러나 국외로 나간 후 상태가 좋지 않은 이들도 있다. 그러므로 우리는 다른 이들을 대신하여 결정을 내려서는 안 된다.

우리의 인도에서의 몇 가지 중점

교회들은 장래 주님을 전시간으로 섬기려는 마음을 가진 젊은 형제자매들을 돌보아야 한다. 우리는 다음과 같은 중점들에서 그들을 돌보아야 한다. 첫째, 우리는 그들이 자신을 주님과 교회에 헌신하도록 인도해야 한다. 둘째, 우리는 그들이 주님과 그 영과 생명과 주님의 말씀을 알도록 인도해야 한다. 이것은 하루아침에 이루어질 수 있는 일이 아니며, 수개월 혹은 수년이 걸릴 것이다. 셋째, 우리는 그들이 좋은 성격을 세우도록 도와야 한다. 최근 들어 중국 청년들의 성격이 나빠지는 경향이 있는데, 그것은 과학을 강조하고 윤리적인 지침이나 성격에 많은 주의를 기울이지 않는 새로운 교육 정책 때문이다. 우리는 반드시 이 부족을 보충해야 하고, 젊은이들을 도와서 주님을 사랑할 뿐 아니라 자신의 성격을 세워 합당한 사람이 되게 해야 한다. 넷째, 젊은이들에게 실지적인 훈련을 하도록 해야 하고, 다양한 봉사를 배울 수 있도록 해야 한다. 우리는 그들을 한가하게 내버려두어서는 안 되며, 그들을 교정하고 긍정적인 비평을 함으로써 그들을 도와야 한다. 다섯째, 우리는 학교에 있는 이들이 부지런히 공부하도록 격려하고, 직장에 있는 이들이 자신의 일을 합당하게 하도록 격려할 필요가 있다. 전시간으로 봉사하고자 하는 마음이 있는 젊은이들이 함께 추구할 수 있도록, 그들을 매주 모이게 하는 것이 가장 좋다. 이것은 그들에게 매우 유익할 것이다.

14

학생의 일에 관한 교통

제14장

학생의 일에 관한 교통

이번 장에서 우리는 학생의 일에 관하여 교통할 것이다. 서양의 선교사들이 복음을 전하기 위해 중국에 왔을 때, 그들은 학교들을 세워야 한다는 절박한 필요성을 보게 되었다. 비록 이것은 성경 안에 있는 진리의 관점에서 본다면 합당하지 않지만, 서양의 선교사들이 세운 학교들은 복음의 확산에 많은 도움을 주었다. 기독교가 중국에서 뿌리를 내린 것은 주로 학교들의 설립을 통해서였다. 이것은 교육과 복음의 확산이 서로 밀접한 관계에 있다는 것을 보여 준다. 오늘날 대만에서 우리는 학교를 세울 필요가 없는데, 그것은 대만 정부가 교육을 중시하여 곳곳에 학교가 있기 때문이다. 이뿐 아니라 거의 모든 캠퍼스의 문들이 복음에 대해 열려 있다. 그러므로 우리는 반드시 학생들 가운데 복음의 일에 주의를 기울여야 한다.

학생들 가운데서의 복음의 일의 중요성

학생들 가운데서의 복음의 일에는 다섯 가지 두드러진 특징이 있다. 첫째, 젊은이들은 복음을 받아들이기가 비교적 쉽다. 복음은 사람들에게 새로운 것들을 제시한다. 그러나 사람은 나이가 들수록 새로운 것들을 받아들이기가 더 어려워진다. 젊은이들은 아직 세상에 점유되지 않았기 때문에 복음을 받아들이기가 더 쉽다. 둘째, 복음은 젊은이들에게 더 큰 영향을 미친다. 역사에 따르면, 새로운 움직임이 나이 든 사람들에게서 시작되는 경우가 거의 없는데, 그것은 나이 든 사람들에게 어떤 인상을 주기가 그리 쉽지 않기 때문이다. 그러나 젊은이들은 새로운 것들에 비교적 쉽게 감동을 받고 영향을 받으며, 일단 그들이 감동을 받으면 그들의 반응으로 인한 영향력은 시간이 지날수록 배가된다. 정치에 관련된 운동이든 교육에 관련된 운동이든 어떤 사상적인 운동이든 대부분 젊은이들에게서 시작되는데, 그것은 그들을 통해 지속적인 영향력을 산출하기가 비교적 쉽기 때문이다.

셋째, 젊은이들은 복음을 쉽게 확산시킬 수 있다. 일단 복음을 전하여 한 명의 젊은 학생을 얻기만 하면, 한 무리의 학생들에게 복음이 쉽게 전파된다. 사회의 다른 계층들에 복음을 전하는 것은 보다 쉽지 않은데, 그 이유는 이 여러 계층에 있는 사람들이 분산되어 있기 때문이다. 그러나 학생들은 그룹에서나 반에서 항상 함께한다. 한 학생을 얻는다면 온 캠퍼스에 매우 쉽게 복음이 전파될 수 있다.

넷째, 대만의 교육 체계가 복음을 위해 매우 좋은 기초를 마련해 놓았다. 우리는 초등 교육과 중등 교육을 받은 사람들에게 쉽게 복음을 전파할 수 있으며, 그들도 쉽게 복음을 받아들인다. 다섯째, 복음의 확산이 교육에 의해 수월해졌다. 대만의 의무 교육 제도는 대만 전체와 사회 여러 계층에 복음의 확산을 용이하게 하였다. 대만에서 나이 든 세대의 많은 이들은 중국 대륙에서 건너온 사람들이다. 그들은 다른 방언과 관습과 정서를 가지고 있다. 대만 본토인들 역시 그들 자신만의 관념을 가지고 있다. 이 차이점으로 인해 대만의 나이 든 사람들에게 복음을 전하기가 더 어렵다. 그러나 대만의 젊은이들은 모두 동일한 교육을 받고 있고, 동일한 언어를 사용하며, 비슷한 관념과 사상을 가지고 있다. 만일 복음이 캠퍼스들로 전파된다면, 얻어진 학생들은 이 복음을 대만 전체로 확산시킬 수 있을 것이다. 그러므로 우리가 대만 전체로 복음을 확산시키고자 한다면, 학생의 일을 하는 길을 취할 필요가 있다. 이 일은 무한한 잠재력과 영향력을 가지고 있다.

환경에 있어서 주님의 예비하심

주님은 대만에서 학생들 가운데 복음의 일이 수행되도록 각 방면의 환경을 예비하셨다. 첫째, 모든 주요 도시에 각 지방에 있는 교회가 있다. 둘째, 이 주요 도시들의 각 캠퍼스에 많은 성도들이 학생 혹은 교직원으로 있다. 복음의 일은 그들에게서 시작될 수 있다. 주님은 우리를 위해 이러한 상황을 예비하셨다. 그러므로 각 지방에 있는 교회는 반드시 일어나서 캠퍼스에서의 복음의 일에 협력해야 한다. 교회들은 캠퍼스에서의 복음의 일에 앞장서야 한다. 그러므로 동역자들은 특별히 학생의 일과 청년들에게 복음 전하는 일에 주의해야 한다. 그러면 청년의 일은 어린이의 일을 강화할 수 있을 것이다.

학생들을 위한 집회를 세움

각 지방에 있는 교회는 중학생과 고등학생과 대학생을 위한 집회들을 포함한 학생들을 위한 집회를 가져야 한다. 심지어 한 지방에 세 명에서 다섯 명의 학생만 있더라도, 우리는 그들이 집회를 갖도록 도와야 한다. 교회의 정규적인 집회 외에 학생들을 위한 집회가 있어야 한다. 나는 각지 교회의 장로들이 학생들을 위한 집회를 인도할 부담을 받기를 소망한다. 이 집회에서 장로들은 학생들이 캠퍼스에서 복음을 전하는 것에 관해 말해야 한다. 장로들은 또한 복음의 일이 전진할 수 있도록 학생들이 어떻게 사람들을 접촉하는지를 배우도록 도와야 한다.

여름 방학과 겨울 방학 동안의 학생의 일

앞으로 삼십 세 미만의 동역자들은 학생의 일에 더 많은 시간과 힘을 쏟아야 한다. 올해부터 7월 초 여름 방학 동안 중학생을 위한 훈련이 있을 예정이다. 훈련은 두 권역으로 나누어서 실시하는데, 하나는 대만의 북부 권역이고 다른 하나는 중부와 남부 권역이다. 각 권역에 적어도 오백 명의 학생이 있을 것이다. 그러므로 7월에 천 명의 중학생이 훈련을 받을 것이다. 훈련은 최소 열흘에서 최대 이 주 동안 진행되어야 하며, 모든 교회들은 함께 이 부담을 짊어져야 한다.

7월 상반기에는 중학생이 훈련받을 것이고, 하반기에는 고등학생이 훈련받을 것이다. 고등학생도 각 권역에서 훈련받는 학생이 적어도 오백 명이 있게 될 것이다. 그러므로 천 명의 고등학생이 훈련받을 것이다. 이 두 차례의 훈련을 거친 다음에, 우리는 8월에 복음의 움직임을 위해 학생들을 동원할 수 있다. 대만의 육십여 교회들이 함께 이 복음의 움직임을 시작할 수 있다. 이것은 학생들에게 어떤 실무적인 훈련을 받을 기회를 제공하게 될 것이다. 학생들은 초대하고 안내하며 애찬을 돕는 일을 책임질 수 있다. 그들은 심지어 간증하는 일을 맡을 수도 있다. 우리는 교대로 강한 복음 메시지를 전함으로써 그들을 도울 것이다. 이런 식으로 많은 중학생과 고등학생을 얻게 될 것이다.

이와 마찬가지로 우리는 매년 11월에 대학생 연합 훈련을 가질 수 있다. 타이베이에서 최소한 오백 명 그리고 대만의 중부와 남부에서 오백 명의 대학생이 일주일에서 열흘간의 훈련에 참석할 것이다. 훈련이 끝나면 우리는 대만 전체에서 대학생들 가운데서 복음 활동을 개시할 수 있다. 우리 학생들은 그들이 훈련받은 것에 따라 실행할 기회를 갖게 될 것이고, 우리는 그들을 어떤 메시지로 도울 수 있을 것이다. 이런 식으로 많은 대학생이 주님에 의해 구원받을 것이다. 매년 중학생 천 명, 고등학생 천 명, 대학생 천 명을 얻는 것은 가능한 일이다. 십 년이면 삼만 명을 얻을 수 있다. 이것은 대단한 일일 것이다.

우리 학생들이 중학교와 고등학교와 대학교를 다닐 동안 이 목표를 가지고 실행한다면, 그들이 대학을 졸업한 후에는 사회의 각계각층에 성도들이 있게 될 것이다. 또한 우리는 국외에서 온 화교 유학생들에게도 주의를 기울여야 한다. 그들이 졸업하고 고국에 돌아가면 큰 영향을 미칠 것이다.

어린이의 일을 강화하기 위해 청년들을 사용해야 함

우리는 또한 어린이의 일에서 청년들의 도움이 필요하다. 이것은 반드시 발전되어야 한다. 대만에 있는 성도들의 가정에 있는 다섯 살에서 열두 살까지의 어린이들은 이만 명에서 삼만 명에 이른다. 만일 우리가 이 어린이들을 돌본다면, 육 년 후에 그들은 복음의 씨앗이 될 것이다. 어린이의 일이 잘 진행되면, 심지어 오랫동안 집회에 나오지 않은 성도들이라도 그들의 자녀들을 우리에게 보낼 것이고, 우리는 그들을 다시 얻을 수 있을 것이다.

나는 각 지방에 매우 많은 수의 어린이가 있다고 믿는다. 우리가 어린이의 일을 시작하기만 하면, 청년들은 기능을 발휘하기 시작할 것이다. 그들은 모두 어린이 봉사에 참여할 수 있다. 한 반에 이십 명의 어린이가 있다면, 각 반에 두 명의 교사가 필요할 것이다. 만일 타이베이에 이천 명의 어린이가 있다면, 우리에게는 백 개의 반이 있어야 하고, 동역하고 봉사할 이백 명의 청년들이 필요할 것이다. 청년들은 이 일에 그들 자신을 드릴 필요가 있으며, 이것은 그들 각자에게 말하는 것을 훈련할 기회를 줄 것이다.

로마 가톨릭교회는 진리에 있어서는 잘못되었지만, 그들의 방법은 사람들을 얻게 한다. 그들은 어떤 복음 활동이나 홍보도 하지 않지만, 병원과 학교를 세움으로써 사람들을 얻는다. 우리는 그렇게 할 수 없지만, 젊은이들을 돌보는 원칙은 틀린 것이 아니다. 대만 전체에서 우리에게는 약 이삼만 명의 어린이가 있다. 우리가 어린이의 일을 시작한다면, 육 년 후에 이 어린이들이 청소년 형제자매들이 될 것이다. 우리가 매일 복음을 전해도 이렇게 많은 사람을 얻을 수 없을 것이다. 우리는 우리의 어린이들을 위해 일하는 데 수고해야 한다. 이 이삼만 명의 어린이들이 청소년 형제자매들이 되어 중학교에 들어가면, 우리는 그들로 말미암아 중학교의 일을 할 수 있다. 그들이 고등학교에 들어가면, 우리는 그들로 말미암아 고등학교의 일을 할 수 있다. 그들이 대학에 들어가면, 우리는 그들로 말미암아 대학 캠퍼스의 일을 할 수 있다. 마침내 그들은 대학에서 사 년간의 훈련을 마친 후 졸업하여 사회의 각 분야에 진출할 것이다. 만일 우리가 학생의 일에 대한 중요성을 보지 못한다면, 우리는 너무나도 어리석은 것이다.

우리는 즉시 행동을 취해야 한다. 모든 교회들은 이 문제에서 성도들을 격려해야 하고, 우리는 반드시 이 문제를 위해 기도해야 한다. 모든 성도들은 자신의 자녀들이 영적인 도움을 받기를 원한다. 심지어 오랫동안 집회에 참석하지 않은 성도들도 자신의 자녀들이 영적인 지도를 받기를 원한다. 일단 우리가 이 일을 시작하면, 성도들은 반응하게 될 것이다. 이것은 많은 유익을 가져다줄 것이고, 그 이익은 과소평가될 수 없다.

만일 우리가 매년 중학교와 고등학교와 대학교에서 각각 천 명의 학생들을 얻는다면, 십 년 후에 우리는 삼만 명으로 증가할 것이다. 거기에 우리가 십 년 동안 얻은 우리의 어린이들을 더한다면, 적어도 오만 명에서 육만 명이 될 것이다. 이 인수를 우리가 십팔 년 전에 대만에서 주님의 증거를 세운 때부터 지금까지 얻은 성도들의 수, 즉 아직 이만 명이 되지 않는 성도들의 수와 비교해 보라. 우리가 처음에 대만에 왔을 때는 이런 종류의 일을 하는 성도가 많지 않았지만, 지금은 많은 성도들이 그렇게 하고 있다. 게다가 많은 학교가 있고, 정부는 어떤 규제도 하지 않는다. 우리가 이 일을 하지 않는다면, 우리는 정말 어리석은 것이다. 나는 교회들이 청소년의 일과 어린이의 일을 추진하여 시작할 수 있도록 이 부담을 교통하고 있다.

한 면으로 우리는 반드시 청소년들을 얻어야 하고, 또 한 면으로 반드시 사회의 각계각층의 사람들을 얻어야 한다. 그러므로 매년 설날을 전후하여 우리는 대만 전체에 복음을 전해야 한다. 이런 식으로 우리는 매년 또 다른 삼천 명의 사람들을 얻을 수 있을 것이다. 이것은 오히려 낮게 추산한 통계이므로, 목표에 도달하는 것은 어렵지 않을 것이다. 우리는 상반기에 새 사람들을 얻을 수 있고, 하반기에는 그들을 온전하게 해야 한다. 그러면 우리는 또 다른 복음 집회를 가질 수 있다. 오늘날 주어진 환경적인 조건은 복음을 전파하는 데 매우 유리하다. 교통이 편리하고, 정부의 규제가 없으며, 육십 곳이 넘는 교회들이 있고, 많은 동역자들과 봉사자들이 있다. 이 모든 조건을 바탕으로 하여 동역한다면, 우리의 복음의 일은 효과가 있을 것이다.

교회들과 일의 관계

교회들과 일의 관계에 대해 언급할 때, 성경은 복음이 새로운 곳으로 확산되는 일이 교회들과 조직적으로 어떤 관계도 없다는 것을 보여 준다(행 13장). 다시 말해서, 일은 어떤 교회의 통제 아래에도 있지 않다. 새로운 곳으로 복음을 확산시키는 일은 주님에게서 보냄을 받은 사도들이나 성도들을 통하여 수행된다. 하지만 그들의 일이 완료된 후에 그들의 일의 결과는 그곳에 세워진 교회에 넘겨져야 한다. 그러면 보냄을 받은 이들에 의해 세워진 각 지방의 교회들은 각자의 지방에서 그들 자신의 일을 수행해야 한다. 바꾸어 말하면, 한 지방에 있는 교회의 봉사는 바로 그 지방에 있는 교회의 일인 것이다.

예를 들면, 우리가 학생의 일과 어린이의 일을 추진할 때, 그 지방에 있는 교회의 장로들은 반드시 이 일에 참여해야 한다. 그들은 캠퍼스의 일이 어떻게 진행되고, 청년들이 어떻게 어린이의 일에 참여할 수 있는지를 고려하기 위해 교통을 통해 봉사자들과 동역해야 한다. 이 두 방면의 일은 마땅히 그 지방에 있는 교회가 짊어져야 한다. 각 지방에 있는 교회는 어떤 결과를 얻기 위해 새로운 곳으로 가서 그곳의 일을 통제하는 데

관여해서는 안 된다. 교회들과 일의 관계는 결코 이렇지 않다.

각 지방에 있는 교회는 스스로 건축되기 위해 지방적으로 일을 해야 한다. 교회들과 일의 관계에 있어서, 교회는 지방적으로 일을 해야지 지방의 경계를 벗어나서 일을 해서는 안 된다. 한 지방에 있는 교회는 지방적으로 자기 지방의 일을 해야 하며, 다른 곳에 있는 교회들이 각자의 지방에서 자기 지방의 일을 하도록 해야 한다. 그러나 새로운 지방을 개척하는 일은 모두 주님에 의해 보냄을 받은 사도들이나 성도들이 해야 한다. 일단 새로운 곳에서의 일이 어떤 결과를 얻으면, 그 일은 그 지방에 세워진 교회의 손에 넘겨져야 한다. 그때부터 일은 한 지방에 속한 것이 된다. 이것이 일의 원칙이다.

여기서 나는 몇 마디 추가의 말을 하고 싶다. 우리는 교리들을 파고들거나 성경을 연구하는 데 너무 많은 시간을 들여서는 안 된다. 역사는 우리에게 우리가 교리를 공부하면 할수록 더욱 죽게 되고, 우리가 연구하면 할수록 더 공허함을 느낀다는 것을 증명해 준다(딤전 1:4). 하나님은 우리가 지식과 교리를 연구하는 길을 취하기를 원하지 않으신다. 오히려 그분은 우리가 그분과 교통하고 그분을 누림으로써 영 안에서 그리스도를 체험하는 길을 취하기를 원하신다. 이것은 우리가 성경의 교리를 얼마나 많이 이해하는지에 달려 있지 않고, 우리가 성경 안에 있는 하나님의 말씀을 얼마나 받아들였고, 말씀을 얼마나 소화했으며, 주님에게서 얻은 공급이 얼마나 되고, 우리의 지방에서 주님의 몸의 증거를 얼마나 나타냈는지에 달려 있다.

훈련을 통해 유용한 인재들을 산출함

우리는 복음을 전하여 많은 사람을 구원하고, 청년들과 어린이들을 인도하며, 유용한 이들을 산출해야 한다. 우리가 진보하기 위해서는 이 세 가지 일에 관하여 동일한 느낌을 가져야 한다. 우리는 청년들 가운데서 유용한 재목들을 산출해야 한다. 우리의 고등학생들과 대학생들 중 많은 이가 전시간으로 주님을 섬기겠다고 자신의 일생을 헌신했다. 이것은 그들을 합당한 방식으로 인도하는 것에 관하여 동역자들에게 큰 부담을 준다. 이 학생들 모두가 전시간 봉사에 적합한 것은 아니므로, 우리는 그들을 인도하고 안내하며 온전하게 하여 그들이 직장을 갖는 것이 좋은지 아니면 주님의 일 안으로 인도되는 것이 좋은지 분명히 드러나게 해야 한다. 이것은 연장한 동역자들이 그들을 온전하게 하는 일을 할 것을 요구한다. 때가 되었을 때 그들은 주님에 의해 쓰임 받을 준비가 될 것이고, 어떤 이들은 개척의 일을 위해 나가도록 주님에게서 보냄을 받을 수도 있을 것이다.

우리는 젊은이들을 온전하게 하고 훈련시켜야 하며, 모든 형제가 이 부담을 짊어져야 한다. 젊은이들이 일어날 때, 우리는 그들을 성장하도록 도울 뿐 아니라 그들을 온전하게 하고 훈련시켜야 한다. 우리는 젊은이들을 얻는 일을 추진하고 있으므로 훈련을 받아야 한다. 그러므로 우리는 여전히 주님의 인도를 구해야 한다. 우리는 주님께서 우리에게 훈련을 위해 더 큰 장소를 예비해 주실 뿐 아니라, 그러한 훈련을 어떻게 수행할 것인지에 대해서도 우리를 인도해 주시기를 그분께 간구해야 한다.

지역 봉사자들을 훈련시킴

현재 전 세계에서 복음이 가장 효과적으로 전파될 수 있고, 유용한 이들을 산출하기에 가장 좋은 곳은 대만이다. 그러므로 우리는 반드시 모든 교회들에서 봉사자들을 위한 훈련을 강화해야 한다. 경험을 통해, 우리는 사람들이 훈련받지 않으면 유용하게 될 수 없다는 것을 알고 있다. 장로들이든 집사들이든 모두 훈련을 받아야 한다. 과거에는 교회들을 돕는 우리의 방식에 사려 깊은 배려가 부족했다. 우리는 별다른 방향도 없이 여러 상황들이 전개되고 진행되도록 내버려두었다. 교회들이 성장하는 것을 돕기 위해, 우리는 가오슝과 타이중과 타이베이 세 도시에서 단기 훈련을 받아야 한다. 나는 몇몇 연장한 동역자가 이 훈련들에 대해 책임을 짊어질 수 있기를 바란다. 이 훈련들은 여름 방학이나 겨울 방학 동안에 실시될 수 있고, 인근에 있는 교회들의 모든 봉사자가 훈련에 함께할 수 있다. 이것은 모든 교회들의 봉사에 도움이 될 것이다. 나는 우리가 이 부담을 각자의 교회로 가져가서 추진하고 실행할 수 있기를 소망한다.

15

학생의 일을 위해 재정적으로 지원하기 위한 교통이 필요함

제15장

학생의 일을 위해 재정적으로 지원하기 위한 교통이 필요함

재정적으로 지원하기 위한 교통을 가짐

나는 청년들을 얻기 위해 모든 교회들이 재정적으로 지원하기 위한 교통을 갖기를 바란다. 나는 장래에 몇몇 형제들이 대만을 떠나 동남아시아와 일본과 한국과 심지어 서방으로 가게 될 것이라고 믿는다. 이러한 일이 일어날 때, 교회들은 재정적으로 지원함으로써 이 움직임에 부응해야 한다. 주님께서 움직이실 때마다, 교회들은 다방면의 새로운 필요를 돌봄으로써 기꺼이 주님의 움직임에 부응해야 한다. 모든 교회들 안에는 주님을 섬길 사람들과 국외로 보냄을 받을 사람들을 산출하려는 분위기가 있어야 한다. 이 분위기에 더하여, 성도들 안에는 이것에 대한 갈망이 있어야 한다. 이러한 사람들을 산출하기 위해, 교회는 젊은이들이 국외로 보냄을 받을 것이라는 관점을 가지고 젊은이들을 인도하며 온전하게 해야 한다. 만일 어떤 형제가 한국으로 가고자 하는 부담이 있다면, 우리는 그가 한국어로 말하고 쓰는 법을 배워서 자신을 준비할 수 있도록 도와야 한다. 어떤 형제가 인도네시아로 가고자 한다면, 그는 인도네시아어로 말하고 쓰는 법을 배워야 한다. 또한 교회들은 재정적인 지원을 통해 이러한 움직임에 부응해야 한다. 우리는 일의 재정을 담당하는 조직이 없고, 모금을 하거나 선교회를 조직하지도 않는다. 지정된 기금도 없다. 형제들은 믿음으로 주님을 따르고 믿음으로 나가야 하며, 교회들은 이 일에 있어서 그들과 일치해야 한다.

과거에는 우리의 상황이 그다지 좋지 않았는데, 그것은 재정적인 지원을 위한 교통이 충분하지 않았기 때문이다. 가오슝 교회는 가오슝의 필요를 돌보았고, 자이(嘉義) 교회는 자이의 필요를 돌보았으며, 타이중 교회는 타이중의 필요를 돌보았다. 교회들 간에 충분한 교통이 없었다. 정상적인 상황에서는 타이베이에 주님의 어떤 움직임이 있다면 다른 모든 교회들도 그 움직임을 위해 부담을 가져야 하고, 가오슝 교회에 주님의 어떤 움직임이 있다면 다른 교회들도 가오슝 교회와 교통을 가져야 한다. 각지의 장로들이 주님께서 다른 지방들에 사용하실 수 있도록, 교회 헌금의 십 퍼센트를 떼어 놓으면 좋을 것이다. 교회의 헌금이 충분해도 십 퍼센트를 드려야 하고, 헌금이 충분하지 않아도 여전히 십 퍼센트를 드려야 한다. 교회는 항상 십 퍼센트를 드려야 한다. 아마도 과거에는 이 일을 하기에 재정이 충분하지 않았을 것이다. 우리가 십 퍼센트를 드리기 시작한다면 부족함을 느끼지 않을 것인데, 그것은 우리가 드릴수록 더 많이 받을 것이기 때문이다. 만일 우리가 이것을 실행한다면, 주님은 하늘의 창들을 여셔서 우리에게 복을 쏟아부어 주실 것이다(말 3:10).

자신을 먼저 위하지 않기를 훈련함

모든 교회들은 자신의 교회를 먼저 위하지 않는 분위기를 조성해야 한다. 이것은 하나의 시험이다. 나는 모든 사람이 주님께서 다른 곳들을 위해 쓰시도록 십 퍼센트를 드리기를 격려한다. 그렇지만 우리는 이것에 대해 율법적이어서는 안 된다. 이것은 단지 제안일 뿐이다. 점차적으로 우리는 자신만을 돌보는 것이 아니라 십 퍼센트를 다른 곳들에 보내는 습관을 키워야 한다. 만일 모든 교회들이 기꺼이 사람들을 외국으로 보내고 재정적으로 지원하는 데 동참한다면, 주님은 대만을 크게 축복하실 것이다. 나는 모든 교회들이 다른 곳들에도 상당한 액수의 금액을 보낼 수 있기를 바란다. 우리는 어떤 것도 규제하기를 원하지 않지만, 나는 점차적으로 사람들이 보냄을 받아 나갈 것이라고 믿는다. 그러므로 교회들은 재정적인 지원과 기도로 이러한 움직임에 부응해야 한다. 우리는 십 퍼센트를 드리는 것으로 이러한 실행을 시작할 수 있다. 그러면 교회들은 주님의 인도를 따르고 계속해서 주는 것을 배우게 될 것이다.

학생의 일을 잘하기 위해서는 반드시 매년 연합 훈련을 가져야 한다. 이런 종류의 훈련에는 상당한 비용이 드는데, 이 비용은 교회들이 부담해야 한다. 이 목적을 위해 여러 교회에서 제공되는 지원을 함께 모아 학생들의 훈련에 사용할 수 있다. 과거에는 훈련의 비용을 대부분 사역에서 부담하여 무거운 짐이 되었다. 만일 오늘날 교회들이 이 부담에 부응하여 다른 곳들의 일을 위해 헌금의 십 퍼센트를 지원할 수 있다면, 우리는 점차 사람을 내보낼 수 있고 또한 다양한 필요를 돌볼 수 있을 것이다. 우리는 이것을 즉시 실행해야 한다. 이것이 경건에 이르도록 훈련하는 것이다(딤전 4:7).

우리가 이것을 실행하기 시작하면, 몇 가지 어려움에 직면할 수 있다. 어떤 형제들은 "형제님은 집안일을 직접 꾸리지 않기 때문에 기본적인 생필품의 비용도 잘 모르실 겁니다."라고 말할지도 모른다. 그러나 실지적인 책임을 다루는 면에서 장로들은 참으로 '주부'와 같다. 따라서 헌금 문제를 고려할 때마다 장로들은 매우 생각이 많아진다. 타이베이의 성도들은 최선을 다해 헌금하지만, 교회는 규모가 크고 많은 필요가 있다. 교회의 일들을 관리하는 형제들은 그러한 필요를 알고 있고, 주어진 헌금으로 그러한 필요를 채우려고 최선을 다하고 있다. 그럼에도 불구하고 우리는 여전히 다른 곳들의 필요를 돌보기 위해 헌금의 십 퍼센트를 떼어 두도록 노력해야 한다. 모든 교회들은 이 일에 담대해야 하고 주님께서 길을 열어 주실 것을 신뢰해야 한다.

모든 교회들이 재정적인 지원에 관해 교통을 가짐

우리는 대만 중부에 570여 평의 땅을 사서, 오백 명을 수용하면서 작은 방들까지 갖춘 집회소를 짓고자 한다. 이 일을 이루어 내느냐는 우리의 재정적인 지원에 달려 있다. 우리의 재물이 주님께서 사용하시기 위해 있는 것이라면, 우리는 필요한 것보다 더 많이 소유하게 될 것이다. 이 문제는 대만에 있는 모든 교회들과 관련된 일이다. 가능하다면, 우리는 이 필요를 국외에 있는 교회들과도 교통해야 한다. 그러나 모금하는 것은 결코 우리의 실행이 아니다. 국외에 있는 성도들은 대만의 상황에 관심이 있기 때문에, 우리의 필요에 대해 묻고 재정적인 지원을 하는 경우가 종종 있다. 우리가 세상 사람들처럼 모금하는 것은 하나님을 기쁘시게 하지 못한다. 우리 가운데 있는 모든 지방에 있는 교회들은 모두 재정적인 지원을 할 의무가 있으며, 점차적으로 주님은 우리가 더 주도록 인도하실 것이다. 간단히 말해서, 우리는 반드시 물질적으로 드리는 일에서 주님의 축복을 얻어야 한다.

우리는 필리핀에 있는 교회들 중 한 교회의 장로들에게서 편지를 받았는데, 그것은 그들이 자원하여 대만의 필요를 돕고자 한다는 내용이었다. 또한 대만에서 구원받고 미국으로 유학을 간 어떤 청년들이 있는데, 그들은 학업을 마치고 직장에서 많은 돈을 벌고 있다. 이 성도들이 주님의 은혜를 받아 대만에서의 일을 돌보아야 한다는 느낌을 갖게 되었다. 그러므로 그들은 대만에서의 주님의 필요를 위해 헌금을 보내왔다. 이것들은 각처에서 보내온 재정적인 지원에 관한 교통의 예들이다.

대만에 있는 우리 또한 마땅히 다른 곳들의 필요를 위해 헌금을 내보내야 한다. 예를 들면, 주님은 일본에서 한 무리의 젊은 성도들을 일으키셨는데, 그곳의 장래는 매우 밝다. 이것은 특별히 도야마(富山)시에서 참으로 그러한데, 그곳의 청년들 중 대부분이 학생들이고 경제적인 능력이 전혀 없다. 일본 성도들은 홍콩과 마닐라의 헌금을 통해 도야마에 땅을 샀다. 대만도 이 교통에 참여해야 한다. 이것은 주님을 기쁘시게 할 것이다. 일반적으로 일본의 경제 능력은 강하지만, 일본에 성도들이 많지 않기 때문에 국외로부터의 교통이 필요하다. 우리는 단지 국외에서 오는 재정적인 지원을 받기만 할 것이 아니라 우리도 마땅히 내보내야 한다. 이런 방식으로 주님의 축복을 가져오는 달콤한 느낌이 있게 될 것이다. 우리는 몸 안에 있으며, 몸의 교통 안에는 주는 것과 받는 것이 있어야 한다. 이것은 매우 아름다운 광경이다. 가오슝 교회가 도야마 교회의 집회소 건축을 위해 헌금을 보내고, 타이중 교회가 도야마에서의 복음의 일을 위해 헌금을 보내며, 자이 교회가 도야마 교회의 봉사자들의 필요를 위해 헌금을 보낸다면, 그 느낌은 얼마나 달콤하겠는가! 액수가 크지 않을지라도, 교회들의 헌금은 성도들에게 내적으로 매우 큰 격려가 될 것이다. 최근 몇 년 동안 대만의 동역자들은 여러 곳에서 조금씩 공급을 받았다. 주님은 참으로 이 몇 년 동안 재정적으로 우리를 공급하셨다. 이런 종류의 교통은 정말 좋은 것이다.

각지에 있는 장로들은 이러한 느낌을 가져야 한다. 우리가 드리는 것이 큰 금액이 아닐지라도, 중요한 것은 교통 안에 있다는 표시이다. 나는 이것이 축복을 가져올 것이라고 믿는다. 나는 단지 장로들에게 원칙적으로 교회의 헌금의 십 퍼센트를 외지의 용도를 위해 떼어 놓을 것을 제안할 뿐이다. 이 헌금을 어디로 보낼 것인지에 관한 것은 각 교회에서 기도할 필요가 있다. 가오슝 교회는 타이베이에 필요가 있어서 국외보다 타이베이 교회에 헌금을 보내야 한다고 느낄 수 있다. 타이베이 교회는 국외가 아닌 자이에 헌금을 보내야 한다고 느낄 수 있고, 타이중 교회는 헌금을 가오슝에 보내거나 일본 도야마의 집회소 건축을 위해 도야마에 보내야 한다고 느낄 수도 있다. 도야마 교회에는 실제로 그러한 필요가 있다. 대만의 교회들은 마땅히 이 일을 위해 헌금하는 일에 동참해야 하지만, 이것은 한 교회가 모든 책임을 짊어져야 한다는 뜻이 아니다. 모든 지방이 이 교통에 참여해야 한다. 우리가 드리는 것을 점차적으로 늘릴 때, 우리의 분량이 넓어질 것이다. 현 상황에서 경제적인 부분에 대해 말하자면, 대만은 아직 그렇게 강하지 않다. 그럼에도 불구하고 우리는 지원하는 일에 있어서 여전히 어느 정도 교통을 가져야 한다. 우리 모두는 다른 지방들의 필요를 위해 지원하려고 노력해야 한다. 이것은 율법적인 문제가 아니다. 우리는 단순히 주님 앞에서 사는 것을 배우기만 하면 된다. 그러면 주님께서 틀림없이 우리를 축복하실 것이다. 과거에 교회는 자신의 필요를 돌보고, 사역은 교회들을 돌보았다. 지금부터는 교회들이 다른 교회들을 돌보기 위해 일어나야 한다. 우리는 이것을 실행할 필요가 있다.

동역하여 학생들을 훈련시킴

학생들을 위한 훈련에 관해서는 교회들이 동역하여 이 일을 하는 것이 가장 좋을 것이다. 이것은 동역자들도 동역할 것을 요구한다. 예를 들면, 대만 북부 권역은 타이베이 교회가 인도하고, 중부와 남부 권역은 타이중 교회와 가오슝 교회가 인도할 수 있을 것이다. 북부 권역의 훈련은 타이베이 교회가 인도하고 동역자들은 동역하지만, 북부에 있는 교회들에 의해 수행되어야 한다. 교회들은 함께 이 일을 수행해야 하는데, 이것은 전적으로 일의 문제만이 아니다. 왜냐하면 이것은 함께 훈련받기 위해 오는 이 권역에 있는 교회들의 성도들을 포함하기 때문이다. 따라서 그러한 훈련은 교회들의 지원을 필요로 한다. 나는 학생들을 위한 훈련이 올 7월에 시작될 수 있기를 바란다.

이 일에 관해서 동역자들은 자신들의 일만을 고려해서는 안 된다는 사실에 주의를 기울일 필요가 있다. 우리는 각 지방에서 어떤 일을 건축하고 있는 것이 아니다. 오히려 우리는 교회들을 건축하고 있다. 그러므로 우리는 최선을 다하여 교회들을 도와야 한다. 즉 우리의 일은 교회들을 돕는 것이어야 한다. 우리의 체험에 따르면, 훈련이 교회들에 의해 수행될 때 몇 가지 장점이 있다. 첫째는 학생들이 교회들의 인도를 따를 수 있게 될 것이고, 둘째는 교회들의 책임 형제들이 동역에 동참하여 학생들을 돌봄으로써 교회생활을 더욱 풍성하게 할 것이다. 현 상황을 토대로 하여, 우리는 권역에 따라 학생들을 위한 훈련을 계획해야 한다. 북부 권역의 훈련은 타이베이에 있는 교회가 수행할 수 있다. 중부와 남부 권역은 타이중에서 훈련이 수행된다면 자동차로 삼십 분 이내의 거리에 있는 교회들은 모두 참여할 수 있다. 타이중 부근에는 성도들이 약 삼백 명이 있고, 가오슝에는 약 이백오십 명이 있으며, 이 두 곳을 합치면 오백여 명의 성도들이 있다. 만일 가오슝의 학생들이 훈련에 온다면, 그들의 교통비가 고려되어야 한다.

원칙적으로 학생들을 위한 훈련은 마땅히 가정을 떠나 수행되어야 한다. 학생들은 함께 모여 합숙을 해야 한다. 학생들이 이런 식으로 함께 모일 때, 훈련을 진행하기가 비교적 쉽고 말씀 공급도 더 강하게 된다. 학생들을 위한 훈련을 하려면 반드시 말씀의 사역이 강해야 한다. 동역자들은 말씀의 사역을 강화하기 위해 반드시 함께하고 동역해야 한다. 말씀의 사역과 행정의 편의를 위해 연합 훈련을 갖는 것이 더 좋다. 요약하면, 원칙적으로 모든 교회들은 이 일을 함께할 필요가 있다. 비록 타이중 교회가 중부 권역을 인도하지만, 모든 교회들이 함께 재정적인 부담을 짊어져야 한다. 우리는 재정적인 지원에 관한 규칙을 정하기 위해 세상적인 방법을 따를 필요가 없다. 오히려 우리는 주님 앞에서 사랑과 믿음 안에서 이 부담을 짊어져야 한다. 만일 모든 사람이 재정적으로 지원할 수 있다면, 심지어 여분이 있게 될 수도 있다. 만일 남부에 있는 교회들이 가오슝에서 훈련을 한다면, 그들 역시 함께 부담을 짊어져야 한다.

나는 장로들이 학생의 일과 어린이의 일을 돌보는 문제를 진지하게 고려하기를 소망한다. 이것은 우리의 장래와 우리의 일의 앞길에 관련된 문제이다. 우리는 결과를 보는 데 많은 시간이 걸릴 것이라고 생각하지 말아야 한다. 만일 우리가 매년 학생들을 대상으로 훈련을 할 뿐 아니라 복음을 전파하고 어린이의 일을 한다면, 오 년 안에 그 결과를 보게 될 것이다. 십 년은 인생의 기본적인 주기이다. 따라서 십 년 후에는 풍성한 결과를 보게 될 것이다. 우리가 이런 식으로 전진할 때, 우리는 많은 것을 얻게 될 것이다. 우리 가운데 구원받은 인수가 증가하면, 국외에 있는 교회들의 상황도 영향을 받을 것이다. 앞으로 우리는 해외로 나가고자 하는 이들에게 실지적인 훈련을 제공해야 한다. 이렇게 하여 그들이 새로운 곳으로 갈 때, 그들은 새로운 환경에서 긍정적인 영향을 미칠 것이다. 이 모든 일의 관건은 학생의 일에 달려 있다. 이러한 일들은 과거에 우리가 했어야 하는 일이지만 하지 못했다. 과거에 우리는 해외로 공부하러 갔던 학생들 대부분을 잃어버렸다. 나는 앞으로 그들을 잘 훈련시켜서, 유학하러 간 학생들을 잃어버리지 않을 뿐 아니라 그들이 새로운 곳에서 주님을 위해 일할 수 있게 되기를 소망한다. 우리는 반드시 이 목표를 성취하기 위해 일해야 한다. 과거에는 청년의 일이 반대하는 이들의 손에 맡겨졌는데, 그들은 위에서 말한 방식과 완전히 반대되는 일을 했다. 이제 우리는 다시 학생의 일에 초점을 맞출 수 있다. 나는 각지에 있는 장로들이 이 일에 주의를 기울이고 감독하면서, 한 걸음 한 걸음 진행해 나갈 수 있기를 바란다. 동역자들은 함께 모여서 어떻게 장로들을 도와 청년의 일을 추진할 것인지에 관하여 더 상세한 교통을 해야 한다. 동역자들은 또한 학생의 일의 중요성에 관하여 장로들과 교통해야 한다.

우리가 생각하기에 연합하여 훈련받는 학생들의 수가 너무 많아서 합숙하는 데 어떤 문제들이 있을 것 같다면, 우리는 타이중과 가오슝으로 나누어 훈련을 할 수 있을 것이다. 타이베이에도 유사한 문제가 있다면, 우리는 더 작은 지역들로 나누어서 같은 시간에 혹은 서로 다른 시간에 훈련을 할 수 있다. 만일 우리가 서로 다른 시간에 훈련을 수행한다면, 우리는 반드시 말씀의 사역이 약해지지 않도록 해야 한다. 젊은이들의 일상생활을 세워 주기 위해 이런 종류의 훈련은 열흘이나 이 주 동안 진행하는 것이 가장 좋다. 젊은이들은 단지 메시지들만 들어서는 안 되고, 그들의 일상생활에 있어서도 훈련을 받아야 한다. 중학생을 위한 훈련은 한 번에 이백 명을 초과하지 않는 것이 가장 좋고, 고등학생은 더 많아도 상관없다. 이것을 실행하기 위해서, 우리는 장로들과 더 많은 교통을 가져야 한다. 원칙에 있어서 학생들을 위한 훈련은 교회들이 동역자들과 동역하여 연합으로 수행해야 한다.

학생의 일에 초점을 맞춤

올해부터 모든 교회들은 반드시 학생의 일에 주의해야 하며, 우리는 이 일을 더 이상 지연해서는 안 된다. 우리는 과거 십 년 동안 참으로 세월을 낭비했다. 이것은 우리의 증가율에서 분명히 볼 수 있다. 1949년부터 1957년까지 우리는 인수에서 매우 큰 증가가 있었다. 많은 동역자가 있었고 많은 지방에 교회들이 세워졌다. 그러나 1957년부터 1965년까지 동역자의 수는 감소하였고, 청년들은 전혀 산출되지 않았다. 그 대신 모두가 손상을 입었다. 이 기간에 청년의 일은 완전히 반대자들의 손에 넘어갔다. 소요 중에 교회의 상태는 거의 움직임이 없었기 때문에, 광야에 있던 이스라엘 자손의 상태와 같았다. 그럼에도 불구하고 우리에게 여전히 주님의 은혜가 있었다. 교회는 파괴되지 않았고 단지 마비되었을 뿐이었다. 이 기간 동안에 교회들 사이에는 발전이 거의 없었고, 성도들의 인수 증가도 매우 적었다. 이는 1949년부터 1957년까지의 시기와 전적으로 달랐다. 그러므로 1957년부터 1965년까지의 시기는 완전히 낭비된 시기라고 할 수 있다. 동역자들이 산출되지 않았고, 또한 청년들이 온전하게 되지 않았다. 그것은 우리에게 청년들이 없었기 때문이 아니었다. 많은 유용한 청년들이 있었지만, 그들 대부분이 반대자들의 손에 넘어갔다.

이제 여러 가지 상황이 모두 깨끗이 정리되었기 때문에, 우리는 반드시 학생의 일로 돌아와 그 일을 잘해야 한다. 지난 한 해 동안 우리는 많은 것을 할 수 없었는데, 그것은 우리가 여전히 반대자들과 관련된 많은 일을 처리해야 했기 때문이다. 우리는 마치 외과 수술을 받고 회복되고 있는 신체와 같았다. 지난 일 년 동안 주님께서 우리에게 행하신 회복을 체험한 우리는 더 이상 기회를 잃어버리지 말아야 한다. 올해 우리는 마땅히 기회를 붙잡고 적극적으로 일해야 한다. 나는 두 배뿐 아니라 심지어 오륙십 배의 성과를 거둘 것이라고 믿는다. 1970년까지 우리 가운데 오륙십 명의 동역자들이 더해질 뿐 아니라 많은 청년이 얻어져야 한다. 이뿐 아니라 모든 교회들의 인수가 증가해야 한다. 모든 교회들은 잃어버린 세월을 만회하기 위하여 진력해야 한다.

우리 가운데 있는 가장 무거운 부담은 바로 청년들을 얻는 것이다. 우리는 이것에 초점을 맞추어야 한다. 사업의 관점에서 본다면, 젊은이들을 얻기 위해 일하는 것은 적은 자본을 투자하여 많은 이득을 얻을 수 있는 탁월한 투자이다. 우리는 반드시 이 일에 착수해야 한다. 모든 장로들은 이 부담을 받아들여야 할 뿐 아니라 모든 교회의 성도들이 이 부담을 위해 기도하도록 격려해야 한다. 우리는 반드시 대만 전체에서 청년들을 얻어야 하고, 반드시 청년 학생들을 적극적으로 양성해야 한다. 우리가 중국 대륙에서 일할 때 가장 잘한 부분은 학생의 일이었다. 중국 북부에서 시작하여 우리는 베이징연합의과대학교, 옌징(燕京)대학교, 칭화(清華)대학교 등의 모든 대학교에서 일을 했고, 그 결과 우리는 한 무리의 매우 유용한 사람들을 얻었다. 우리 중 많은 사람이 학생의 일을 통해 구원받았다. 그 후에 우리는 또한 난징(南京)대학교, 중산(中山)대학교, 자오퉁(交通)대학교 등에서 일을 하였다.

간단히 말해서, 우리는 반드시 학생의 일에 주의를 기울여야 한다. 게다가 우리는 반드시 각 계층의 복음에도 동일하게 주의를 기울여야 한다. 학생의 일에서 얻은 인수는 우리가 맺는 복음의 열매의 절반을 차지해야 한다. 우리는 우리의 힘의 오십 퍼센트는 학생의 일에 사용해야 하고, 나머지 오십 퍼센트는 각 계층의 복음에 사용해야 한다. 이것은 유익하다. 장로들은 이 부담을 받아들이고 성도들과 교통해야 하며, 형제자매들에게 이 부담을 받아들이고 이 일을 기도로 주님 앞에 가져가도록 요청해야 한다. 나는 대만 전역의 모든 학교에 복음의 일이 있기를 바란다. 만일 우리 가운데 있는 육십여 곳의 교회들이 학교에 가서 복음을 전한다면, 이 년 안에 대만 전체의 학교에는 복음의 불이 타오르게 될 것이고, 사람들을 구원으로 인도하기가 쉬울 것이다. 직장에서 세상에 점유된 사람들을 구원으로 인도하기는 쉽지 않다. 그러나 학생들은 단순하고 세상에 덜 점유되어 있기 때문에, 그들을 인도하여 구원받게 하는 것은 훨씬 쉽다. 이뿐 아니라 학생은 무리 지어 모이는 경향이 있기 때문에 한 무리씩 구원받게 할 수 있다. 그러므로 학생의 일은 매우 유익하다. 우리는 이 큰 기회를 잃어버리지 말아야 한다.

십 년 후에 우리는 결과를 보게 될 것이다. 우리가 신실하다면, 나는 오 년 안에라도 어떤 결과가 나올 것이라고 믿는다. 십 년 안에 우리의 어린이들은 모두 젊은이들이 될 것이다. 만일 십 년 안에 몇만 명의 어린이와 몇만 명의 대학을 졸업한 학생들이 있게 된다면, 그 결과는 더 엄청날 것이다. 우리는 반드시 이 일에 주의해야 한다. 중국 속담에 유사시를 대비하여 오랜 기간 동안 군대를 길러 둔다는 말이 있다. 우리는 대만에서 십오륙 년 동안 주님에 의해 부양되어 왔다. 지금은 주님께서 우리를 쓰실 때이다.

곧 유학을 가는 청년들을 양성하고 훈련시킴

학생의 일은 대만뿐 아니라 전 세계와 관련이 있다. 이런 이유로 우리는 곧 유학을 가는 학생들을 어느 정도 훈련시켜야 하며, 이 일을 적극적으로 해야 한다. 우리는 그들을 인도하여 구원받게 할 뿐 아니라 양성하고 훈련시켜서 그들이 어디로 가든 유용하도록 해야 한다. 미국에는 형제자매들이 있는 캠퍼스가 거의 이백 개에 달한다. 우리는 그 젊은 형제자매들이 있는 캠퍼스로 가서 공부하도록 우리의 청년들을 격려해야 한다. 우리는 그들이 해외로 나가는 것은 단지 학업을 위한 것만이 아니라 더욱 주님의 증거를 위한 것임을 그들이 분명히 보도록 도와야 한다. 이전에 우리는 이 일에 주의하지 않았지만, 이제는 곧 출국하는 청년 학생들을 반드시 훈련시켜야 한다. 이것은 매우 큰 영향을 미칠 것이다. 나는 모든 장로들이 이 부담을 받아들이기를 바란다. 주님의 권익과 온몸의 유익을 위해 우리의 안목이 넓어져야 한다. 각지의 교회들에는 곧 유학을 가는 청년들이 있다. 우리는 반드시 그들이 어디서 공부하는지를 알아내야 하고 그들의 이름을 미국의 교회들에게 알려야 한다.

청년의 일과 학생의 일은 관건적인 일이며 매우 중요하다. 이 일은 비교적 체험이 많은 형제들이 돌보아야 할 것이다. 그러므로 모든 교회들은 마땅히 봉사에 갈망이 있는 성도들을 선택하고 그들을 모아 훈련시켜야 한다. 봉사자들을 연합으로 훈련시키는 일에 관련하여, 일부 동역자들은 일어나 이 권역별 훈련을 책임져야 한다. 이러한 훈련은 너무 길어서는 안 되지만, 이를 위해 며칠을 따로 떼어 놓아야 한다. 이렇게 할 때, 우리는 청년들을 얻는 일에서 같은 생각을 갖고 같은 목표를 향해 나아갈 것이다.

16

봉사에 있어서 자매들이 배워야 할 것들

제16장

봉사에 있어서 자매들이 배워야 할 것들

어린이들에 대한 부담을 꾸준히 가져야 함

이번 장에서 나의 부담은 자매들 안에 불을 붙이는 것이다. 각지 교회의 자매들은 어린이들에 대한 부담을 추진하는 데 있어서 꾸준해야 한다. 한 면으로 자매들은 형제들에게 어떤 편안함도 주어서는 안 되고, 다른 한 면으로 인도자가 되지 않기를 배울 뿐 아니라 충분한 인내심을 갖는 것을 배워야 하며, 전진해야 할 때와 기다려야 할 때를 알아야 한다. 자매들은 교회 안에서 어린이의 일을 꾸준히 발전시켜야 한다. 그들은 또한 주님의 인도에 따라 봉사하는 다른 자매들과 교통해야 한다. 자매들이 교통하면 할수록, 어린이들에 대한 부담은 더욱 증가하고, 또한 부담을 받은 자매들의 인수도 더욱 많아질 것이다. 교통을 통해 점점 더 많은 사람이 어린이들에 대한 부담을 갖게 될 것이다.

자매들은 어린이의 일을 수행하는 길에 대해 교통해야 한다. 예를 들면, 자매들은 어린이들을 데리고 올 수 있는 자매들이 몇 명인지, 어린이들을 가르칠 수 있는 젊은 자매들이 몇 명인지, 집회에 올 수 있고 다른 어린이를 데리고 올 수 있는 어린이들이 몇 명인지, 심지어 올 수 없는 어린이들이 몇 명인지 통계를 내야 한다. 대략적인 상황을 파악했다면, 자매들은 장로들을 만나서 어린이의 일에 필요한 것들을 알려야 한다. 이것은 분명 어린이의 일을 활성화할 것이다. 비록 자매들이 인도해서는 안 되고 머리가 되어서는 안 되지만, 자매들은 인도하는 형제들이 이 일을 추진할 수 있도록 끈기 있게 노력해야 한다. 어린이의 일을 포함하여 자매들의 모든 봉사는 이런 식으로 이루어져야 한다.

어린이들에 대해 부담을 가진 자매들은 머리를 완전히 덮고 자매들의 위치에 서야 한다. 자매들은 무엇이든지 인도하거나 머리가 되지 않고, 다만 적극적으로 일들을 추진해야 한다. 자매들은 원래 부담이 없던 장로들이 시간이 지나면서 부담을 갖게 되도록 장로들에게 말할 수 있다. 그러나 자매들은 장로들이 모든 세부적인 사항을 고려할 수 없기 때문에, 모든 일을 그들에게 의존해서는 안 된다. 그 대신 자매들은 모든 일에 대해 기도해야 하고, 서로 철저히 교통해야 하며, 그 후에 장로들에게 진행할 수 있도록 허락해 주기를 요청해야 한다. 자매들은 장로들이 그들을 대신하여 모든 일을 안배하거나 모든 계획을 세울 것이라고 기대해서는 안 된다. 자매들은 계획을 세우고 안배를 할 수 있지만, 어떤 것을 실행하기 전에 자신들의 계획과 고려 사항을 장로들에게 가져가야 하고, 장로들에게 그것들을 검토하고 승인해 달라고 요청해야 한다. 장로들이 어떤 방면의 안배에 대해 승인하지 않는다면, 그것을 하지 말아야 한다. 자매들은 장로들이 승인하지 않은 어떤 것도 해서도 안 된다. 이런 종류의 교통과 동역은 장로들이 어린이의 일에 더 부담을 갖게 되는 결과를 가져올 것이다.

봉사에 있어서 자매들은 먼저 어린이들에 대한 그들의 부담을 형제들에게 전달해야 한다. 어떤 지방에 있는 장로들은 흔히 매우 바쁘고 감독해야 할 일이 많다. 결과적으로, 장로들이 어린이의 일에 대한 부담이 커지고 있는 것을 느끼기까지 시간이 걸릴 수 있다. 자매들은 한 면으로 기다려야 하고, 다른 한 면으로 이 부담을 꾸준히 추진해야 한다. 만일 자매들이 꾸준히 추진하지 않는다면, 장로들은 움직이지 않을 수 있고, 자매들은 열정을 잃을 수 있다. 이러한 상황은 너무나 안타까운 것이다. 그러므로 각처에 있는 자매들은 반드시 꾸준해야 한다.

자매들은 머리가 되지 않고
모든 것을 형제들이 결정하도록 함

자매들이 봉사하면서 머리가 되지 않고 인도하지 않지만 소극적이지 않고 계속 형제들에 대해 기다릴 줄 안다면, 그런 봉사는 매우 귀하다. 실제로 자매들은 가장 역량이 있다. 교회 안에는 좋지 않은 두 가지 상황이 있다. 어떤 교회에서 자매들은 형제들이 인도해야 하고 필요한 모든 것을 해야 한다고 생각하여 아무것도 하지 않는다. 이것은 합당한 상황이 아니다. 그러나 어떤 교회에서 자매들은 봉사하라는 요청을 받았기 때문에 모든 것을 결정할 수 있는 전권을 자신들에게 주어야 한다고 생각한다. 이것은 교회 안에서 많은 문제의 원인이 될 수 있는 무시무시한 상황이다. 예를 들면, 어떤 자매가 집회에 자주 참석하지 못하는 자매들을 돌보라는 요청을 받을 수 있다. 따라서 그녀는 어떻게 해서라도 그 자매들을 고무시켜야 한다고 느낄 것이다. 형제들이 그녀의 방식에 동의해도 그녀는 그렇게 할 것이고, 형제들이 그녀의 방식에 동의하지 않아도 그녀는 여전히 그렇게 할 것이다. 이로 인해 어려움이 발생하게 된다. 가장 보배롭고도

귀한 상황은 자매들이 적극적으로 어떤 일을 수행하지만 어떤 의견도 갖지 않는 것이다.

성경에서 주님을 따랐던 대부분의 자매들은 내적으로는 불탔지만, 자신의 의견이 없었고 어떤 권위도 행사하지 않았다. 그들은 수고했지만 인도하는 일을 하지 않았다. 그들은 형제들이 인도하는 일을 하도록 항상 꾸준히 약간의 긍정적인 압력을 가했다. 오늘날 우리에게는 참으로 형제들을 대신하여 머리의 권위를 취하지 않고, 또한 형제들이 모든 것을 합당하게 다 해 줄 것이라고 기대하지 않는 자매들이 필요하다. 자매들은 준비되어 있어야 한다. 비록 형제들이 어떤 일에 있어서 인도하는 데 느릴지라도, 자매들은 형제들이 부담을 갖고 인도할 수 있도록 이 일들을 형제들에게 지속적으로 알려야 한다. 비록 자매들은 결코 머리의 권위를 취하거나 인도하는 일을 해서는 안 되지만, 그들은 결코 형제들을 포기하거나 형제들에게 안식할 이유를 제공해서는 안 된다. 자매들이 계속해서 압력을 넣기 때문에 형제들이 불쾌해할지라도, 자매들은 형제들로 인해 괴로워하지 말아야 한다. 그 대신 자매들은 반드시 형제들의 불쾌한 감정을 풀어 주어 그 상황을 해소할 수 있어야 한다. 이러한 자매들은 잠언 31장에서 르무엘 왕이 말한 현숙한 여인으로서 자신의 집안을 세울 수 있다(10, 27절).

그러나 어떤 자매들은 이러한 특성을 나타내지 못한다. 그 자매들은 어떤 일에 대한 책임이 주어지지 않으면 그것에 전혀 손을 대지 않지만, 책임을 맡도록 요청받으면 모든 일이 그들의 의견에 따라 이루어져야 한다. 만일 어떤 일이 그들의 방식에 맞지 않으면, 그들은 그만두고 가 버린다. 이것은 옳지 않다. 만일 한 가정의 주부가 이와 같다면, 이 가정의 처지는 딱할 것이다. 좋은 아내는 어떤 일에도 머리를 드러내지 않고 어떤 일도 인도하지 않지만, 매일 남편이 가정의 필요에 집중하게 한다. 그녀가 남편에게 압력을 넣기 때문에 남편이 화를 내더라도, 그녀는 화를 내는 대신 남편의 화를 누그러뜨리기 위해 무언가를 할 것이다. 다른 한편으로 남편이 어떤 일을 하고 싶지 않으면, 아내는 남편이 그 일을 할 수밖에 없을 때까지 압력을 넣지만 자신의 의견을 제시하거나 인도하지 않을 것이다. 이러한 아내를 통해 그 가정은 더 강해질 것이다. 아내의 긍정적인 압력이 없다면, 남자는 어떻게 좋은 남편이 되는지를 알지 못할 것이다. 아내의 도움으로 그는 좋은 남편이 될 것이다.

주님께서 만물을 창조하신 일을 볼 때 참으로 놀랍다. 그분은 남자가 여자의 머리가 되도록 창조하셨지만, 때로 형제들은 아주 어리석고 자매들은 아주 유능하다. 그러나 주님은 자매들이 머리가 되도록 창조하신 것이 아니라 형제들이 머리가 되도록 창조하셨다. 주님은 형제들을 머리가 되도록 정하셨지만, 무엇을 해야 하는지에 대해 그들에게 항상 분명하게 알도록 하지 않으신다. 이와 반대로, 주님은 자매들이 머리가 되도록 정하지 않으셨지만, 종종 자매들에게 분명하게 알도록 하신다. 이것은 우리를 당혹스럽게 하지만, 우리는 이것이 주님의 지혜라는 것을 점차 깨닫게 될 것이다. 하나님은 우리가 그분의 안배로부터 공과를 배우기를 원하신다.

형제들은 자매들이 분별력을 적절하게 사용하면서 머리의 권위를 취하지 않을 때 공과를 배운다. 그러한 상황에서 형제들은 비록 자신이 머리이지만 자매들의 분별력이 필요하다는 것을 배운다. 실제로 많은 일에서 자매들은 형제들보다 분별력이 뛰어나다. 그러나 비록 자매들이 분명하게 분별하고 느낌이 예민하며 빨리 깨달을지라도, 상황을 판단하고 결정할 때가 되면 종종 혼란스러워한다. 이것은 정말 놀라운 일이다.

어떤 일에서 형제들은 느리고 분명하지 않을 수 있지만, 결정할 때가 되면 그들의 결정은 거의 항상 정확하다. 대부분의 경우 자매들이 먼저 어떤 일에 대한 느낌을 가지며, 이런 일에 있어서 형제들은 참으로 자매들보다 못하다. 어떤 일을 느끼고 꿰뚫어 보며 이해하는 데 있어서, 형제들은 종종 자매들만큼 뛰어나지 않다. 그러나 어떤 일을 결정할 때가 되면, 자매들을 의지할 수 없다. 우리는 모두 반드시 이 공과를 배워야 한다.

자매들의 느낌에 대해 수용적임

교회생활 안에서 형제들은 반드시 자매들의 느낌을 기꺼이 받아들여야 한다. 예를 들어, 자매들이 복음을 전할 필요가 있다고 말하면, 형제들은 복음 전파에 대한 자매들의 느낌을 따라야 한다. 자매들의 느낌은 빠르고 예민하지만, 어떤 결정을 내려야 할 때 우리는 결코 자매들을 따라서는 안 된다. 이것은 나의 체험이다. 자매들은 자신을 알면 알수록 자신들의 느낌은 예리하지만 결정을 내릴 권리를 취하려고 하지 말아야 한다는 것을 더 깨닫게 될 것이다. 자매들은 어떤 일에 대한 자신들의 느낌을 형제들에게 신속하게 교통해야 하지만, 그 후에는 형제들이 결정을 내리게 해야 한다. 이것이 내가 일하는 비결이다. 나는 자매들의 느낌에 대해 매우 수용적이지만, 형제들이 결정하게 한다.

상황이 이와 반대일 때는 문제들이 있게 된다. 어떤 형제들은 자매들의 느낌에 대해 수용적이지 않은데, 그 결과는 큰 손실이다. 다른 경우에 형제들은 결정을 내릴 때 자매들을 따르는데, 그 결과는 훨씬 더 큰 손실이다. 합당한 상황에서 형제들은 자매들의 느낌을 빨리 받아들여야 하지만, 결정은 형제들이 내려야 한다. 자매들은 어떤 일에 대한 자신의 느낌을 형제들에게 알리는 데 주저하지 말아야 하고, 형제들이 자매들의 느낌을 더 많이 받아들일수록 더 좋아질 것이다. 자매들의 느낌은 매우 섬세한데, 이것은 자매들의 타고난 특성이다. 자매들은 사물의 섬세한 부분들을 보는 능력이 형제들보다 훨씬 낫다. 형제들이 볼 수 없는 모든 것을 자매들은 볼 것이다. 그러므로 형제들은 자매들의 느낌과 견해를 빨리 받아들여야 할 뿐 아니라 진정으로 받아들여야 한다. 그러나 결정을 내리는 일은 형제들이 책임을 져야 한다. 형제들이 범하는 가장 큰 실수는 바로 자매들의 느낌을 받아들이지 않거나 자매들의 결정을 따르는 것이다. 이것은 가장 어리석은 것이다.

하나님의 창조에서 자매들은 자신의 느낌에 있어서 더 섬세하고 더 예민하며 더 깊다. 형제들은 이 점에 있어서 자매들과 비교할 수 없다. 느낌에 있어서 가장 섬세한 형제일지라도 자매와 비교할 때 여전히 거칠다. 이것은 하나님께서 창조하신 것이다. 그러므로 형제들은 자매들의 느낌을 빨리 받아들여야 하며, 자매들이 그들의 느낌을 사용하도록 격려해야 한다. 교회 안에서 자매들의 느낌이 많을수록 좋지만, 자매들은 독단적으로 행동해서는 안 된다. 판단과 결정을 내릴 때, 자매들은 반드시 뒤에 서 있어야 하고 형제들이 판단을 내리게 해야 한다. 만일 형제들이 결정을 내리는 데 느리다면, 자매들은 인내심을 갖고 형제들이 결정을 내리도록 그들에게 긍정적인 압력을 줄 수 있다. 결국 형제들이 내린 결정은 유익한 결과를 가져올 것이다. 이런 방식은 또한 자매들을 지키고 보호할 것이다. 이렇게 한다면 이루 말할 수 없고 셀 수 없는 많은 유익이 있다.

결론적으로 말해서, 자매들은 반드시 함께 모여서 기도하며 교통해야 하고, 교회생활의 필요에 대한 자신들의 느낌을 어떻게 형제들에게 제시해야 하는지에 대해 주님의 인도를 구해야 한다. 자매들은 형제들에게 '압력'을 줄 때, 자신들이 자매들이라는 것을 명심해야 한다. 비록 느낌이나 관찰이나 견해에 있어서 자매들이 형제들보다 섬세하고 철저하며 깊을지라도, 하나님은 결정하는 일을 결코 자매들에게 맡기지 않으셨다. 그러므로 자매들은 반드시 자신들의 위치를 알아야 한다. 한 면으로 자매들은 최선을 다해 교통하고 자신의 느낌을 말하며 형제들에게 '압력'을 주어야 하지만, 다른 한 면으로 결정하는 일을 형제들에게 맡겨야 한다.

자매들은 형제들이 아직 결정하지 않고 동의하지 않은 어떤 일도 하지 말아야 한다. 모든 일에 있어서 반드시 형제들을 거쳐야 한다. 만일 형제들이 느리다면, 자매들은 형제들에게 약간의 압력을 주어 부담을 갖게 해야 한다. 그러나 형제들이 동의하지 않거나 결정하지 않았다면, 자매들은 어떤 일도 해서는 안 된다. 우리가 이 원칙을 깨닫는다면, 아무런 어려움이 없을 것이다. 우리가 이 원칙을 지키지 않는다면, 자매들이 많이 일하면 일할수록 어려움은 더욱 커질 것이다. 결국 그 지방에 있는 교회는 매우 큰 손실을 입게 될 것이다.

그러나 자매들은 여전히 많은 일에서 책임을 짊어져야 한다. 예를 들면, 어린이의 일은 구십 퍼센트 이상을 자매들이 책임져야 할 것이다. 이 외에도, 청년들과 십 대들에게 전시간으로 섬기고자 하는 갈망을 키워 주는 일을 포함하여, 그들과 관련된 봉사도 자매들이 짊어져야 한다. 이것은 자매들이 개인적으로 이 봉사를 수행해야 한다는 것이 아니다. 오히려 자매들이 부담을 받아들여야 하고 자신들의 부담을 형제들에게 알려야 한다는 것이다. 청년의 일에 있어서, 자매들은 가정을 열어서 돕고 주님과 협력할 수 있다. 나이 든 자매들도 보살피고 양육하는 어머니들이 되어 동역할 수 있다. 그럴지라도 주된 책임은 여전히 형제들이 져야 한다.

모든 교회에서 자매들은 형제들과 교통하는 책임을 질 필요가 있는데, 그것은 형제들이 아직 보지 못한 것들이 있을 수 있기 때문이다. 예를 들면, 자매들은 청소년을 위한 집회가 있어야 한다는 예민한 감각과 느낌이 있을 수 있다. 자매들은 장로들과 교통하며 “여기에 전시간으로 주님을 섬기기를 원하는 몇몇 젊은 형제들이 있기 때문에, 우리는 청소년 집회를 하지 않을 수 없습니다. 비록 그들이 십팔 세나 십구 세밖에 되지 않았지만, 우리는 그들의 헌신을 모른 체할 수 없습니다. 교회는 이 몇몇 형제들에게 어떤 도움을 주어야 합니다."라고 말할 수 있다. 자매들은 형제들을 만나러 갈 때, 어떤 제안을 하는 것이 아니라 자신들의 느낌을 형제들에게 교통하여 그들이 상황을 인식하도록 해야 한다. 만일 그들이 자매들과 같은 느낌을 갖고 있지 않다면, 자매들은 그들을 위해 기도해야 하고, 다른 기회에 자신들의 느낌을 다시 말해야 하며, 형제들이 무감각한 상태에 머물러 있지 않도록 그들에게 약간의 압력을 주어야 한다. 이런 식으로 형제들 안에 어떤 느낌들이 일어날 것이다.

다른 한편으로 자매들은 형제들에게 너무 성급하게 압력을 주어서는 안 되고, 상황을 분별하기를 배워야 한다. 너무 많은 압력을 너무 성급하게 주면 역효과를 낳을 수 있다. 형제들에게 자매들의 느낌을 고려하고 따라잡을 시간을 주어야 한다.

자매들은 교회에게 참된 도움과 축복이 되어야 함

어떤 자매들은 가정에서 가족들을 섬길 때 매우 잘 섬긴다. 그들은 가정에서 어떻게 지혜롭게 행해야 하는지, 어떻게 가정을 인도하고 강하게 해야 하는지, 또한 어떻게 자신의 남편에게 긍정적인 압력을 주어야 하는지 알고 있다. 동일한 원칙으로, 만일 자매들이 자신의 가정을 사랑하는 것처럼 주님을 사랑하고 교회를 사랑한다면, 자신의 가정에서 하는 것처럼 교회 안에서 합당하게 행할 수 있고 책임을 질 수 있을 것이다. 이것은 교회에 엄청난 도움이 될 것이다. 교회는 하나의 가정과 같고, 이러한 봉사를 필요로 한다. 교회는 현모양처이면서 어떻게 책임을 지는지를 알지만 머리의 위치를 취하지 않는 한 무리의 자매들이 필요하다. 즉, 교회는 스스로 행하거나 스스로 결정하지 않는 자매들이 필요하다. 이러한 자매들은 어떤 일이 일어나면 가정에서 하듯이 그 일을 대하고 결정은 남편에게 맡긴다.

자매들은 형제들이 어떤 일에 대한 느낌이 뒤처져 있는 것을 본다면, 합당하지 않은 방식으로 형제들에게 거슬러 말하지 않아야 한다. 그 대신 자매들은 인내하며 지혜롭게 행해야 한다. 이것은 집에서 남편을 합당하게 대할 줄 아는 아내에 비유할 수 있다. 어떤 아내가 남편이 화가 나 있는 것을 볼 때, 그녀는 더 이상 남편에게 압력을 주지 않을 것이다. 이틀 후 남편의 기분이 나아진 것을 보면 그 일에 대해 다시 말할 수도 있다. 결국 그 남편은 그녀가 가장 좋은 아내라는 것을 알게 될 것이다. 마찬가지로, 교회 안에서 인도하는 형제들은 자매들이 주님과 교회를 매우 많이 사랑하고, 형제들에게 매우 사려 깊고 큰 도움이 된다는 것을 알게 될 것이다. 그러한 자매들은 교회 안에서 현모양처이고 교회에게 큰 축복이 된다.

이런 식으로 기능을 발휘하는 자매들은 많은 책임을 질 수 있고, 많은 일을 맡을 수 있으며, 장로들에게 자신의 느낌을 매우 능동적으로 제시하지만 어떤 식으로도 교회에 해를 끼치지 않을 것이다. 결국에는 교회의 모든 사람이 자매들의 마음을 이해하고 그들을 감상할 것이다. 이것이 가장 좋은 상황이다. 오늘날 교회들에는 이러한 자매들이 필요하다. 모든 교회에는 이러한 자매들이 한 명 이상 있어야 한다. 타이베이처럼 큰 교회의 모든 집회소에는 가정에서 현모양처와 같이 기능을 발휘하여 책임을 짊어질 수 있는 자매들이 필요하다. 가정에는 남편들이 보지 못하고 이해하지 못하며 어떻게 해야 하는지를 모르는 많은 일이 있다. 따라서 아내는 집안일을 합당하게 처리할 수 있도록 남편에게 가정의 필요를 알릴 수 있어야 한다. 가정생활이 이러한 아내와 어머니에게 '달려 있듯이' 교회의 실지적인 봉사도 자매들에게 '달려 있다'. 자매들이 이런 방식으로 봉사할 때, 교회는 일어날 것이다.

오늘날의 필요

나는 우리가 이 두 가지를 분명하게 볼 수 있기를 바란다. 즉 동역자들은 서로 발을 씻겨 주는 방식으로 참된 교통과 동역을 해야 하고, 자매들은 봉사하기 위해 일어나야 한다. 만일 우리가 이 두 가지 문제를 돌파할 수 있다면, 주님은 분명히 우리에게 그분의 큰 긍휼을 베푸실 것이다. 그러한 돌파를 하지 못한다면, 우리는 예전의 상황에 머물러 있을 것이고, 앞으로 전진하는 데에 큰 영향이나 축복이 없을 것이다. 주님께서 우리를 긍휼히 여기셔서, 우리의 일이 성과를 거두고 교회가 축복을 얻으려면, 이 두 가지 일을 반드시 돌파해야 한다는 것을 우리에게 보여 주시기를 바란다.

이것은 삼 일이나 오 일 안에 이루어질 수 있는 일이 아니다. 이것은 단지 시작일 뿐이다. 각지에 있는 동역자들은 반드시 발을 씻겨 주는 방식으로 교통해야 하고, 갈수록 깊은 동역을 체험해야 한다. 동시에 각지에 있는 자매들은 주님과 교회를 사랑해야 하고, 주님에게서 부담을 받아야 한다. 이렇게 할 때 우리는 주님의 축복을 보게 될 것이고, 내적으로 주님의 기쁨과 임재로 가득할 것이며, 주님의 풍성을 체험하게 될 것이다. 그럴 때 우리의 생명의 성장은 참될 것이고, 우리는 더 이상 교리 안에 있지 않고 실재 안에 있게 될 것이다. 우리는 주님과 함께 행하고 그분의 집 안에서 책임을 지게 될 것이다. 결과적으로 우리는 각 지방에 있는 교회에 큰 축복이 될 것이며, 특별히 우리가 있는 지방의 교회에 큰 축복이 될 것이다. 주님께서 우리를 긍휼히 여기셔서 우리가 이 두 가지 일을 통과할 수 있기를 바란다. 그렇게 될 때 주님의 길은 형통하게 될 것이다.

17

그리스도를 전람하는 것은 전적으로 그 영께 달려 있음

제17장

그리스도를 전람하는 것은 전적으로 그 영께 달려 있음

이번 장에서 우리는 우리의 집회에서의 실행을 바꾸는 것에 대해 교통할 것이다. 우리는 기독교에서 나왔기 때문에, 그 영향 아래 있기가 쉽다. 그 결과, 교회들의 집회는 여전히 기독교의 의식(儀式)의 색채를 띠고 있다. 이것은 주님께 죄짓는 것인데, 그것은 의식은 죽은 것이고, 죽음은 하나님께서 보시기에 가장 가증스러운 것이기 때문이다.

집회의 모든 것은 그 영 안에 있음

신약성경에서 우리는 집회를 어떻게 해야 한다고 말하는 부분을 찾을 수 없다. 이것은 신약이 전적으로 그 영 안에 있는 문제이기 때문이다. 신약성경에는 우리가 찬송으로 혹은 기도로 집회를 시작해야 한다고 말하는 규정이 없다. 신약에서 그리스도인들의 집회는 전적으로 그 영 안에 있는 문제이다. 그러나 사람들로서 우리는 천연적이고 종교적인 관념들을 가지고 있으며, 많든 적든 우리가 있었던 기독교의 배경의 영향 아래 있다. 그래서 종교적인 상황 안에 떨어지기가 쉽다. 우리의 영이 살아 있지 않다면, 우리의 집회는 무의식적으로 의식들과 규례들에 떨어질 수 있다.

주님은 우리의 집회가 종교적인 상태에 있어서는 안 된다는 것을 우리에게 보여 주셨다. 우리가 모일 때 우리의 영은 반드시 높이 올려지고, 해방되며, 강하고, 신선하며, 살아 있어야 한다. 모든 성도들의 영이 나올 때, 주님의 영도 따라 나오신다. 주님의 영은 바로 주님 자신이시다. 그러므로 주님의 영께서 나오실 때, 주님께서 전람되시고 표현되신다. 구약의 예표에서 이스라엘 백성이 예루살렘으로 올라가 하나님께 경배할 때, 반드시 가나안 땅의 풍성한 소산을 가지고 올라가서 하나님께 드려야 했다. 좋은 땅의 풍성한 소산은 그리스도의 풍성에 대한 예표이다. 우리는 이 풍성을 체험해야 하고, 그 여분을 집회에 가져와야 한다. 바꾸어 말해서, 우리는 반드시 영 안에서 그리스도를 집회에 가져와야 한다.

우리가 함께 모일 때, 어떻게 집회를 해야 하는지에 관한 규정이 없다. 어떤 형제에게 주님을 찬양해야 한다는 느낌이 있다면 찬양할 수 있고, 또 다른 형제는 자신이 어떻게 주님의 임재를 누렸는지 간증하고 싶을 수도 있다. 또 다른 형제는 주님을 누림으로써 자기가 낮고 침체된 상태에서 신선하고 높은 상태로 바뀌었다고 간증할 수도 있다. 어떤 것도 어떤 규정에 따라 해서는 안 되며, 모든 것을 영 안에서 해야 한다.

강한 영을 가지고
어떻게 집회하는지를 배움

우리가 영이 충만한 집회를 하기 위해서는 몇 가지 선결 조건이 있다. 먼저, 성도들의 영이 반드시 강해야 한다. 그다음으로, 배워야 할 어떤 기술들이 있다. 우리 모두는 어떤 일을 하든 기술들이 필요하다는 것을 알고 있다. 예를 들어, 자동차를 운전하려면 운전하는 법을 배워야 한다. 글씨를 쓰는 것조차도 배우고 연습하는 것이 필요하다. 그러므로 우리는 집회에서 어떻게 모이고, 어떻게 찬송하며, 어떻게 기도하는지를 저절로 알게 된다고 생각해서는 안 된다. 우리는 반드시 이것들을 배우고 연습해야 한다.

찬송을 부르는 것을 배움

찬송을 잘 부르려면 발성법을 훈련해야 하고 노래하는 법을 배워야 한다. 일반적으로 중국인들은 음악을 잘하지 못한다. 중국인들은 찬송을 잘 부르지 못할 뿐 아니라 연습하는 습관도 없다. 어떤 성도들은 집에서나 혼자서 결코 찬송을 부르지 않는다. 사실 중국 그리스도인들은 찬송하지 않는 그리스도인들이며, 대부분이 조용한 것을 좋아한다. 한 면으로 조용하게 있는 것은 주님과 교통할 때 좋다. 그러나 다른 한 면으로 우리는 함께 집회할 때 우리의 영을 해방하고 주님을 찬양할 필요가 있다. 그러므로 찬송을 잘 부르려면 반드시 찬송하는 기술을 배워야 한다.

집회에서 새로운 찬송들을 부르는 책임은 청년들에게 있다. (여기서 새로운 찬송들이란 위트니스 리 형제님이 1961년에 지은 85곡의 새 찬송들을 가리키는 것일 수 있으며, 당시에는 이 찬송들을 '보충 찬송가'라고 불렀다. 아니면 1966년과 1967년 사이에 영어 찬송에서 잇따라 번역한 백여 곡의 새로운 중국어 찬송을 포함하여 가리킨 것일 수도 있다—편집자 주) 나는 청년들이 우리의 새로운 찬송들을 부르는 법을 배우기 바란다. 이 새로운 찬송들은 매우 좋지만, 일부 곡은 부르기가 쉽지 않고 배우는 데 시간이 걸린다. 나이 든 성도들은 새로운 찬송들을 부르기가 어려운데, 그것은 그들이 박자나 음을 정확히 맞추어 부르기가 어렵기 때문이다. 그러므로 비교적 젊은 성도들이 앞장서서 새로운 찬송들을 부르는 것을 연습하는 것이 필요하다.

가정을 예로 들어 보겠다. 우리는 가정에서 모든 것을 연장한 이들에게 의존하지 않는다. 우리는 나이 든 이들이 다음 세대를 키우는 데 그들의 본분을 다했기 때문에 쓸모없다고 말할 수도 없다. 이제 다음 세대가 진보하고 가정에서 책임을 짊어질 차례이다. 그러므로 우리는 우리 가운데 있는 나이 든 성도들로 인해 주님께 감사드려야 한다. 그러나 교회가 진보하고자 한다면, 그 책임은 나이 든 세대에게 있지 않고 청년 형제자매들에게 있어야 한다. 새로운 것들을 배우는 것은 젊은 세대의 책임이다. 젊은 세대가 자신의 책임을 다한다면, 교회는 진보하고 풍성하게 될 것이다.

나는 우리가 집회를 어떻게 실행할 것인지를 매우 많이 고려해 왔다. 나는 우리가 더 이상 과거를 답습해서는 안 된다고 느낀다. 나는 기독교 가정에서 태어났고, 이미 오십 년 넘게 기독교의 상황을 관찰해 왔다. 나의 관찰에 따르면, 기독교는 진보하지 않았으며, 그들의 집회는 성경에 따른 것이 아니다. 지금 우리도 비슷한 문제에 직면해 있으며, 우리는 성도들이 집회들을 대수롭지 않게 여기는 지점에 와 있다. 형제자매들에게 바꾸기를 요구하는 것은 어려운 일이므로, 우리는 비교적 젊은 사람들을 의지해야 한다. 변화를 일으키려면 반드시 청년들이 일어나야 한다. 그러나 이것은 청년들이 나이 든 성도들을 경시해도 된다는 뜻이 아니며, 오히려 교회를 이끌어 전진하게 해야 한다는 의미이다. 만일 청년들이 새로운 찬송들을 부를 수 있다면, 나머지 성도들은 따라올 것이다. 이것은 비록 자신은 원자력에 대해 이해하지 못하지만 아들이 이해하고 그것에 대해 자신에게 말해 줄 수 있기를 바라는 아버지에 비유할 수 있다. 그러므로 청년들은 반드시 새로운 찬송들을 부르는 법과 이 찬송들을 부르도록 성도들을 인도하는 법을 배워야 한다.

새로운 찬송들을 쓰고 편집할 때, 우리는 어려움에 봉착하였다. 그것은 금세기에 주님께서 찬송을 작곡할 수 있는 사람들을 일으키지 않으셨다는 것이다. 이것은 중국뿐 아니라 서양에서도 마찬가지이다. 거의 모든 좋은 곡들이 20세기 이전에 작곡된 것들이다. 지금 우리가 사용하고 있는 좋은 곡들도 모두 20세기 이전에 작곡된 것들이다. 우리는 최선을 다해 곡들을 수집했지만, 적합한 곡들을 많이 찾을 수 없어서 옛 곡들을 사용할 수밖에 없었다. 그러므로 때로는 서너 곡의 새로운 찬송은 같은 곡을 사용한다. 어떤 성도들은 이렇게 하는 것이 좋지 않으며, 한 곡에 한 찬송시만을 붙여서 그 곡이 떠오를 때 그에 해당하는 찬송시가 떠오를 수 있게 하는 것이 더 좋다고 말했다. 물론 이렇게 하는 것이 가장 좋지만, 우리는 곡들을 충분히 찾아낼 수 없었다. 더욱이 우리는 성도들이 그렇게 많은 새로운 찬송들을 배우지 못할까 봐 걱정되었다. 새 찬송가에는 삼백 곡의 새로운 찬송들이 더해졌다. 만일 우리가 일주일에 한 곡씩 새로운 찬송을 배운다면, 이 찬송들을 다 배우는 데 육 년이 걸릴 것이다.

찬송을 선곡하는 것과 첫 음을 잡는 것과 찬송을 인도하는 것을 배움

집회에서 찬송을 부르는 것과 관련하여 아직 몇 가지 더 배워야 할 것이 있다. 우리는 선곡하는 법을 배워야 하고, 또한 찬송을 부르기 시작할 때 첫 음을 잡는 법을 배워야 한다. 만일 첫 음이 너무 높으면 형제자매들이 따라 부를 수 없을 것이고, 첫 음이 너무 낮으면 그 찬송의 맛을 누리기가 어려울 것이다. 그러므로 성도들은 찬송을 부르기 시작할 때 첫 음을 잡는 법을 배워야 한다. 우리는 또한 찬송을 인도하는 법을 배워야 한다. 우리는 집회에서 너무 율법적이어서는 안 된다. 어떤 성도들은 자매들은 머리를 덮어야 하므로 자매들이 찬송을 인도해서는 안 된다고 말한다. 물론 찬송을 인도할 수 있는 형제가 있다면 더 좋다. 그러나 만일 형제가 없거나 또는 형제들이 인도할 수 없다면, 자매들은 부끄러워하지 말고 찬송을 인도해야 한다. 이렇게 하는 것이 자매들이 머리가 되는 것을 의미하지 않는다. 자매들이 찬송을 인도하게 된다면, 형제들은 반드시 집회를 높이 올리기 위해 신속하게 따라가야 한다. 이것은 교회를 건축하는 것과 성도들을 온전하게 하고 도우며 공급하는 것과 관계가 있다. 우리의 집회가 좋으면 성도들은 건축되고 공급을 얻을 것이지만, 그렇게 되려면 모든 성도들이 집회에 대해 책임을 져야 한다.

사실 교회 집회의 실행을 개선하는 책임은 청년들에게 달려 있다고 말할 수 있다. 나이 든 성도들은 이 말을 듣고 실망해서는 안 된다. 우리는 나이 드신 아버지에게 지금 우리가 학교에서 배우고 있는 현대 과학을 배우시라고 요구할 수 없다. 나이 든 사람은 이러한 과학을 배울 수 있는 나이가 지났다. 우리는 교회 안에 있는 젊은 형제자매들이 주님 앞에서 이 부담을 짊어질 수 있기를 소망한다. 모든 교회에서 젊은 형제자매들은 영 안에서 강해야 하고, 찬송을 부르는 법을 배워야 한다. 그들은 찬송들을 알아야 하고, 다양한 종류의 찬송들을 알아야 하며, 어떻게 각 찬송의 첫 음을 잡는지를 알아야 한다. 청년들은 각종 집회에서 새로운 찬송들을 부르는 기능을 발휘해야 한다.

영 안에서 해방됨

어떤 형제자매들은 집회에서 나서기를 꺼린다. 사람들 앞에서 자신을 드러내지 않는 것은 옳고 좋아 보일 수 있지만, 우리가 집회에서 그렇게 행한다면 우리의 영은 묶이고 해방되지 못한다. 우리의 집회는 기독교에서 행하는 것과 같은 '주일 예배'가 되어서는 안 된다. 우리는 주일 예배가 우리의 집회에 영향을 주도록 허용해서는 안 된다. 주일 예배에서는 오직 목사만이 기능을 발휘하고, 다른 모든 이들은 앉아서 듣는다. 우리는 반드시 이 실행에 맞서 일어나야 한다. 우리는 수줍어하지 말아야 하며, 오히려 우리의 영을 해방해야 한다. 만일 우리가 수줍어하거나 나서기 꺼리는 것을 깨뜨릴 수 있다면, 우리의 집회는 매우 큰 도움을 받게 될 것이다.

나는 집회들에서 나서기를 꺼리는 성도들이 주님과의 교통이 부족하다고 말하는 것이 아니다. 아마 그들과 주님 사이에는 매우 좋은 교통이 있고 내적으로 해방되었을 수 있지만, 그들이 겉사람에 의해 묶여 있기 때문에 집회에서 그들의 영이 나올 수 없다는 것이다. 그들의 상황은 바다에 있는 조개에 비유될 수 있다. 조개는 혼자 있을 때는 입을 열지만 무언가가 다가오는 것을 느끼면 닫아 버린다. 만일 우리가 집회에서 조개처럼 닫혀 있다면, 우리의 영은 나올 수 없을 것이고, 주님도 나오실 수 없을 것이다. 그 결과 그 집회는 죽게 될 것이다. 이런 성도들은 내적으로는 살아 있을지 모르지만 외적으로는 죽어 있다. 우리가 집회에 올 때, 우리는 반드시 영을 해방하기를 훈련해야 하며, 수줍어하지 말아야 한다.

찬송을 부르면서 집회에 옴

형제자매들은 집회에 도착하기 전부터 찬송하기 시작하고, 집회소에 들어가 의자에 앉을 때에도 계속 찬송하는 것이 좋다. 우리는 모든 형제자매들이 이것을 실행하기를 바란다. 우리의 현 상황은 성도들이 집회에 오는 길에는 즐겁게 대화하다가 집회소에 도착하자마자 조용해지는 것이다. 집회소에는 경찰도 없고 헌병도 없으므로, 성도들이 두려워할 이유가 없다. 성도들은 집회 때는 조용히 있다가 집회가 끝난 후 집회소를 나가면 다시 대화하기 시작한다.

이것은 우스갯소리가 아니다. 사탄은 온갖 음모를 사용하여 우리의 영적인 생명을 죽이려고 한다. 형제자매들은 주님을 사랑하고 주님과 교통을 갖지만, 집회소에 들어오자마자 조용해지고, 집회소를 떠나자마자 다시 수다스러워진다. 이것은 참으로 마귀의 계략이다. 우리는 반드시 이 문제를 돌파해야 한다. 우리는 집회소에 들어가서 성도들을 보면 "할렐루야! 주님을 찬양합니다!"라고 말해야 한다. 우리는 심지어 찬송하며 집회소에 들어갈 수 있다. 집회에 올 때 우리는 반드시 살아 있어야 한다.

이스라엘 백성은
성전에 올라가며 부르는 노래를 부르고
하나님께 경배하였음

집회에 오면서 찬송을 부르는 실행은 성경에 근거를 둔 것이다. 시편은 구약에서 하나님의 백성이 하나님께 경배하기 위해 예루살렘에 올라갈 때, 성전에 올라가며 부르는 노래를 불렀다는 것을 우리에게 보여 준다. 시편에는 성전에 올라가며 부르는 노래가 많이 있다. 이스라엘 백성은 자신의 소와 양과 곡식들을 가지고 하나님께 경배하러 예루살렘에 올라갈 때, 성전에 올라가며 부르는 노래를 불렀다. 성전에 가까워질수록 그들은 행동을 바꾸거나 자제하지 않았다. 오히려 그들은 성전에 도착할 때 주님의 영광을 보았기 때문에 더욱 해방되었을지도 모른다. 그러나 우리는 그렇지 않다. 많은 성도들이 마치 도둑이 몰래 집 안에 들어오는 것처럼 집회에 온다. 우리는 이렇게 해서는 안 된다. 우리는 해방되어야 한다. 우리는 다른 이들에게 보이는 것을 두려워해서는 안 된다. 또한 우리는 집회소에 들어올 때 자신이 찬송을 부르는 것은 과시하는 것이라는 생각을 하지 말아야 한다. 육체를 과시해서는 안 되지만 우리는 주님을 표현해야 한다. 우리 안에 계신 주님은 마땅히 표현되셔야 한다. 그러므로 우리는 우리의 영을 해방함으로 집회에 영과 생명이 충만하게 해야 한다.

목소리를 해방하는 것을 배움

찬송을 인도하거나 집회에서 말하는 형제들은 부끄러워해서는 안 되고, 오히려 그들의 목소리를 해방하는 것을 배워야 한다. 그들은 자신에게 말하는 것이 아니라 다른 이들에게 말하는 것이기 때문에, 그들의 목소리는 해방될 필요가 있다. 어떤 성도들은 집회에서 도둑이나 어린아이처럼 행동한다. 그들은 나이 든 형제들을 보면, 감히 눈에 띄거나 무질서하게 행동할 수 없다는 듯이 자신의 행실을 바꾸고 자제한다. 주님께 경배하는 것은 우리의 나이에 달려 있지 않다. 특히 청년들은 활발해야 한다. 그들은 집회에 신선한 분위기, 즉 활기와 활력이 넘치는 분위기를 가져와야 한다.

모든 성도들은 이 사명을 받아들이고 각 지방에 있는 교회에서 앞장서기를 바란다. 선곡을 하든 찬송을 하든 찬송을 인도하든, 우리는 앞장설 필요가 있다. 우리는 새로 만든 찬송들을 선곡하기를 배워야 한다. 성도들은 여러 해 동안 옛 찬송들을 불러 왔는데, 더 이상 그 찬송들로는 감동을 받을 수 없다. 우리는 반드시 이 상황을 전환해야 한다. 만일 우리가 옛 찬송들에 더하여 새 찬송들을 부를 수 있다면, 찬송들에 대한 우리의 누림과 맛이 점차 회복될 것이다. 우리는 이러한 효과를 산출해야 한다.

간증하는 것을 배움

우리는 찬송을 부르는 기술들을 배워야 할 뿐 아니라, 기도하고 간증하는 데 필요한 기술들도 배워야 한다. 만일 집회에서 3분에서 5분씩 간증하도록 허락되었다면, 우리는 쓸데없는 말을 하지 말아야 한다. 예를 들면, 우리가 간증하기 시작할 때 "저는 오늘 형제자매님들에게 간증하기 원합니다."라고 말할 필요가 없다. 우리는 또한 반드시 우리의 간증의 요점을 강조하고 뚜렷이 제시하는 법을 배워야 한다. 우리는 반드시 핵심을 강타해야 한다. 우리는 다른 이들이 이해하고 감동받을 수 있도록 반드시 간증의 요점들을 명확하고 정확하게 말해야 한다. 이것은 성도들에게 주님의 은혜를 공급하는 것과 관련이 있기 때문에 연습이 필요하다. 우리가 주님의 은혜를 해방한다면, 다른 이들은 온전하게 될 것이다.

어떤 성도들은 십 분 동안 말하지만 어떤 중점도 말해 내지 못하는데, 그 결과 집회는 죽게 된다. 만일 이 집회에 천 명이 참석했다면, 그들의 간증에 의해 모두 죽게 되고, 집회에 참석하고자 하는 어떤 성도들의 갈망에 부정적인 영향을 주게 된다. 아마 그들의 갈망을 회복시키는 데 수년이 걸릴지도 모른다. 그러므로 우리가 간증하는 방식은 작은 일이 아니다.

집회를 높이 올리는 간증을 하기 위해서는 모든 성도들이 연습할 필요가 있다. 구원받았을 때부터 나에게는 주님을 위해 간증하려는 부담이 있었다. 이것은 나 자신의 열심에서 나온 것이 아니라 주님에게서 나온 부름이었다. 어렸을 때 나는 다른 이들에게 말하는 것을 쑥스러워했다. 그러나 구원받고 나서, 나는 사람들을 접촉하는 것을 연습했고 말하는 것을 연습했다. 나는 심지어 해변으로 가서 사람이 없는 곳에서 "여러분은 모두 죄인입니다. 여러분은 모두 예수님이 필요합니다."라고 소리쳤다. 또한 가족들이 집에 없을 때, 나는 기회를 잡아서 거울 앞에 서서 말하는 것을 연습했다. 나는 나의 몸짓과 버릇이 적절한지 확인하고 싶었다. 이것은 나에게 매우 큰 도움이 되었고, 주님께서 나를 말하도록 일으키셨을 때 나는 담대해졌다. 어떤 사람들은 내가 젊은 나이에 말을 잘할 수 있다는 사실에 놀랐다. 그들은 내가 오랫동안 연습해 왔다는 사실을 몰랐다. 그러므로 우리 모두는 주님을 위해 간증하는 것을 연습할 필요가 있다.

모든 사람이 실행하면 집회는 풍성하게 됨

우리 안에 계신 주님께서 풍성하시기 때문에 모든 성도들이 이 요점들을 실행한다면, 교회의 집회는 풍성해질 것이다. 우리가 주님의 풍성을 나누어 주지 않는다면, 우리의 집회들은 빈약할 것이다. 여러분이 여러분의 몫을 주지 않고, 내가 나의 몫을 주지 않으며, 결국 우리는 모두 목사가 설교하기를 기다리는 것처럼 보인다. 반대로 우리가 주님의 풍성을 풀어놓는다면, 집회들은 풍성해질 것이다. 절반의 성도들만이라도 집회에서 이 요점들을 실행한다면, 집회는 풍성해질 것이다. 그러므로 청년 형제자매들은 교회 집회에서 기능을 발휘하기를 훈련해야 한다. 이렇게 할 때 집회들은 자연스럽게 생명으로 충만하게 될 것이다.

주님의 은혜를 보류하지 않음

많은 성도들이 집회에서 결코 간증한 적이 없다. 이것은 그들이 주님의 은혜를 보류했다는 것을 의미한다. 만일 모든 형제자매들이 주님에게서 받은 은혜의 몫을 간증한다면, 집회는 풍성해질 것이다. 성도들의 간증은 우리를 돕고 온전하게 한다. 예를 들어, 어떤 자매가 머리를 빗는 것과 같은 작은 일에서도 내적인 생명의 느낌을 따른다고 간증할 수 있다. 그러한 간증은 많은 메시지보다 더 유용하다.

만일 우리가 집회에서 간증하지 않는다면, 이것은 말씀을 사역하는 형제들만 말을 할 수밖에 없도록 할 것이다. 그들이 전하는 메시지가 빈약하다면, 집회도 빈약하게 될 것이다. 그러나 만일 성도들 모두가 자신이 받은 은혜를 전람한다면, 집회는 풍성해질 것이고 말씀을 전하는 사람을 의지할 필요도 없을 것이다. 우리의 현 상황은 메시지를 전하는 것에 의존하고 있다. 우리는 어느 날 교회 집회들에서 메시지들 대신에 간증과 찬양과 기도가 가득하기를 소망한다. 어떤 필요가 있을 때, 몇몇 형제들에게 말씀을 전하도록 요청할 수도 있다. 메시지를 전한 후에는 그 메시지에 근거한 가르침과 권면이 있어야 한다. 이것이 옳고 합당한 것이다.

의식과 옛 방식에서 해방됨

기독교의 주일 예배는 우리 가운데 메시지를 듣는 실행과 같은 것이다. 내가 어렸을 때 우리는 주일 예배에 간다고 말하지 않고 설교를 들으러 간다고 말했다. 따라서 주일 예배는 메시지를 듣는 것과 같다고 말할 수 있다. 교회생활 안에서 우리는 예배당이나 종교적인 건물에 가지 않고도 메시지들을 듣는다. 어떤 사람이 목사가 되기를 배우려면, 그는 적어도 매주 한 메시지씩, 즉 일 년에 오십이 편의 메시지를 전하는 것을 배워야 한다. 우리는 이 관념의 영향을 받았다. 성도들은 집회에 올 때 메시지를 듣기를 기대할 뿐 아니라 누가 메시지를 전하는지를 알고 싶어 한다. 만일 그들이 좋아하는 형제가 말씀을 전하면, 그들은 관심을 갖는다. 이러한 관념은 반드시 깨뜨려져야 한다. 우리의 집회는 메시지에 중점을 두지 말고 그리스도를 전람하는 데 중점을 두어야 한다. 우리는 찬양과 기도와 간증에 중점을 두어야 한다. 만일 모든 이가 간증하고 찬양하며 기도한다면, 메시지가 필요 없을 것이고, 성도들은 온전하게 될 것이다. 그러고 나서 적당한 때에 형제들이 메시지를 전할 수도 있다. 말씀이 전해진 후에는 성도들이 그 말씀을 받아들이는 것을 돕기 위해 성도들을 가르칠 수 있는 사람들이 있어야 한다.

로마서 12장 6절부터 8절까지는 어떤 사람은 신언하고, 어떤 사람은 가르치며, 또 어떤 사람은 권유한다고 말한다. 신언하는 것은 바로 하나님을 위해 말하는 것이고, 가르치는 것은 하나님을 위해 말한 사람에 의해 전해진 메시지를 가르치는 것이며, 권유하는 것은 그 메시지에 따라 성도들을 권유하는 것이다. 이 모든 것이 필요하지만, 이것은 집회가 메시지들로만 구성된다거나, 집회에 가는 것이 메시지를 들으러 간다는 것을 의미하지 않는다. 우리는 이 잘못된 관념을 반드시 깨뜨려야 하며, 이를 위해 모든 형제자매들이 함께 책임을 질 필요가 있다. 모든 사람은 반드시 영 안에서 강해야 하며, 어떻게 기도하고, 찬송하며, 찬양하고, 간증하는지를 알아야 한다. 여러분이 간증하고 나도 간증한다면, 짧은 시간에 집회는 살아 있게 될 것이고, 우리의 모든 집회는 점차 달라질 것이다. 집회에는 어떤 의식이 없을 것이다. 우리는 찬송을 부르고, 약간 기도하고, 메시지를 듣고, 집에 가는 그러한 형식을 따르지 않을 것이다.

우리는 반드시 의식에서 해방되어야 한다. 이 책임은 청년 성도들에게 있다. 이것이 모든 집회에서 우리의 실행이 되기를 바란다. 심지어 어린이들에게 봉사할 때에도, 우리는 어린이들의 관념을 바꿀 필요가 있다. 우리는 반드시 이것을 실행하는 데 수고함으로써, 다음 세대가 메시지를 듣는 것을 좋아하기 보다 주님의 은혜를 말하고 주님을 전람하기 위해 찬송하고 찬양하며 간증하는 것을 더 좋아하도록 해야 한다.

18

우리의 영을 사용하는 것을 배우고,
말씀을 기도로 읽기를 실행하며,
생활 속에서 증거를 지님

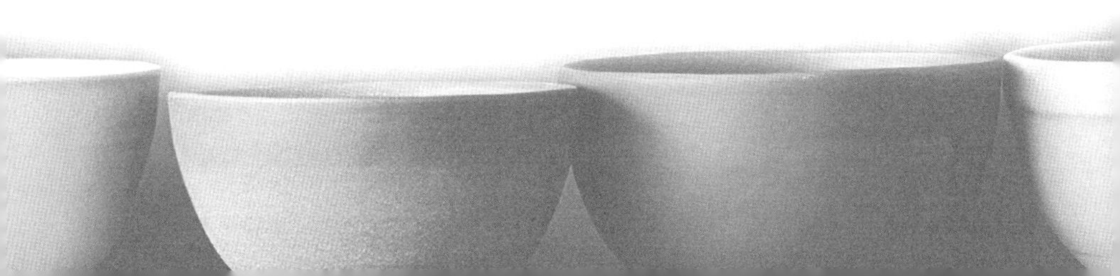

제18장

우리의 영을 사용하는 것을 배우고, 말씀을 기도로 읽기를 실행하며, 생활 속에서 증거를 지님

영으로 기도하고 혼을 거절함

그리스도인들인 우리는 교리를 사용하여 다른 이들에게 선을 행하고 친절하도록 가르치기를 좋아하는 함정에 종종 빠진다. 이것은 우리를 종교의 영역에 떨어지게 한다. 이것은 우리가 우리의 생각을 사용하는 데 익숙하기 때문에 발생한다. 우리가 회개하고 주님을 믿은 후에도, 우리는 우리의 생각을 사용하여 어떻게 선을 행하고, 어떻게 친절하며, 어떻게 교리를 배울 수 있을지를 고려한다. 그래서 우리는 메시지들을 듣고 성경을 연구하기 시작하지만, 여전히 단지 우리의 생각을 사용할 뿐이다. 비록 구원받은 모든 사람이 하나님께서 살아 계시고 긍휼이 가득하시며 우리가 그분께 기도해야 한다는 것을 알지만, 대부분의 믿는 이들은 기도할 때 어떻게 그들의 영을 사용해야 하는지를 알지 못한다. 그러나 점차적으로 그들은 그들의 영 안으로 들어갈 때까지 기도할 수 있다. 이것은 걷는 법을 배우는 아기에 비유할 수 있다. 아기는 처음 태어날 때 다리를 어떻게 사용할지 모른다. 그러나 점차적으로 아기는 기는 법을 배우고, 나중에는 서는 법과 다리를 사용하여 걷는 법을 배운다. 마찬가지로 우리가 처음 기도를 시작할 때, 우리는 거의 항상 생각 안에 있다. 그러나 기도를 더 많이 할수록, 우리는 생각에서 영으로 돌이키는 법을 배운다. 우리 중 많은 이들이 이것을 체험했다. 그러나 때로 우리는 기도하는 데 시간을 더 들이려고 하지 않는다. 예를 들어, 십 분 동안 기도한 후 막 우리의 영을 만지려는 순간, 우리는 기도를 멈추어 버린다. 성경을 읽어야 한다는 느낌이 들 때, 우리는 그중 팔십 퍼센트를 생각을 사용하여 읽을 수도 있다. 그리고 집회에 갈 때도 우리는 단지 어떤 교리들을 이해하기 위해 메시지를 들을 수도 있다. 기도할 때나 성경을 읽을 때나 성도들과 집회할 때 생각을 과도하게 사용한 결과로, 우리의 영은 자양분을 공급받지 못하고 일어나지도 못한다. 이 모든 상황은 신약성경에 있는 원칙을 위반한 것이다.

신약성경의 원칙에 따르면, 구원받은 후 우리는 더 이상 우리의 자아, 곧 우리의 혼을 따라 살지 말아야 한다. 바꾸어 말해서, 구원받은 후 우리는 더 이상 우리의 생각과 감정과 의지를 따라 살아서는 안 된다. 우리의 혼은 생각과 감정과 의지로 구성되어 있다. 구원받은 후 우리는 우리의 혼을 따라 살아서는 안 되고 오히려 혼을 거절해야 하며, 우리의 영으로 돌이켜야 한다. 우리의 생각이 우리에게 어떤 것을 하도록 할 때, 우리는 생각을 거절해야 하고 우리의 영으로 돌이켜야 한다. 우리가 이렇게 해야 하는 이유는 주님께서 우리의 영 안에 계시고 생각 안에 계시지 않기 때문이다(딤후 4:22). 우리는 우리의 생각에서 나온 것은 무엇이든지 거절해야 한다. 우리가 영을 사용하여 기도할 때, 우리는 자아, 곧 혼을 거절하고 있는 것이다.

영을 따라 행함

사복음서에서 주 예수님은 제자들에게 거듭해서 자아를 부인하고 혼생명을 죽음에 넘기라고 명령하셨다(마 16:24-26, 막 8:34-36, 눅 9:23-25, 요 12:25). 혼생명은 바로 자아이다. 혼생명을 부인하는 것이 바로 자아를 부인하는 것이다. 서신서들에서 가장 중요한 요점은 우리가 영을 따라 행해야 한다는 것이다. 서신서들의 많은 절들이 우리가 영을 따라 살고 행해야 하며(롬 8:4, 갈 5:16, 25), 영 안에서 기도해야 하고(엡 6:18, 유 20), 영 안에서 사랑하고 온유해야 하며(고전 4:21, 갈 5:22-23), 영 안에서 새롭게 되어야 하고(엡 4:23), 영 안에서 섬겨야 한다(롬 12:11, 빌 3:3)고 말한다. 이것은 신약의 서신서들에 있는 긍정적인 가르침이며 결론을 짓는 가르침이다. 사복음서는 우리에게 혼을 부인해야 한다고 하고, 서신서들은 우리에게 영을 따라 행해야 한다고 말한다. 이 두 명령 사이에 십자가가 있다. 사복음서의 끝에는 십자가가 있다. 이것은 우리의 자아, 곧 우리의 혼은 십자가로 가야 한다는 것을 의미한다. 십자가 후에 부활이 있다. 서신서들에서 우리는 부활하신 그리스도를 본다. 더구나 부활하신 그리스도는 바로 생명 주시는 영으로서 우리의 영 안에 계신다(고전 15:45, 딤후 4:22). 그러므로 사도 바울은 우리가 영을 따라 살고 행해야 한다고 반복해서 강조하였다.

우리 영 안에서 은혜가 되시기 위해 주님은 생명 주시는 영이 되심

고린도전서 15장 45절 하반절은 "마지막 아담은 생명 주시는 영이 되셨습니다."라고 말한다. 고린도전서 15장은 부활에 초점을 맞추고 있는데, 이 장은 마지막 아담께서 부활을 통해 생명 주시는 영이 되셨다고 우리에게 말한다. 주 예수님은 마지막 아담이 되시기 위해 육체가 되셨다. 마지막 아담은 부활을 통해 생명 주시는 영이 되신 사람이셨다. 디모데후서 4장 22절은 "주님께서 그대의 영과 함께 계시기를 바랍니다." 라고 말한다. 이 두 절은 서로 관련이 있다. 고린도전서 15장 45절은 주님께서 생명 주시는 영이 되시려고 그분의 인성 안에서 죽음을 거치시고 부활 안으로 들어가셨다고 말한다. 디모데후서 4장 22절은 부활하신 주님이신 이 생명 주시는 영께서 우리의 영 안에 우리와 함께 계신다고 말한다.

갈라디아서 6장 18절은 "우리 주 예수 그리스도의 은혜가 여러분의 영과 함께하기를 바랍니다"라고 말한다. 이 절에 따르면, 은혜는 또한 우리의 영 안에 있는데, 이 은혜는 바로 주 예수 그리스도이다. 주님께서 우리 안에서 운행하시고 우리에게 공급하실 때, 그것이 은혜이다. 그러므로 주님께서 우리의 영 안에 계시고, 은혜도 우리의 영 안에 있다. 주님을 접촉하고 그분의 은혜를 누리기 위해, 우리는 반드시 우리의 영 안으로 돌이키고 우리의 영을 사용하는 법을 배워야 한다.

그리스도인은 자신의 영을 사용하는 법을 배워야 함

자신의 영을 어떻게 사용하는지를 모르는 그리스도인은 부엌에 음식이 저장되어 있는 것을 모르는 배고픈 사람과 같다. 주님께서 우리 안에 들어오신 것은 간단한 문제가 아니다. 그분은 육체가 되신 하나님이시며, 육체 안에서 십자가에서 죽으심으로 구속하는 어린양이 되셨다. 십자가에서의 그분의 죽음은 바로 모든 것을 포함한 죽음, 곧 모든 문제를 해결하는 죽음이었다. 모든 부정적인 것이 그분의 죽음 안에서 종결되었다. 그분의 죽음과 부활을 통해 그분은 부활 능력을 나타내셨고 부활의 영광 안으로 들어가셨다. 이런 방식으로 그분은 생명 주시는 영이 되셨다. 그러고 나서 그분은 높은 곳으로 올라가셨고, 하늘과 땅의 모든 권위를 받으셨으며, 보좌에 앉으셨고, 영광으로 관을 쓰셨다. 그분은 또한 왕국을 받으셨다. 그 영이신 주님은 우리의 구주가 되실 준비가 되셨다.

우리가 회개하고 주님을 믿고 받아들일 때, 이 모든 것을 포함하신 영은 우리의 주님과 생명이 되시기 위해 우리 영 안으로 들어오셨다. 그분은 또한 우리 영 안에서 은혜이신 그분 자신을 우리에게 공급하신다. 주님을 접촉하고 누리며 그분의 공급을 받고 그분의 풍성을 체험하기 위해, 우리는 반드시 우리의 영을 사용하는 법을 배워야 한다. 안타깝게도 오늘날 대부분의 그리스도인은 그들의 생각을 교육하는 것을 목표로 하는 메시지만을 듣는다. 그들은 성경을 읽을 때 잘못된 기관인 그들의 생각만을 사용한다. 그 결과, 주님을 향한 그들의 사랑은 약하고, 세상에 대한 그들의 사랑은 여전히 강하다. 그들이 계속 자아에 의해 살 때, 그들은 냉담하고 뒤로 물러난 상태에 떨어진다. 심지어 그들은 부흥되어 주님께 더 열심을 낼지라도, 성경의 문자를 그들의 생각으로 추구하고, 그리스도인들의 집회에 가서 그들의 생각으로 메시지를 듣는다. 그들은 자신의 영을 모르기 때문에 생각만을 사용하며, 따라서 빈곤한 상태에 남아 있게 된다.

성경을 읽을 때 하나님을 접촉하고 하나님을 누리기 위해 우리 영을 사용함

성경은 주님에 대한 설명이지만 주님 자신이 아니다. 주님은 그 영이

시다. 성경은 조리법이나 메뉴에 비유할 수 있고, 그 영은 메뉴 항목의 본질에 비유할 수 있다. 성경은 참으로 주님에 대한 설명이지만, 우리가 단지 우리의 지성으로 성경에 있는 것을 이해한다면, 우리는 주님 자신을 맛보거나 누릴 수 없을 것이다. 주님 자신을 맛보고 만지기 위해 우리는 반드시 우리 영을 사용해야 한다.

중국의 복음 전파자인 쑹상제(宋尙節) 박사는 성경을 연구하는 데 지성만을 사용하는 이들에 대해 매우 비판적이었다. 그는 "연구하고, 연구하고, 연구해 보시오. 여러분이 성경을 연구하면 할수록 더 많은 지식을 얻게 되고, 더 많은 지식을 얻을수록 여러분의 머리는 더 커질 것입니다."라고 말하곤 했다. 기독교 전체의 상황이 이러하다. 많은 사람이 메시지를 전할 수 있고, 많은 사람이 책을 쓸 수 있다. 성경은 학문적인 연구의 대상이 되어 버렸다. 매우 지적인 이들은 삼일 하나님을 연구하고, 아버지와 아들과 영의 위격을 연구할 수 있다. 다른 이들은 로마서와 고린도 전후서와 갈라디아서와 에베소서와 요한계시록에 있는 하나님의 영원한 계획에 대해 연구한다. 역량이 적은 이들은 만찬과 발 씻김과 머리 덮음 등과 같은 더 작은 주제들을 연구한다. 심지어 어떤 이들은 주님의 상 집회에서 포도즙을 사용해야 하는지 아니면 포도주를 사용해야 하는지를 연구한다. 성경은 많은 항목을 분명하게 말하고 있지만, 어떤 부분들은 그렇게 명확하지 않다. 이것은 주님의 지혜를 드러내는 것이다.

주 예수님께서 그분의 만찬을 제정하셨을 때, 그분은 그분의 아버지의 왕국에서 그들과 함께 새것을 마실 때까지 포도나무에서 난 것을 다시는 마시지 않겠다고 말씀하셨다(마 26:29, 막 14:25). 포도주와 포도즙은 모두 포도나무에서 난 것이다. 역사에 따르면, 고대 유대인들은 포도즙을 마시지 않았다. 그들은 포도를 사용하여 포도주를 만들었다. 그러므로 역사에 따르면, 유대인들은 포도주를 사용했다. 그러나 주 예수님은 유월절 기간, 곧 누룩을 사용할 수 없는 무교절에 그분의 만찬을 세우셨다. 그러나 포도주에는 누룩 즉 발효 효소가 들어 있다. 유대인들이 포도즙을 사용하지 않았다면 무교절 기간에 무엇을 마셨겠는가? 역대로 성경 해설가들은 이 질문에 대해 명확한 답변을 제시할 수 없었다. 주님께 감사드린다. 그분은 지혜로우시다. 주님은 포도주나 포도즙을 언급하지 않으셨고 포도나무에서 난 것이라고 말씀하셨다. 우리의 생각은 이 문제에 대해 명확한 답변을 제시할 수 없으므로, 우리는 이것을 더 이상 깊이 추구하지 말아야 한다. 포도즙이나 포도주 모두 포도나무에서 난 것이므로, 어느 쪽을 사용하든 논쟁이 있어서는 안 된다.

사실 포도나무에서 난 것은 상징이다. 그러나 우리의 강조점은 물질적인 상징에 있지 않고 그 영께 있으며, 공기 같은 영이신 그리스도를 접촉하기 위해 우리의 영을 사용하는 것에 있다. 만일 한 사람은 자신의 지성을 사용하여 성경에 있는 매우 중요한 것을 연구하고, 다른 한 사람은 자신의 지성을 사용하여 성경에 있는 중요하지 않은 것을 연구한다면, 양쪽 다 지식을 얻기 위해 생각만을 사용하기 때문에 그 결과는 불일치일 것이다. 서로 상대방의 견해가 틀렸다고 생각할 것이고, 화평이 없고 논쟁이 끊이지 않을 것이다. 우리는 이러한 상황에서 구원받을 필요가 있다. 너무 자주 우리는 그 영을 아는 것보다 교리를 더 많이 안다. 성경은 참으로 주님에 대한 설명과 주님에 대한 계시이지만, 그것은 단지 설명에 지나지 않는다. 참으로 주님을 접촉하고 주님을 누리기 위해, 우리는 반드시 우리 영을 사용해야 한다. 이것이 바로 우리의 부담이다. 어떤 것도 이 두 영, 곧 그 영과 우리 영보다 중요한 것은 없다.

성경 연구에 있어서 우리가 하나님의 영원한 계획과 하나님의 영원한 뜻과 같은 중대한 문제를 추구하든, 혹은 발 씻김, 머리를 덮음, 포도즙이나 포도주를 사용함 등과 같은 사소한 문제를 추구하든, 그것은 중요한 것이 아니다. 우리가 알아야 할 가장 중요한 것은 바로 삼일 하나님께서 육체가 되셨다는 것과 그분께서 죽고 부활하셔서 생명 주시는 영이 되셨다는 것이다. 생명 주시는 영으로서 그분은 지금 우리 영 안에서 은혜이신 그분 자신을 우리에게 공급하신다. 그러므로 오늘 우리의 가장 큰 필요는 단지 생각 안에서 그분을 이해하는 것이 아니라 우리의 영을 사용하여 그분을 접촉하고 흡수하며 누리는 것이다.

최근의 소요 가운데서도 타이난 교회는 매우 좋은 증거를 지녔다. 그 기간 중에 어떤 이들은 집회 중에 소란을 피웠고 기도 집회에서 자주 논쟁이 있었는데, 이러한 상황들은 논리적으로 따짐으로써 해결할 수 있는 것이 아니었다. 그 당시에 나는 싱가포르에 있었고, 대만의 두 동역자가 편지를 써서 나에게 상황을 알려 주었다. 나는 답신을 써서 이 일로 너무 힘들어하지 말고 이 일을 주님의 손에 넘겨드리고 영 안에서 주님을 앙망하여 주님께서 이 상황을 책임지시도록 해야 한다고 말했다. 내가 돌아왔을 때, 형제들은 주님께서 참으로 개입하시고 책임지셨다고 증언했다. 그 상황은 어떤 인위적인 노력으로 해결된 것이 아니었다. 오히려 형제자매들은 말씀을 기도로 읽음으로써 그 영이신 주님을 접촉하기 위해 아침 부흥을 실행하기 시작했다. 그 결과 그들의 영은 강해졌다. 아침 부흥을 한 성도들이 집회에 왔을 때, 그들의 강한 영은 집회를 높이 올렸다. 이것은 부정적인 것들과 배역을 정복했다. 생명은 참으로 죽음을 삼킨다. 성령께서 성도들 안에서 운행하시자 많은 사람이 은혜를 받았고, 또한 부정적인 영향을 받았던 많은 사람이 주님의 긍휼로 회복되었다. 더욱이 반대자들은 흩어졌다. 이것들 중 어느 것도 가르침의 결과가 아니었다. 그것은 그 영을 접촉한 결과였다. 오늘날 우리는 형제자매들이 그 영을 접촉하도록 도와야 한다.

영 안에서 불타고 강해지기 위해 말씀을 기도로 읽는 것을 실행함

로마서 12장 11절은 "열심을 내어 게으르지 않도록 하십시오. 영 안에서 불타서 주님을 섬기십시오."라고 말한다. 우리의 영은 오직 기도를 통해서만 불타게 되고 뜨거워질 수 있다. 우리가 집회에서 어떤 메시지나 간증들을 들은 후에, 우리는 집으로 돌아가서 반드시 기도해야 한다. 우리가 기도하고 영 안으로 들어가면, 우리의 영은 불타게 될 것이다. 이것은 단지 메시지들을 듣거나 책을 읽거나 성경을 연구하는 것 이상의 것이다. 우리가 성경을 기도하는 방식으로 읽을 때, 우리의 영은 불타게 될 것이고, 우리는 불타는 영 안에서 주님을 섬길 수 있게 될 것이다.

디모데후서 1장 7절은 "왜냐하면 하나님께서 우리에게 주신 것은 겁내는 영이 아니라 능력의 영과 사랑의 영과 맑은 생각의 영이기 때문입니다."라고 말한다. 하나님께서 우리에게 주신 것은 능력의 영과 사랑의 영과 맑은 생각의 영이다. 이 절은 우리 혼의 세 부분과 서로 부합하는 우리 영의 세 방면에 대해 말한다. 우리 혼은 우리 영을 둘러싸고 있으며, 혼은 생각과 감정과 의지로 구성되어 있다. 우리가 기도할수록, 우리의 영은 더욱 주님을 접촉할 것이고, 우리의 의지는 더욱 강해질 것이며, 우리의 감정은 더욱 사랑으로 충만할 것이고, 우리의 생각은 더욱 맑아질 것이다. 우리의 영이 주님으로 충만해질 때 우리의 영은 강해질 것이고, 주님은 우리의 의지를 적시실 것이다. 우리의 의지가 능력을 얻고 강해질 때 주님은 우리의 감정을 적시실 것이고, 우리의 감정이 사랑으로 채워지면 주님은 우리의 생각을 적시실 것이다. 결국 우리의 생각은 맑아질 것이다. 그리하여 우리의 영은 능력의 영과 사랑의 영과 맑은 생각의 영이 될 것이다.

우리에게 기도가 부족할 때, 우리의 영은 위축되고 마음은 소심해진다. 그럴 때 우리는 사람들에 대한 어떤 관심이나 사랑도 갖지 못하고, 우리의 생각은 혼란스러운 사상들로 가득하게 된다. 그러나 우리가 주님께 돌이켜 기도할 때, 기도할수록 우리의 영이 주님으로 적셔진다는 것을 발견하게 될 것이다. 그 결과, 우리의 의지는 강해질 것이고, 우리의 감정은 사람들에 대한 사랑과 관심으로 채워질 것이며, 우리의 생각은 분명해지고 맑아질 것이다. 철저히 기도한 후, 우리는 우리의 의지 안에서 강하고 능력 있게 될 것이고, 우리의 감정 안에서 사랑으로 충만해질 것이며, 우리의 생각 안에서 맑아질 것이다. 우리는 이것을 오직 기도를 통해 주님을 접촉함으로써 체험할 수 있다. 그러므로 우리는 끊임없이 기도함으로써 우리의 영을 불타오르게 해야 한다. 이렇게 할 때 우리는 능력의 영과 사랑의 영과 맑은 생각의 영을 지니게 될 것이다.

우리의 체험에 따르면, 우리가 이런 방식으로 기도할 때 우리는 생명의 영이신 주님을 흡수한다. 이뿐 아니라, 우리가 한동안 기도한 후에 자동적으로 능력의 영께서 우리 위에 임하게 되신다. 그 결과, 우리는 내적으로 생수로 충만하게 되고, 외적으로 능력의 영을 옷 입게 된다. 이것이 바로 우리가 취해야 할 길이다. 동역자들은 집회에 일찍 와서 형제자매들과 함께 모여 말씀을 기도로 읽는 것을 실행해야 한다. 너무 많이 읽을 필요가 없고, 두세 절이면 충분하다. 우리는 교통함으로 집회를 시작하지 말아야 한다. 그 대신 먼저 우리는 기도해야 한다. 그 기도는 너무 길거나 너무 느리거나 거짓되지 않아야 하며, 짧고 빠르고 참되어야 한다. 우리가 기도하기 위해 모일 때, 각자가 기도를 자신의 노선에 따라 시작할 필요가 없다. 그 대신에 우리는 반드시 앞사람의 기도가 끝나는 곳부터 이어서 기도해야 한다. 이것은 마치 계주를 하는 것과 같고 배턴을 가진 주자가 다음 주자에게 넘겨주는 것과 같다. 이것은 또한 대양에서 함께 헤엄치는 물고기가 꼬리에 꼬리를 물고 헤엄치는 것과 같다. 우리에게 풍성한 영감이 있더라도, 우리는 다른 이들이 기도를 이어 갈 수 있도록 일부분만 해방해야 한다.

우리의 기도 내용은 우리가 읽고 있는 말씀과 관련이 없는 내용을 다루어서는 안 되고, 말씀을 기도로 읽음으로써 얻은 영감으로 충만해야 한다. 우리는 다른 것들을 위해 기도해서는 안 된다. "그러므로 이제 그리스도 예수님 안에 있는 사람들은 결코 유죄판결을 받지 않습니다. 왜냐하면 생명의 영의 법이 그리스도 예수님 안에서 나를 죄와 죽음의 법에서 해방하였기 때문입니다."라고 말하는 로마서 8장 1절과 2절을 기도로 읽는다면, 우리는 좋은 날씨에 대해 주님께 감사드리는 데로 벗어나서는 안 된다. 만일 우리가 영 안에 있다면, 날씨나 그 밖의 모든 일을 잊어버릴 것이다. 단순히 이 두 절을 기도로 읽음으로써 우리는 영적인 잔치를 누리게 될 것이다. 첫째로 우리는 그리스도 안에서 더 이상 유죄판결을 받지 않는다는 사실을 만질 것이고, 그다음으로 생명의 영의 법이 죄와 죽음의 법에서 우리를 해방한 것을 보게 될 것이다. 우리가 이런 방식으로 말씀을 기도로 읽을 때, 우리는 주님의 풍성을 만지고 누리게 될 것이다.

기도하기 위해 생각을 의지하기보다는 영을 사용하기를 배워야 함

체험에 따르면, 한 사람이 성경의 어떤 부분을 기도로 읽는다면 삼십 분 정도가 필요할 것이고, 네다섯 명이 함께 기도로 읽는다면 한 시간을 사용하는 것이 더 좋을 것이다. 그럴지라도 그때의 기도는 길거나 느려서는 안 된다. 긴 기도는 다른 이들의 영을 죽일 것이고, 느린 기도는 사람들을 생각에 빠지게 할 것이다. 우리의 생각은 영으로 돌이켜져야 하고 영에 두어져야 한다.

고린도전서 14장 14절과 15절에서 바울은 "왜냐하면 내가 다른 언어로 기도한다면, 나의 영은 기도하지만 나의 생각은 효과를 보지 못하기 때문입니다. 그러면 어떻게 해야 되겠습니까? 나는 영으로 기도하고 생각으로도 기도할 것이며, 나는 영으로 찬송하고 생각으로도 찬송할 것입니다."라고 말하였다. 이 절들에서 바울은 우리가 영으로 기도해야 하고 또한 생각으로도 기도해야 한다고 말한다. 그것은 다른 언어로 말하는 사람들이 종종 그들의 기도에서 그들의 생각을 사용하지 않기 때문이다. 나는 다른 언어로 말하는 사람을 많이 보았는데, 그들이 말하는 다른 언어는 모두 거짓된 것들이었다. 그들은 특정 소리를 냈지만, 그것은 참되게 다른 언어가 아니었다. 반면에 참으로 주님을 추구하는 합당한 마음과 영을 지닌 어떤 형제자매들은 다른 언어로 말하지 않는다. 그러나 이 참된 추구하는 이들은 로마서 8장 23절과 26절에 언급된 것처럼 어떤 탄식하는 소리를 낼 수도 있다. 이런 종류의 탄식은 생각에서 나온 것이 아닌데, 그것은 26절이 말하는 것처럼 인간의 언어로는 말할 수 없는 탄식이기 때문이다. 그러므로 탄식하는 사람들은 그들의 탄식 이면에 있는 깊은 부담을 이해하지 못하며, 마땅히 어떻게 기도해야 하는지도 알지 못한다. 기껏해야 그들은 "오, 주님. 오, … 오, … 오!"라고 말할 수 있을 뿐이다. 어떤 사람이 이런 식으로 탄식할수록 그의 영은 더욱 위로를 받는다. 그러므로 이것도 일종의 영으로 기도하는 것이다. 이것은 생각을 떠나 영으로 탄식하는 것이다. 그러한 사람의 마음과 영은 주님을 향하게 되며, 또한 그는 생각을 사용하여 기도하는 것이 아니라 그의 영에서 어떤 것을 표현하는 것이다.

여기에 하나의 원칙이 있는데, 그것은 우리가 우리의 생각보다 우리의 영으로 더 많이 기도하는 법을 배워야 한다는 것이다. 우리는 기도할 때 무언가를 지어내기 위해 우리의 생각을 사용하지 않고 자연스럽게 말이 나오게 해야 한다. 심지어 우리 안에 어떤 느낌이 있지만 그 느낌을 표현할 말이 없을 때조차도, 우리는 구변을 얻기 위해 생각을 사용해서는 안 된다. 나는 우리가 다른 언어들로 기도하는 것을 권하지는 않지만, 사람들이 다른 언어들로 말하는 것을 금할 수도 없다. 그것은 어떤 사람들은 다른 언어들로 말할 때 참으로 성령께서 그들을 통해 말씀하시는 것을 체험하고 내적으로 참으로 주님을 접촉하기 때문이다. 그러나 어떤 사람들이 다른 언어들로 말할 때 내는 알아들을 수 없는 소리가 반드시 참되게 다른 언어들로 말하는 것은 아니다. 오순절 운동에 참여하는 사람들은 모든 사람이 다른 언어들로 기도해야 한다고 주장하며, 사람들에게 참되지 않은 방식으로 다른 언어들을 말하도록 강요한다. 나는 주님께 가까이 이끌렸을 때 참되게 다른 언어들로 말했던 여러 성도들을 만난 적이 있었는데, 그들은 모두 그들이 자주 다른 언어들로 말하지 않았다고 간증했다. 그러므로 우리는 다른 언어들로 말하는 것에 주의를 기울이지 말고, 참된 기도를 하고 영 안에서 참되게 주님을 접촉하는 법을 배워야 한다. 고린도전서 12장 30절은 "다 다른 언어들로 말하겠습니까?"라고 말한다. 이 절에 근거하여 우리는 모든 믿는 이가 다른 언어들로 말하는 것은 아니지만, 사람들이 다른 언어들로 말하는 것을 금지해서도 안 된다는 것을 알 수 있다. 이것에는 양면이 있다. 어떤 사람들이 참으로 다른 언어들로 말할지라도, 우리는 성도들이 다른 언어들로 말하도록 부추기지 말아야 하는데, 그것은 이러한 부추김이 거짓된 다른 언어들을 만들어 낼 것이기 때문이다.

조용한 가운데 우리의 영을 열고 주님을 향하여 기도하며 그분의 증거를 살아 냄

우리는 조용한 가운데 우리의 영을 열고 주님을 향하여 끊임없이 기도해야 한다. 우리가 더 많이 기도할수록 우리의 내적 어려움들은 더 많이 해결될 것이고, 기름바름이 더 많이 운행할 것이며, 빛이 우리 안에서부터 비칠 것이다. 우리가 영 안에서 기도하면서 성경을 읽는다면, 그 효과는 훨씬 더 커질 것이다. 말씀을 기도로 읽음으로써 우리는 책망과 지도와 안내와 빛 비춤과 계시를 받게 될 것이다. 우리가 영 안에서 기도할 때, 우리가 읽은 성경의 절들과 우리가 들은 메시지들과 우리가 읽은 영적 서적들이 모두 우리의 영과 '협력'하게 될 것이다. 그리고 우리가 배운 영적인 것들이 우리의 영 안에서 실재가 되고, 심지어 우리의 영 안에서 체험이 될 것이다. 예를 들면, 십자가에 관한 우리의 말은 십자가에 대한 우리의 참된 체험에서 나온 것이고, 또한 그것은 우리의 생활의 증거일 것이다. 우리의 생활은 우리의 메시지가 될 것이고, 우리는 우리가 말하는 메시지의 실재 안에서 살게 될 것이다. 우리는 들은 메시지를 자신의 힘으로 순종하려고 하지 않을 것이다. 오히려 그 영께서 그 메시지를 우리 안에서 실재가 되게 하시고, 그 메시지를 우리에게서 살아 내실 것이다. 이것은 나의 간증이며 나의 참된 체험이다. 오직 이것만이 다른 사람들에게 생명을 공급할 수 있다. 이것이 바로 오늘날 우리에게 필요한 것이다.

부흥을 가져오기 위해 점진적으로 훈련하고 실행해야 함

나는 우리가 이미 이 길을 분명하게 보았다고 믿는다. 나는 우리가 이 일을 위해 함께 훈련하고 함께 기도하기를 바란다. 이것은 참으로 관건적인 것이다. 만일 우리 모두가 부지런히 훈련한다면, 머지않아 우리 가운데 강하고 참된 부흥이 있게 될 것이다. 주님께서 우리 각 사람이 기도하고 서로를 위해 중보기도 하도록 인도해 주시기를 바란다. 각 지방의 장로들은 반드시 이 메시지를 전할 방법을 강구하고, 성도들을 인도하여 이것을 훈련하게 해야 한다. 서두르면 종종 더 전진하지 못할 수도 있기 때문에, 너무 서두르거나 염려할 필요가 없다. 이 메시지를 전한 후 우리는 잠시 동안 상황을 관찰해야 한다. 한 지방에 있는 모든 장로는 매일은 아니더라도 셋에서 다섯 명의 성도들이 적어도 일주일에 세 번은 실행하도록 인도할 수 있다. 만일 아침에 모이기가 어렵다면, 다른 시간을 사용할 수 있다. 우리는 실행에 있어서 융통성이 있어야 한다. 이 셋에서 다섯 명의 성도들이 함께 모여 실행하게 되면, 점차 장로들은 비슷한 방식으로 다른 사람들을 인도할 수 있다. 이런 방식으로 이 실행은 형제자매들 가운데 확산될 수 있다.

만일 성도들이 옛 방식으로 집회하기를 좋아한다면, 우리는 그들을 즉시 고치려고 하지 말아야 한다. 우리가 갑작스럽게 집회 방식을 바꾼다면, 성도들은 마치 '그들의 피부가 벗겨지는 것'처럼 느낄 것이고, 어떤 부정적인 반응을 보일 것이다. 우리는 점차적으로 바꿈으로써 새로운 '피부'가 자라 나와 낡은 모든 것을 대치할 수 있게 해야 한다. 그러므로 우리는 옛 길을 반대하지 말고 성도들을 점차 새 길로 인도해야 한다. 성도들은 점차적으로 이런 종류의 훈련 안으로 인도될 수 있다. 성도들의 영이 강해지고 그들이 어떤 체험과 누림을 갖게 되면, 그들은 점차 낡은 습관들을 벗어 버릴 것이다. 성도들이 집회에 올 때, 그들은 메시지를 듣거나 소위 예배하러 오는 것이 아니라, 자신의 영을 해방하고, 그리스도를 전람하며, 그리스도를 높이고, 하나님을 영광스럽게 하며, 생명을 공급하고, 영 안에서 다른 이들과 섞이기 위해 오는 것임을 알게 될 것이다.

우리는 성도들에게 집회 가운데에는 규례가 없다는 것을 알려 주어야 한다. 집회에 올 때, 우리는 정해진 시간에 집회가 시작되기를 기다리지 말아야 하고, 다른 사람이 찬송을 시작하기를 기다리지 말아야 한다. 우리는 집회소에 도착하자마자 우리의 영을 해방하기 위해 기도해야 한다. 찬송을 부를 때 지나치게 규율에 매이지 않아도 된다. 때로는 어떤 찬송의 1절을 부를 때 매우 감동받았다면 1절을 여러 번 부를 수도 있다. 우리는 또한 찬송의 후렴으로 시작할 수 있으며, 찬송을 반드시 처음부터 끝까지 불러야 하는 것은 아니다. 우리는 성도들을 격려하여 찬송들의 가사를 외우게 하고 찬송들의 곡조를 배우게 함으로써 우리가 자연스럽게 그 영을 따를 수 있게 해야 한다. 몇몇 성도가 기도할 수 있고, 누군가가 짧은 찬송을 시작한다면, 우리 모두는 우리의 영을 해방하여 함께 부를 수 있다. 만일 어떤 성도가 간증하기 위해 일어난다면, 그는 너무 길게 해서는 안 되지만 반드시 그의 영을 해방해야 한다. 집회에서 무엇을 하든지 우리는 시간을 너무 많이 사용해서는 안 된다. 우리가 말하는 것이 참으로 살아 있다면 우리는 시간을 약간 더 사용할 수 있지만, 대부분의 경우 우리가 말하는 것은 짧아야 한다. 모든 사람이 자신의 영을 해방할 때, 집회는 매우 살아 있게 될 것이다. 나는 우리가 함께 말씀을 기도로 읽고 영을 해방하는 것을 훈련하여, 우리 자신이 살아날 뿐 아니라 집회도 살아나게 되기를 소망한다.

19

말씀을 기도로 읽기를 통하여 영을 훈련함으로써 생명 안에서 자람

제19장

말씀을 기도로 읽기를 통하여 영을 훈련함으로써 생명 안에서 자람

교회들 가운데 우리의 봉사에서, 나에게는 성도들이 영을 훈련하고, 영을 해방하고, 영을 따라 행하도록 돕기 위하여 형제들이 영에 관해 더 많이 교통해야 한다는 부담이 있다. 나는 모든 장로가 이 은혜와 실재 안으로 들어가는 데 앞장서기를 소망한다. 우리는 영 안에서 사는 것을 배워야 하고, 성도들이 영 안으로 들어가도록 인도해야 한다. 성도들이 영을 훈련하고 영 안에서 살기 위해서는 우리가 성도들을 도와서 주님과 교통하고, 주님의 말씀을 기도로 읽는 것 곧 말씀을 기도를 통하여 읽고 소화하는 것을 배우게 해야 한다. 우리의 체험에 따르면, 한 개인이 스스로 이것을 실행하는 것은 쉽지 않다. 소그룹의 성도들이 함께 모여 사십오 분에서 한 시간을 들여 영 안에서 기도함으로써 말씀을 읽고 소화하는 것이 더 좋다.

영적인 음식과 자양분을 얻기 위해 성경 말씀을 기도로 읽음

한 국가가 강해지기 위해서는 국민이 반드시 건강해야 한다. 국민의 건강은 국가의 강함의 기초이다. 마찬가지로 어떤 교회가 강하려면, 반드시 성도들이 생명 안에서 강해야 한다. 한 나라의 국민 건강은 영양가 있는 음식을 먹을 수 있는지에 달려 있다. 사람들은 잘 먹을 때 건강하며, 건강해야 상품들과 서비스를 생산해 내는 학문적이거나 기술적인 모든 종류의 활동에 종사할 수 있다. 어떤 교회가 강하려면 반드시 성도들이 생명 안에서 강해야 하는데, 이것은 말씀을 기도로 읽고 소화함으로써 영적인 자양분을 합당하게 공급받는 것에 달려 있다.

우리가 교회사와 다른 이들의 실행을 연구한 것과 과거 수십 년간의 우리 자신의 실행에 따르면, 아침 부흥을 하는 가장 좋은 길은 말씀을 기도로 읽고 소화하는 것, 즉 말씀을 기도로 읽는 것임을 발견했다. 기도로 읽는 실행은 과거의 영적인 인물들의 생활에서 볼 수 있다. 조지 뮐러의 일기와 전기에 따르면, 그는 비록 '기도로 읽기'라는 용어를 사용하지는 않았지만, 우리가 실행하는 말씀을 기도로 읽기와 매우 비슷한 방식으로 성경을 읽었다. 앤드루 머리(Andrew Murray) 역시 분명하게 언급한 것은 아니지만 말씀을 기도로 읽는 것에 관해 말하였다. 이것은 다른 이들이 이것을 만졌다는 것을 증명한다. 오늘날 우리 또한 이것을 만졌는데, 우리는 이것에 대해 더 전진된 이해를 갖게 되었다. 성경을 기도로 읽고 소화할 때, 우리는 하나님의 말씀을 먹는다(렘 15:16). 음식을 먹을 때 우리는 꼭꼭 씹어서 삼켜야 하는데, 그럴 때 그 음식이 우리 몸에 영양분으로 소화되고 동화된다. 우리는 주님의 말씀을 이런 방식으로 취해야 한다. 즉 읽음으로 취할 뿐 아니라 기도함으로 취해야 한다.

우리의 생각으로 이해함으로 우리의 혼 안에서 감동받고, 기도함으로 우리의 영 안에서 공급받음

최근 몇 년 동안 나는 서양의 성도들이 사람의 세 부분을 이해하도록 돕기 위해 간단한 그림을 사용하곤 하였다. 나는 사람의 영과 혼과 몸을 묘사하기 위해 자주 동심원 세 개를 그린다. 가장 안쪽에 있는 것이 영을 나타내고, 중간에 있는 것이 혼을 나타내며, 바깥에 있는 것은 몸을 나타낸다. 사람의 눈은 사람의 가장 바깥층인 그의 몸의 일부분이다. 성경을 읽을 때, 우리는 우리의 눈으로 읽는다. 그러면 말씀이 우리의 이해를 통하여 우리의 생각, 곧 우리의 혼 안으로 들어온다. 유감스럽게도 대부분의 그리스도인들은 성경을 읽을 때 이 지점에서 멈춘다. 그러나 성경을 이렇게 읽는 것은 주님의 말씀이 단지 눈을 통해 우리의 혼에 도달하게 할 뿐 영 안에 들어오게 할 수 없다.

성경은 그리스도께서 생명의 떡(요 6:35, 48)이시고, 그분께서 하신 말씀은 영이요 생명(63절)이라고 말한다. 하나님의 말씀은 영적인 음식이지 심리적인 음식이 아니다. 심리학과 혼은 헬라어에서 어근이 같다. 우리가 단지 생각으로 성경을 읽고 이해한다면, 성경은 우리에게 심리적인 음식일 뿐이다. 대부분의 믿는 이들은 성경을 문자적으로 이해하면 충분하다고 생각한다. 결과적으로 주님의 생명의 말씀은 그들의 영적인 음식이 되도록 그들의 영 안으로 흡수되지 못한다. 이것이 대다수의 그리스도인들의 상황이다. 심지어 나의 체험을 고려해 볼 때, 나도 나 자신이 최근 몇 년 전까지만 해도 이 비결을 발견하지 못했음을 깨닫는다. 우리가 이십 년 전에 성경을 읽을 때, 우리의 초점은 성경을 이해하는 데 있었다. 때때로 우리는 우리의 영과 혼을 분명하게 구별하기 힘든데, 그것은 우리가 영과 혼과 몸으로 된 세 부분으로 구성되어 있고 또한 이 세 부분이 밀접하게 연결되어 있기 때문이다. 이 밀접한 관계로 인해 비록 우리가 기도 없이 말씀을 읽고 메시지를 들을지라도, 혼으로 이해한 것이 우리의 영에도 영향을 끼쳐 우리의 영은 말씀을 읽는 것을 통해 어느 정도 공급을 받는다. 그러나 엄격히 말하면, 우리가 성경을 읽기 위해 눈을 사용하고 읽은 것을 이해하기 위해 생각을 사용할 때마다, 우리는 또한 기도하기 위해 우리의 영을 작동시켜야 한다. 우리가 우리의 영으로 기도할 때, 우리가 눈으로 읽고 생각으로 이해한 것이 우리의 영적인 공급이 되기 위해 우리의 영 안으로 완전히 흡수될 것이다.

한 사람이 복음을 듣기 위해 집회에 왔다고 가정해 보자. 복음의 말씀을 듣고 그는 생각으로 말씀을 이해하고 심지어 감정 안에서 감동을 받았을지도 모른다. 그럴지라도 그가 기도하지 않는다면 구원을 받을 수 없을 것이다(롬 10:10). 그는 생각으로 이해한 모든 것을 영 안으로 받아들이기 위해 기도할 필요가 있다. 그는 그의 영 안으로 복음의 말씀을 받아들임으로써 구원을 받을 것이다. 이 원칙은 우리가 말씀을 읽을 때에나 메시지를 들을 때에도 적용된다. 성경을 읽거나 메시지를 듣고 주님의 말씀으로 영감을 받은 후에 우리는 기도할 필요가 있다. 이 단계를 취하지 않는다면, 우리는 복음을 이해하고 감동받았지만 복음의 말씀이 그의 영에 도달하도록 기도하지 않은 사람과 같을 것이다. 우리가 읽은 성경이나 들은 메시지의 말씀을 기도하지 않는다면, 비록 말씀을 이해하고 말씀에서 영감을 받을지라도 그것은 우리에게 아무 유익이 없을 것이다. 이것은 기도라는 중요한 절차가 빠졌기 때문이다.

우리가 성경이나 영적인 서적을 읽고 영감을 받았다면, 우리는 즉시 성경이나 그 책을 내려놓고 기도해야 한다. 그러면 우리에게 영감을 준 그 말씀이 우리 안으로 들어올 것이다. 이것은 사람이 복음을 듣고 감동받은 후 복음의 내용을 그의 영 안으로 받아들이도록 기도할 때 일어나는 과정과 동일하다. 그러한 사람은 복음을 받아들이기 위해 기도함으로써 구원받는다. 우리는 성경을 읽기 위해 우리의 눈을 사용해야 하고, 읽은 것을 이해하기 위해 우리의 생각을 사용해야 한다. 더욱이 우리가 읽고 이해한 것이 우리 안으로 들어오고 우리 영 안에서 소화되도록 기도하기 위해 우리의 영을 사용해야 한다. 그러면 성경 말씀이 우리에게 영이 될 것이고, 일단 말씀이 영이 되면 우리에게 생명이 된다. 주님은 그분의 말씀이 영이요 생명이라고 말씀하셨다. 주님의 말씀이 우리 안에 들어오고 우리 안에서 영이 되기만 하면, 그 말씀은 우리에게 생명이 된다.

말씀을 기도로 읽기를 통해 우리의 영을 훈련함으로써 생명 안에서 자라고 영적인 은사들이 나타나게 함

성도들의 기본적인 필요는 영을 훈련하고 말씀을 기도로 읽는 것과 관계있다. 오늘날 심지어 우리 가운데서도 영을 주의하기보다는 말씀을 더 주의한다. 물론 말씀을 주의하는 것이 틀린 것은 아니지만 반드시 균형을 이루어야 한다. 하나님은 언제나 균형 잡힌 분이시다. 하나님은 우리에게 말씀과 그 영, 곧 밖으로는 성경을, 안으로는 그 영을 주셨다. 엄밀히 말하면, 성경과 그 영은 별개의 두 가지가 아니다. 우리 손의 양면이 별개의 두 가지가 아닌 것처럼 그것들은 하나의 양면이다. 주님 자신도 그분께서 하신 말씀이 "영이요 생명입니다."(요 6:63)라고 말씀하셨다. 주님의 말씀은 성경 안에 있고, 그분의 말씀은 영이며 또한 그 영의 체현이다. 그러므로 성경과 성령은 분리될 수 없다. 주님은 거룩한 말씀과 성령 안에서 우리의 생명과 누림과 풍성과 모든 것이 되기를 원하신다. 바꾸어 말하면, 주님은 말씀 안에 계시고 그 영 안에 계신다. 성경은 주님에 대한 설명인 반면에, 그 영은 주님의 실재이시다. 우리가 음식점에서 식사를 할 때, 우리의 손에 있는 메뉴는 음식에 대한 설명이고 음식은 실재이다. 그 영은 성경의 내용의 실재이시다. 그러므로 우리가 주 예수님을 알고 이해하려면 반드시 성경을 읽어야 하는데, 그것은 성경이 주 예수님에 대한 설명이기 때문이다. 그러나 우리가 성경의 실재를 원한다면, 반드시 성경의 말씀으로 기도하기 위해 우리의 영을 훈련해야 한다. 오직 그럴 때에만 이 말씀은 우리에게 영과 생명이 될 것이고, 우리는 실재 안에서 주님을 누리게 될 것이다.

로마서 8장 1절은 "그러므로 이제 그리스도 예수님 안에 있는 사람들은 결코 유죄판결을 받지 않습니다."라고 말한다. 우리는 이 절을 읽고 나서 "주님, 당신께 감사드립니다. 저는 이전에 유죄판결 아래 있었지만, 당신께서 저를 구원하셨고, 저를 당신 안으로 옮기셨습니다. 할렐루야, 오늘 저는 당신 안에 있기 때문에 유죄판결을 받지 않습니다!"라고 기도할 수 있다. 우리가 이렇게 기도하자마자, 로마서 8장 1절의 이 말씀은 우리의 영 안으로 들어와 우리의 영 안에서 영적인 음식이 될 것이다. 이런 식으로 오랜 기간 성경을 읽는다면, 우리는 성경을 진정으로 이해하게 될 것이다. 우리는 공급을 받을 뿐 아니라 성경에 대한 철저한 지식을 갖게 될 것이다. 만일 각 지방에 있는 교회들이 이것을 꾸준히 실행한다면, 성도들의 영적인 생명은 자랄 것이고, 성도들의 영적인 생명이 자라면 그들의 은사가 발전할 기초가 있게 될 것이다. 먼저 생명이 자라야 변화가 있게 되고, 그 결과 영적인 은사들이 점차 나타나게 된다. 성도들의 은사들이 나타날 때, 그들은 그들의 은사들에 따라 훈련하고 온전해질 수 있다. 그러면 그들은 교회에서 동역하여 그들의 기능을 수행함으로써 주님의 손안에서 유용한 그릇들이 될 것이다.

20

동역자들과 장로들의 집회에서의 질문과 답변

제20장

동역자들과 장로들의 집회에서의 질문과 답변

주님의 말씀을 기도로 읽음으로써 메시지들이 우리 안에 일해 넣어질 수 있음

질문: *이번 특별 집회의 메시지들은 참으로 풍성하고 우리에게 매우 많은 도움을 주었습니다. 우리가 성도들을 이 메시지들 안으로 들어가도록 인도할 때, 열 명의 성도를 한 조로 편성하여 소그룹 단위로 이 메시지들을 추구하고 소화할 수 있게 하는 것이 어떻겠습니까?*

답변: 소그룹으로 나누어 추구하는 것에 관하여 가장 좋은 것은 간증과 교통 후에 이십 분 정도 남겨 두어 소그룹의 각 사람이 자신이 만진 부분에 대해 기도하는 것입니다. 성도들은 다른 일을 위해 기도하거나 자신의 관념에 따라 기도해서는 안 되고, 단순히 메시지의 중점이나 메시지와 관련된 중요한 절들에 대해 기도해야 합니다. 이런 식으로 기도로 읽고 기도하는 것은 성도들에게 매우 도움이 될 것입니다. 그리하여 하나님의

말씀은 그들 안으로 심어지고 조성되어 그들의 그리스도인의 생활에 영향을 줄 것입니다.

대부분의 그리스도인들은 바울의 서신서들에 대한 충분한 지식이 없기 때문에 언제나 시편으로 기도하는 것을 좋아합니다. 비록 시편이 성경에서 독특한 위치를 차지하고 있지만, 시편에 대한 대부분의 사람들의 이해는 종교적인 수준에 머물러 있습니다. 오늘날 기독교에서 시편 1편에 대한 거의 모든 해석이 잘못되어 있습니다. 성경의 계시에 따르면, 시편 1편은 긍정적인 것이 아니고, 2편이 긍정적인 것입니다. 시편 1편은 율법을 지키려는 사람의 관념에 따라 기록되었습니다. 시편 1편 1절과 2절은 율법을 즐거워하여 율법을 밤낮으로 묵상하는 사람이 복이 있다고 말합니다. 이와 대조적으로, 시편 2편은 율법을 지키는 사람이 복이 있다고 말하지 않고, "아들께 입 맞추어라. … 그분께로 피하는 사람은 모두 복이 있다."(12절)라고 말합니다. 시편 1편은 율법에 중점을 두지만, 시편 2편은 그리스도께 중점을 둡니다. 이 두 편의 사상은 상반되지만, 사람들이 이 사실을 이해하기는 쉽지 않습니다. 많은 그리스도인은 그들의 천연적이고 종교적인 관념에 따라 시편이 그들의 상황에 더 적합하다고 생각하여, 시편을 사용하여 기도하기를 좋아합니다.

신약의 서신서들이 성경의 모든 중요한 계시를 담고 있기 때문에, 나는 성도들에게 신약의 서신서들을 기도로 읽으라고 권유하고 싶습니다. 표면적으로 볼 때, 디모데전후서와 디도서는 교회의 행정에 관해 말하고 어떻게 장로들과 집사들을 세우는지에 관해 말하는 것 같습니다. 그러나 이 세 서신서의 강조점은 우리에게 생명이 되시는 그리스도입니다. 그러므로 바울은 이 세 서신서에서 '훈련하다(exercise)'(딤전 4:7), '훈련시키다(train)'(딛 2:4), '추구하다'(딤전 6:11, 딤후 2:22)와 같은 용어들을 사용했습니다. 생명에 관한 일들은 우리가 추구할 것을 요구할 뿐 아니라 훈련할 것을 요구합니다. 그러나 이 '훈련'은 신학적인 교리에 대해 훈련하는 것을 의미하지 않습니다. 그것은 우리가 그리스도를 알고, 그리스도를 추구하고, 우리의 영을 훈련하여 우리의 영이 불타고 강해지고 인내하고 맑은 생각의 영이 되도록, 생명에 관한 일들에 대해 훈련하는 것을 의미합니다.

교회 집회는 그리스도를 전람하기 위한 것입니다. 교회가 함께 모일 때, 교회 집회는 그리스도를 전람해야 하고 그리스도를 전시해야 합니다. 그러므로 집회 가운데 우리는 성도들에게 메시지를 교통해 주어야 할 뿐 아니라, 더욱 중요한 것은 그들을 인도하여 메시지와 관련된 성경의 절들을 기도로 읽게 해야 합니다. 우리는 메시지의 중점들을 제시해 줌으로써 성도들이 메시지를 이해하도록 돕고, 이때 성도들이 관련 절들을 기도로 읽을 때 메시지의 중점들이 성도들 안으로 일해 넣어집니다. 그러므로 성도들이 매번 소그룹에서 진리를 추구할 때마다, 반드시 일정한 시간을 할애하여 모든 성도가 메시지와 관련된 중요한 절들을 기도로 읽도록 해야 합니다.

자매들의 봉사와 새 신자들에 대한 돌봄

질문: *우리는 각 방면의 봉사를 강화하기 위해 여름 방학과 겨울 방학을 활용하여 봉사자 훈련을 가질 계획입니다. 그러나 모든 교회들은 생명 안에서 비교적 성장한 자매들이 그 시기에 그들과 함께 봉사할 것을 기대하고 있습니다. 이뿐 아니라 성도들의 신상 기록 카드를 정리하면서 우리는 오랫동안 집회에 나오지 않은 성도들이 정기적으로 집회를 하는 성도들보다 많다는 것을 발견했습니다. 이것이 교회들 가운데 있는 공통*

된 상황입니다. 그 원인을 연구해 보니, 새 신자들을 잘 돌보지 않았기 때문인 것 같습니다. 집회에 나오지 않는 많은 성도들이 침례 받은 후 몇 번밖에 집회에 참석하지 않았습니다. 성도들은 새 신자들을 심방하는 것에서 부지런하지 못했습니다. 이 문제에 관해 우리에게 교통해 주시기를 바랍니다.

답변: 여름 방학과 겨울 방학 때 봉사에 관한 훈련을 갖는 것은 좋은 것입니다. 하지만 우리는 반드시 주님께서 대만의 교회들 가운데 생명 안에서 체험이 있는 한 무리의 자매들을 일으켜 주시기를 기도할 부담을 가져야 합니다. 그것은 우리에게 이러한 자매들이 부족하기 때문입니다. 대만에서 주님의 일을 시작한 후, 지난 십여 년 동안 대만에서 자매들과 관련된 일이 거의 완전히 소홀히 여겨졌습니다. 이것이 오늘날 우리에게 체험이 있는 자매들이 부족한 이유입니다. 초창기에 우리는 몇몇 자매들을 온전하게 할 갈망이 있었지만, 오랜 기간 동안 자매의 일에 참여했던 사람들이 항상 교회의 일과 반대되는 방향으로 움직이고 있었습니다. 그들은 항상 이간질하고 허물고 몰래 훼손하는 일을 했습니다. 이제 그러한 상황이 드러났기 때문에, 우리는 자매의 일을 적극적으로 다시 시작해야 합니다. 나는 생명이 비교적 성장한 자매들이 부담을 받아서, 다른 이들을 온전하게 하는 것을 배울 수 있기를 바라고, 그들이 개인의 일을 하지 않고 몸의 일을 하도록 그들을 동역 안으로 이끌 수 있기를 바랍니다. 한 면으로 우리는 주님께 기도해야 하고, 다른 한 면으로 비교적 체험이 있는 자매들은 반드시 다른 이들을 온전하게 할 부담을 짊어져야 합니다.

새 신자들을 돌볼 때 가장 중요한 것은 성도들이 자신의 자녀들을 돌보는 것처럼 새 신자들을 돌볼 부담을 가져야 한다는 것입니다. 오직 이런 방식으로만 새 신자들을 교회생활 안에 견고히 있게 할 수 있습니다.

이 일은 성도들이 그들의 속사람에 이르도록 강하게 되는 것과 관련이 있습니다. 성도들이 강하고 활력화될 때 새 신자들을 돌보는 책임을 짊어질 수 있습니다. 과거에 우리는 새 신자들을 돌보기 위해 소그룹을 의지했는데, 그것은 도움이 되었습니다. 그러나 새 신자들은 성도들 개개인이 돌보도록 맡겨야 합니다.

어떤 사람이 침례를 받으면 그를 특정한 성도에게 맡겨야 합니다. 만일 그 성도가 새 신자를 돌볼 시간이 없다면, 그는 그 새 신자를 다른 성도들에게 맡겨야 하며 포기하지 말아야 합니다. 새 신자는 갓난아기와 같습니다. 교회가 새 신자를 어떤 성도에게 위임했다면, 그 성도는 책임을 지고 그를 돌보아야 합니다. 이렇게 할 때 새 신자는 교회생활 안에 보존될 것입니다.

만일 우리가 이렇게 새 신자를 돌본다면, 집회에 참석하는 성도들의 수는 점차 증가할 것입니다. 결국 집회를 둘로 나누어서 해야 할 필요가 있게 될 것입니다. 동일한 시간에 두 집회 장소를 사용할 수 있는데, 하나는 새 신자들의 집회를 위한 것이고 다른 하나는 기타 성도들의 집회를 위한 것입니다. 달리 말해서, 성도들의 필요를 채우기 위해 두 개의 집회가 있게 될 것입니다. 우리가 새 신자들에게 주일 만찬 집회 외에 또 다른 집회를 갖도록 안배하고 이런 방식으로 육 개월 동안 그들을 돌본다면, 그들에게 도움이 될 것입니다. 우리는 이 모든 것을 시험해 보고 그 결과가 어떠한지를 살펴볼 필요가 있습니다.

기도에 관하여

질문: *어떤 형제들은 항상 기도 집회에서 앞다투어 기도하고 길게 기도합니다. 그 결과 다른 성도들은 기도할 기회를 얻지 못하여 기도를 포*

기합니다. 이 일에 대해 어떻게 해야 합니까? 또한 기도의 마지막에 "주님의 이름으로 기도합니다."라는 말을 해야 합니까?

답변: 동역자들과 장로들은 반드시 기도에 관해 성도들을 가르치고 인도할 책임을 져야 합니다. 그러지 않으면 어떤 성도들은 항상 담대하게 기도하지만, 다른 성도들은 위축되는 것이 습관이 되어 기도하지 않게 될 것입니다. 성도들은 기도가 몇 사람이 도맡아서 하는 것이 아니라 모든 성도에게 몫이 있다는 것을 알 필요가 있습니다. 우리는 자주 기도하는 사람은 기도를 덜 자주 하도록 조언해야 합니다. 우리는 집회에서 너무 빨리 기도하는 사람은 조금 느리게 기도하고, 느리게 기도하는 사람은 조금 빨리 기도하도록 권유해야 합니다. 우리는 반드시 이 일에 있어서 성도들을 훈련시켜야 하며 그들이 임의로 하도록 해서는 안 됩니다. 교회의 행정을 수행하는 것은 과수원을 돌보는 것과 같습니다. 거기에는 과실수의 가지를 치고, 비료를 주고, 물을 주고, 땅을 경작하는 것이 필요합니다. 장로들은 반드시 이와 같은 방식으로 교회를 돌볼 부담을 짊어져야 합니다. 우리는 곧바로 성공하리라고 기대해서는 안 되며, 그러한 훈련에는 시간이 필요합니다. 우리는 만찬 집회의 마지막에 약간의 인도와 가르침을 줄 수 있습니다. 어떤 성도들은 습관적으로 길게 기도하는데, 장로들은 이 문제에 관하여 그 성도들에게 공개적으로 가르쳐야 하고, 집회 가운데 말할 뿐 아니라 사적으로도 그 성도들과 교통하여 다른 이들에게 기도할 기회를 주도록 권유해야 할 수도 있습니다. 이것은 그 성도들에게 도움이 될 것입니다.

기도 끝에 "주님의 이름으로 기도합니다."라고 말하는 것은 형식적입니다. 우리는 성경에서 사도들이 그들의 기도 끝에 "주님의 이름으로 기도합니다." 혹은 "주 예수 그리스도의 이름으로 기도합니다."라고 말한 경우를 찾아 볼 수 없습니다. 이 습관은 나중에 성도들이 지어낸 형식입니다. 나는 이렇게 하는 것이 틀렸다고 말하는 것도 아니고, 또한 우리가 반드시 그 문구를 사용해야 한다고 말하는 것도 아닙니다. 사실상 주님의 이름으로, 곧 주님의 이름 안에서 기도한다는 것은 우리가 주님과의 연합 안에서 기도하는 것을 의미합니다. 그것은 기도의 마지막에 붙이는 형식적인 문구가 되어서는 안 됩니다. 그러므로 그러한 표현을 사용하든 사용하지 않든 문제가 되지 않습니다.

21

하나님의 궁극적인 의도와 청년들이 봉사에서 배워야 할 공과

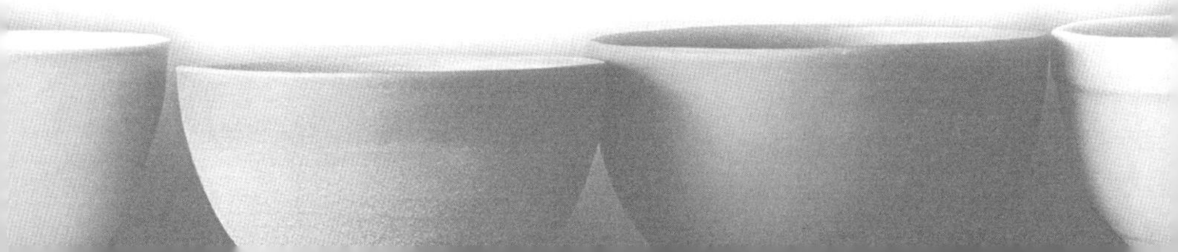

제21장

하나님의 궁극적인 의도와 청년들이 봉사에서 배워야 할 공과

로마서 12장 1절과 2절은 이렇게 말한다. "그러므로 형제님들, 내가 하나님의 자비로 말미암아 여러분에게 권유합니다. 여러분의 몸을 하나님께서 기뻐하시도록 거룩하고 살아 있는 희생 제물로 드리십시오. 이것이 여러분의 합리적인 봉사입니다. 여러분은 이 시대를 본받지 마십시오. 오직 여러분은 생각이 새로워짐으로 변화되어 하나님의 선한 뜻, 하나님께서 기뻐하시는 뜻, 하나님의 온전한 뜻이 무엇인지 분별하도록 하십시오." 여기서 '뜻'은 단수로서 하나님의 많은 뜻이 아니라 한 뜻을 가리킨다. 헬라어 원문에는 '뜻'이라는 단어 앞에 정관사가 있는데, 그것은 유일한 뜻, 오직 한 뜻을 가리킨다. 그다음에 3절부터 5절까지는 하나님의 유일한 뜻, 하나님의 선한 뜻, 하나님께서 기뻐하시는 뜻, 하나님의 온전한 뜻이 무엇인지를 계시한다. "나에게 주신 은혜로 말미암아 나는 여러분 각 사람에게 말합니다. 마땅히 생각해야 할 것 이상으로 자신을 더 높게 생각하지 말고, 하나님께서 각 사람에게 나눠 주신 믿음의 분량에 따라

분수에 맞게 생각하십시오. 한 몸에 많은 지체가 있지만, 모든 지체가 같은 기능을 가진 것이 아닙니다. 이와 같이 우리 많은 사람도 그리스도 안에서 한 몸이며, 각 사람이 서로 지체들입니다." 모든 지체의 동역, 곧 몸의 생활이 바로 하나님의 선한 뜻, 하나님께서 기뻐하시는 뜻, 하나님의 온전한 뜻이다.

하나님의 궁극적인 목적은 그리스도를 위해 한 몸을 얻으시는 것임

하나님께서 이 땅에서 역대로 가지고 계셨던 갈망은 그리스도의 몸인 교회를 얻으시는 것이었다(엡 3:10-11). 우리가 구약부터 신약까지 성경을 읽어 볼 때, 우리는 하나님의 목표와 하나님의 궁극적인 목적이 바로 그리스도를 위해 한 몸을 얻으시는 것임을 볼 수 있다. 이 몸은 교회이다(1:22-23). 로마서는 신약 전체의 개요라고 할 수 있다. 로마서의 첫째 부분은 구속에 대해 말하고(1:1-5:11), 둘째 부분은 생명에 대해 말하며(5:12-8:13), 마지막 부분은 몸에 대해 말한다(12:1-16:27). 구속은 우리를 생명의 누림 안으로 이끌고, 생명의 누림은 몸을 산출하며, 이 몸이 교회이다.

교회 역사 전반에 걸쳐 사탄의 파괴하는 일의 의도는 하나님께서 몸이라는 그분의 목표를 이루시는 것을 좌절시키고 방해하며 훼방하고 가로막는 것이다. 그러므로 하나님과 사탄 사이에는 이 문제를 둘러싼 격렬한 갈등과 맹렬한 싸움이 벌어지고 있다. 하나님의 갈망은 몸을 얻으시는 것이지만, 사탄의 의도는 몸을 파괴하는 것이다. 사탄의 유일한 목표는 몸인 교회를 방해하고 훼방하며 나누는 것이다. 그러므로 우리는 주님의 긍휼을 받아 구원받았고, 지금 주님을 추구하고 주님의 길을 걸으며 주님을 기쁘시게 하기를 갈망하고 있기 때문에, 하나님께서 가장 기뻐하시는 것이 바로 교회를 얻어서 그리스도를 위한 한 몸을 얻으시는 것임을 알아야 한다. 이것이 바로 하나님의 궁극적인 목적이다.

이 목적은 성경의 마지막에 있는 새 예루살렘에서 볼 수 있다(계 21:2-22:5). 거룩한 성은 모든 시대에 걸쳐 하나님의 마음 안에 있는 갈망이 건축물이자 성인 교회를 얻는 것임을 우리에게 보여 주는 상징적인 묘사이자 그림이다. 하나님은 전시를 위한 돌무더기를 원하지 않으신다. 하나님의 목적은 많은 살아 있는 돌인 믿는 이들이 그분의 표현을 위해 영적인 집(벧전 2:5), 곧 거룩한 성으로 건축되는 것이다. 이것이 바로 역대로 하나님께서 가지신 목적이다. 하나님은 우리를 구원하셨고 거듭나게 하셨다. 이제 그분은 우리가 생명 안에서 성장하고 변화될 수 있도록 우리에게 일하고 계신다. 그러나 우리의 성장과 변화는 하나님의 궁극적인 목적이 아니다. 하나님의 궁극적인 목적은 우리가 구속받고 거듭나고 변화되고 성숙되고 다른 이들과 건축되어, 이 우주 안에 있는 하나님의 위대한 그릇인 그리스도의 몸으로서 그분의 표현이 되는 것이다.

오늘날 모든 믿는 이들은 그리스도의 몸의 지체들이다. 어떤 지체도 몸에 필요한 모든 기능을 제공할 수 없기 때문에, 몸의 지체들은 독립적일 수 없다. 예를 들면, 우리의 손은 물건을 집을 수 있지만 걸을 수 없고, 우리의 눈은 볼 수 있지만 들을 수 없으며, 우리의 귀는 들을 수 있지만 볼 수 없다. 우리 몸의 모든 지체는 다른 지체들과 동역한다. 이와 마찬가지로, 그리스도의 몸의 지체들로서 우리는 반드시 다른 지체들과 동역해야 한다. 우리 가운데 누구도 몸 전체가 아니며, 우리는 모두 지체들일 뿐이다. 그러므로 우리는 참으로 한 몸이 되기 위해 다른 지체들과 동역해야 한다. 이것이 하나님의 영원한 갈망을 만족시킬 것이다.

몸은 사람들이 모이는 각 지방에서 표현됨

이 시대에 그리스도의 몸은 많은 지방에서 표현되는데, 그것은 사람들이 집중적으로 모여 공동체를 이루며 살기 때문이다. 사람들이 모일 때, 그들은 도시들과 읍들을 형성한다. 타이베이시는 대규모 인간 군락(群落)의 중심지이고, 단수이(淡水)읍은 소규모 인간 군락의 중심지이다. 이 시대에 주님께서 다시 오시기 전에 하나님은 그리스도의 몸이 각처, 곧 사람들이 모이는 모든 중심지에서 표현되기를 원하신다.

그리스도의 몸은 우주적이며, 이 몸은 영원 미래에 한 집합체인 새 예루살렘이 될 것이다. 그러나 성경은 여러 시대, 여러 경륜이 있다는 것을 계시한다. 오순절 날 성령께서 내려오신 때부터 주님께서 다시 오실 때까지의 기간을 신약 시대라고 부른다. 주님께서 다시 오신 후에 천년왕국 시대가 있을 것이고, 그다음에 영원 시대가 있을 것이다. 영원 안에서 그리스도의 몸은 하나의 집합체로 표현될 것이다. 그러나 신약 시대에 그리스도의 몸은 사람들이 모여 사는 많은 지방에서 표현될 것이다. 결과적으로 이 도시에 한 교회가 있고 저 도시에도 한 교회가 있다. 성경은 예루살렘에 오직 한 교회가 있고(행 8:1, 11:22), 안디옥에도 한 교회가 있으며(13:1), 에베소에도 한 교회가 있고(행 20:17, 계 2:1), 고린도에도 한 교회가 있다고 말한다(고전 1:2, 고후 1:1). 성경에는 각 도시마다 오직 한 교회만 있다.

비록 여러 도시에 교회들이 있지만, 이 교회들은 서로 나누어지지 않는다. 예루살렘에 있는 교회는 안디옥에 있는 교회와 나누어지지 않았다. 이 두 교회는 여전히 우주적인 교회의 일부분이며 단지 두 장소에서 우주적인 교회를 표현할 뿐이다. 이것은 다른 여러 국가에 대사관을 하나씩 두고 있는 한 국가와 유사하다. 미국은 도쿄에 일본 대사관을 두고 있고, 마닐라에도 필리핀 대사관을 두고 있다. 이들 각 대사관은 해당 국가에서 미국을 대표한다. 비록 대사관은 많지만, 미국은 하나뿐이다. 미국 대사관들은 미국을 대표하는데, 그것은 미국이 연합되고 단일한 국가이기 때문이다.

도쿄에 인구가 매우 많다고 해서 그곳에 두 개의 다른 미국 대사관을 두어도 되겠는가? 만일 도쿄에 미국 대사관이 두 개가 있다면, 그것은 미국이 분열되었음을 의미한다. 많은 국가에 미국 대사관이 있다고 해도 이것은 미국이 분열되었음을 의미하지 않는다. 오히려 이것은 미국이 전 세계의 여러 국가에 표현되어 있음을 보여 준다. 도쿄에 있는 미국 대사관은 일본에 있는 미국의 표현이고, 마닐라에 있는 미국 대사관은 필리핀에 있는 미국의 표현이다. 여전히 유일하게 하나의 미국이기 때문에 어떤 분열도 없다.

이 예는 오늘날 교회에도 적용된다. 우주 안에 오직 하나의 교회가 있지만, 이 유일한 우주적인 교회는 많은 지방에서 표현을 갖는다. 홍콩에 한 표현이 있고, 도쿄에 한 표현이 있으며, 마닐라에 한 표현이 있다. 여러 도시에 있는 이 표현들은 분열이 아니다. 오히려 그 표현들은 각 지방에서 그리스도를 표현하기 위해 인간 공동체의 중심에 나타난다. 그러나 인간 공동체의 어떤 중심에서든 그리스도에 대한 두 가지 이상의 표현이 있는 것은 분열이다.

오늘날 기독교의 상황은 분열의 상황이다. 그러나 약 이천 년 전 오순절 날에 그 영께서 부어지신 후에 사람들이 예루살렘에 왔을 때, 그들은 단 하나의 교회만을 찾을 수 있었다. 예루살렘에는 교회가 단 하나뿐이었다. 거기에는 바울 교회도, 베드로 교회도, 요한 교회도 없었다. 그곳에는 오직 예루살렘에 있는 교회만 있었다. 이것은 태양과 달로 설명될 수 있는데, 둘 다 단 하나밖에 없지만 지구상의 모든 도시에서 볼 수 있다.

새 예루살렘을 생각해 보라. 새 예루살렘의 네 면에는 각각 세 개의 문이 있어 총 열두 개의 문이 있다(계 21:12-13). 거기에 열두 개의 문이 있기 때문에, 우리는 열두 길이 있어야 한다고 생각할 수 있다. 그러나 성경은 우리에게 오직 하나의 길만 있다고 말한다(21절, 22:1). 오직 하나의 길이 열두 문 모두를 통과한다. 새 예루살렘은 그 자체로 하나의 산성(山城)이다. 그것은 만 이천 스타디온(21:16)의 높이를 지닌 산과 같다. 그 성벽의 높이는 백사십사 규빗이다(17절). 이 성이 하나의 산일지라도, 오직 하나의 길이 열두 문 모두를 거쳐 최종적으로 산 정상에 도달한다. 오직 하나의 길만 있기 때문에, 우리가 어느 문으로 들어가든 길을 잃지 않을 것이다. 우리가 이 길을 따라 걷기만 한다면, 그 길은 결국 우리를 하나님의 보좌로 인도할 것이다. 새 예루살렘과 관련된 모든 세부적인 사항은 표징으로서, 하나님께서 오직 한 분이시며 그분께는 나누어지는 것이 없으시다는 것을 상징한다. 비록 새 예루살렘에는 네 방향을 향한 열두 문이 있지만 길은 하나뿐이다. 우리가 동서남북의 어느 방향에서 들어오고 어느 문에서 들어오든 상관없이 모두 이 한길에 있게 될 것이다.

우리 가운데 어떤 형제들은 미국에서 왔을 수 있고, 어떤 형제들은 일본에서 왔을 수 있으며, 어떤 형제들은 덴마크에서 왔을 수 있다. 그러나 비록 우리가 열두 문을 통해 서로 다른 방향에서 왔지만, 거룩한 성에 들어온 후로는 모두 같은 길을 걷는다. 미국에서 온 형제들은 미국의 길을 걷는 것이 아니고, 일본에서 온 형제들은 일본의 길을 걷는 것이 아니다. 비록 우리가 서로 다른 방향에서 와서 서로 다른 문을 통해 성에 들어왔을지라도, 우리는 모두 같은 한길을 걷는다.

한 지방에는 한 교회, 한 터, 한길이 있음

교회의 본성은 하나이다. 더 나아가 교회의 길도 하나이고, 교회의 터도 하나이며, 교회의 표현도 하나이다. 만일 누군가가 오순절 날 교회가 세워진 후에 예루살렘에 왔다면, 그는 두 번째 교회나 교회를 위한 두 번째 길을 발견할 수 없었을 것이다. 거기에는 단지 한 교회와 교회를 위한 오직 한길이 있었다. 이것은 안디옥과 에베소와 고린도와 그리고 교회가 세워진 다른 모든 지방에서도 마찬가지였다. 교회가 하나 안에서 세워진 후에, 사탄이 들어와서 교회와 교회의 길을 손상하였다. 사탄이 사람의 뜻으로 말미암아 그리고 육체로 말미암아 교회를 손상하여 오늘의 기독교 안에는 서로 다른 길과 서로 다른 터와 서로 다른 표현이 있게 되었다.

사십 년 전에 하나님은 이 땅에서, 특별히 중국에 있는 믿는 이들 가운데서 한 가지 놀라운 일을 행하셨다. 그 당시에 하나님은 서양, 곧 유럽이나 아메리카 대륙에서 많은 것을 성취하실 수 없었다. 당시 유럽과 아메리카의 기독교에 너무 많은 혼란이 있었다. 이로 인해 하나님은 그분의 회복의 일을 일으키시기 위해 오랜 기독교의 역사가 없는 새로운 권역인 중국으로 오셔서 새로운 시작을 하실 수밖에 없었다. 그 당시 하나님은 한 무리의 형제들의 눈을 열어 주셔서, 몸인 교회는 유일하게 하나라는 것과 각 지방에서 한 교회로 표현되어야 한다는 것을 볼 수 있게 하셨다. 그때부터 이 빛은 매우 분명하게 되었다. 중국에서 우리는 '한 지방에 한 교회', 곧 '한 도시라는 터 위에 한 교회'를 실행하기 시작했다. 이 실행은 모든 교파와 종파, 모든 차이점, 모든 분열을 부인하였다. 이것은 또한 모든 다른 터와 다른 길을 거절했다.

그 당시 서양 선교사들을 통해 중국에 네 가지 중요한 것이 들어왔다. 즉 주 예수님과 복음과 성경과 기독교이다. 형제들은 처음 세 항목, 곧 주 예수님과 복음과 성경은 어떤 문제가 없기 때문에 마땅히 완전히 받아들여야 한다고 느꼈다. 그러나 우리는 넷째 항목인 기독교를 받아들일 수 없었다. 왜냐하면 그것의 교파들과 종파들이 모두 분열되어 있기 때문이다. 우리는 주 예수님과 복음 그리고 창세기 1장부터 요한계시록 마지막 장까지의 모든 문장과 심지어 모든 단어를 포함한 성경을 완전히 받아들였다. 그러나 우리는 조직과 분열이 있는 기독교는 한쪽에 제쳐 두었다.

기독교를 제쳐 두더라도 우리는 기독교 안에서 태어나 기독교 분위기 안에서 자랐기 때문에 여전히 무의식적으로 기독교의 영향 아래에 있었다. 예를 들어, 우리는 집회 방식에 있어서 기독교의 영향을 깊게 받아 거기에서 벗어나기가 어려웠다. 우리가 중국 북부에서 처음 집회를 시작할 때, 세 명에서 다섯 명의 성도들이 모였고, 우리는 서로를 바라볼 수밖에 없었다. 그러다가 찬송가를 꺼내어 우리가 좋아하는 찬송을 골라서 함께 불렀다. 찬송을 부른 후, 우리는 성경을 펼쳐 한 단락을 읽었다. 그런 다음 누군가가 말씀을 전했고 나머지 사람들은 그 말씀을 들었다. 찬송하고, 성경을 읽고, 그 후에 말씀을 전하거나 말씀을 듣는 이러한 집회 순서는 우리 모두가 기독교의 영향을 받은 결과였다.

중국에서의 일을 시작할 때 관계된 이들은 모두 단순히 '한 지방에 한 교회'의 증거를 짊어지기 위해 일어난 청년들이었다. 그 당시 많은 서양의 선교사들이 기독교가 중국에 들어온 이래로 가장 크게 축복받은 일이 바로 우리의 '한 지방에 한 교회'의 길이었다고 증언하였다. 우리가 중국에서 일하기 시작한 지 이십여 년이 된 1948년에 이르러, 내지선교회의 한 서양 선교사는 다른 사람들에게 중국 전체가 '적은 무리'에 속해 있다고 말했다. 그들은 우리가 조직화된 기독교라는 '많은 무리' 안에 있지 않았기 때문에, 우리를 '적은 무리'라고 불렀다. 이 선교사는 청일 전쟁 전에는 중국 각지에서 일했고, 전쟁 후에는 다시 내지선교회에 의해 중국 전역의 동서남북에 있는 도시들을 포함한 여러 곳으로 파송되었다. 상하이에 도착했을 때, 그는 사람들에게 중국 전체는 '적은 무리'에 속했다고 말했다. 그 당시 우리의 일은 가장 북쪽인 헤이룽장(黑龍江)강과 가장 서쪽인 신장(新疆)을 포함하여 중국의 삼십삼 개 성(省)을 모두 망라했다. 모든 성의 중심 도시들과 대도시들에 증거가 있었다. 그 당시 중국의 6백여 곳의 지방에는 이미 교회들이 있었고, 복음은 중국 전체에 전파되었다.

정치적인 상황이 바뀌었을 때, 주님은 우리 가운데 소수의 사람들을 국외로 인도하셨고, 우리 가운데 어떤 이들은 대만으로 오게 되었다. 오늘날 대만에서는 많은 사람, 특별히 청년 형제자매들이 이 일을 통해 구원을 받았다. 이 일의 전진은 매우 고무적이다. 미국에서 나는 주님께 크게 쓰임을 받는 한 형제를 만난 적이 있었다. 그는 두 명의 서양 선교사가 대만에서 돌아왔을 때, 그들이 대만에서 가장 효과적인 일이 '적은 무리'에 의해 수행되고 있다고 말한 사실을 나에게 알려 주었다.

비록 우리에게는 위대한 복음 전파자나 박사 학위를 소유한 교사들이 없지만, 대만에서 우리의 일이 축복을 받아 온 것은 우리가 한길, 한 터, 그리고 한 지방에 한 교회를 가지고 있었기 때문이다. 하나님의 자녀들 가운데 큰 혼란이 있음에도 불구하고, 주님은 우리 가운데 합당한 길을 일으키셨고 우리에게 합당한 터를 보여 주셨다. 사십여 년 동안 우리는 외부의 공격과 내부의 어려움을 겪었지만, 주님은 항상 이 길과 이 터를 보존하셨다. 최근 몇 년 들어 우리는 주님의 축복이 대만에서 국외의 많은 곳으로 확장되는 것을 보아 왔다. 같은 기간 동안, 이 터에 대한 일을 반대한 이들은 하나님의 축복과 임재를 잃어버렸다.

온 땅이 이 길을 향해 열려 있음

오늘날 온 땅이 이 길을 향해 열려 있다. 우리가 이 길을 걷고 이 터 위에 서 있기 때문에, 어디를 가든 문이 열려 있다. 이것은 놀라운 일이다.

우리는 미국처럼 기독교의 오랜 전통을 가진 국가가 우리에게 이렇게 열려 있을 것이라고는 상상도 하지 못했다. 이렇게 열려 있는 것은 우리가 누구인지에 따른 결과가 아니라 우리가 가져간 것, 곧 '한 지방에 한 교회'라는 한길에 따른 결과였다. 지금 미국의 각 지방은 모두 이 길을 향해 열려 있다.

최근에 우리는 미국의 여러 곳에서 온 편지들을 받았는데, 그 편지들은 우리를 향해 많은 문이 열려 있음을 보여 준다. 이 믿는 이들이 원하는 것은 바로 교회의 유일한 터의 길이다. 동아시아의 많은 국가에도 이 증거가 전해지고 있다. 과거 백 년 동안 서양의 선교사들이 일본의 도야마에 갔었다. 그들은 도야마는 폐쇄된 도시이고 그곳에서는 어떤 일도 성취할 수 없을 것이라고 증언했다. 그러나 오늘날 그곳에서 한 무리의 젊은 형제자매들이 교회의 터에 서서 주님의 증거를 짊어지고 있다. 나는 오늘날 사백 명의 성도들이 섬기기 위해 주님에 의해 일으켜질지라도 세계 각지에 있는 주님의 증거를 위한 필요를 채우기에는 부족할 것이라고 생각한다. 인도네시아와 같은 단 한 국가만 해도 이백 명으로 필요를 채우기에 부족할 것이다. 이것은 사람의 일이 아니다. 오히려 주님 자신께서 시대의 마지막 때에 그분의 마음의 갈망에 따른 이 길을 입증하고 계신다.

청년들이 봉사에서 배워야 할 공과

교회의 합당한 길과 터에 대해 깊은 확신을 가짐

나는 청년들에게 봉사에서 배워야 할 세 가지 사항에 관해 권면하고 싶다. 첫째, 그리스도인으로서 여러분은 교회의 합당한 길과 합당한 터에 대해 깊은 확신을 가져야 한다. 사람으로서 여러분은 그리스도인이 되어야 한다. 그리스도인으로서 여러분은 합당해야 하며, 합당한 그리스도인이 되려면 이 길을 걸어 가야 한다. 왜냐하면 이 길이 순수한 길이기 때문이다. 오늘날 어떤 사람이 그리스도인이 아니라면, 그 사람이 아무리 좋은 사람일지라도 합당한 사람이 될 수 없다. 대학교수라도 그리스도인이 아니라면 합당한 사람이 될 수 없다. 어떤 사람이 그리스도인이 되었다면 유일한 길인 교회의 길을 걸어야 한다. 오늘날에는 루터교의 길, 장로교의 길, 침례교의 길, 그 외에 많은 다른 길이 있는데, 여러분은 이 길들 중 어떤 길도 걸어서는 안 된다. 여러분은 오직 교회의 길만을 걸어야 한다. 여러분이 그리스도인이라면 합당해야 할 뿐 아니라 교회의 이 유일한 길을 걸어야 한다.

우리는 처음에 일으켜졌을 때 '이방 땅'에서 태어났다고 말할 수 있었다. 주님은 우리를 교회의 길로 이끄시기 위해 매우 많은 노력을 기울이셨다. 그러나 우리 가운데 새로운 세대의 젊은이들인 여러분은 주님께 큰 긍휼을 입었는데, 그것은 여러분이 이 가정에서 태어났고 태어날 때부터 이 길로 인도되었기 때문이다. 이것은 참으로 축복이다. 어떤 사람들은 부유한 가정에서 태어났지만, 그들은 자신이 출생으로 얻은 부를 감상하거나 귀하게 여기지 않는다. 나는 여러분이 이런 사람들과 같지 않기를 바란다. 그러므로 나는 여러분에게 먼저 합당한 그리스도인이 되려면 합당하고 순수하며 유일한 교회의 길을 걸을 것을 권면하고 싶다. 나는 여러분이 교회 안에 있는 인도하는 이들과 교통하여 교회의 유일한 길과 유일한 터에 대해 분명한 인식을 가져서 이 문제에 신실할 수 있기를 바란다.

교회 안에서 사는 것을 배움

둘째, 나는 여러분에게 교회 안에서 사는 것을 배우라고 권면하겠다. 여러분은 교회 안에서 단독적일 때마다 길을 잃기 시작하며, 일단 교회에서 분리되면 길을 잃게 된다. 그러므로 여러분은 반드시 교회 안에서 사는 것을 배워야 한다.

압력 받기를 배우고 결코 교만하지 않기를 배움

셋째, 좀 더 실지적으로 말하자면 여러분이 이미 교회의 길을 걷고 있고 교회 안에서 살고 있다 할지라도, 여전히 여러분은 결코 교만하지 않기를 배워야 한다. 교만하지 않은 이 문제는 많은 방면을 포함하는데, 그 가운데는 압력을 받는 것도 포함한다. 여러분은 압력 받기를 배우고 교만하지 않기를 배워야 한다.

한 면으로 여러분은 교회 안에서 다른 사람들에게 공급하기 위해 합당하게 기능을 발휘해야 하고, 다른 한 면으로 압력 받기를 배워야 한다. 교회의 장로들은 반드시 청년들에게 압력을 주어야 한다. 오직 압력을 받고도 도망하지 않는 사람만이 유용하게 될 수 있다. 청년들로서 여러분은 반드시 교만하지 않기를 배워야 하고 교회로부터 압력 받기를 배워야 하는데, 이것은 간단한 일이 아니다. 체험을 통해 우리는 청년들에게도 그들 나름의 어려움이 있다는 것을 알고 있다. 예를 들면, 여러분 가운데 많은 사람이 대학이나 대학원을 졸업하고 현대의 선진 지식을 배웠다. 여러분이 자신을 부모와 비교해 보면, 부모가 여러분만큼 자질을 갖추지 못했다고 생각하기가 쉽다. 비록 여러분이 그렇게 생각할지라도, 여러분이 여전히 가정에서 평화롭게 살 수 있는 것은 여러분에 대한 부모의 돌봄과 사랑이 있기 때문이다. 그러나 여러분이 교회 안에서 여러분보다 나이가 많지만 여러분만큼 훈련을 받지 못했고 여러분만큼 진리를 배우지 못한 어떤 형제들에 대해서 위와 같은 생각을 갖고 있다면, 여러분은 자신이 그들보다 더 많은 것을 알고 있다고 생각하여 자만하기가 쉬울 것이다. 여러분은 심지어 그들에게 반역적이 될지도 모른다. 그러한 복종하지 않는 마음은 교회에 어려움이 될 것이다.

비록 그들이 여러분이 받은 것과 같은 온전하게 함을 받지 못했을지라도, 그들은 여전히 가정에서 연장자들이고 가정의 존재 여부가 그들에게 달려 있다. 그러므로 여러분은 그들을 경시하거나 반대하기보다 존경해야 한다. 더욱이 여러분은 겸손한 마음과 영으로 여러분에게 할당된 몫에 따라 성도들에게 공급해야 한다. 여러분은 자랑하거나 교만하지 말아야 한다. 그 연장한 이들에게 어떤 부족이 있을지라도, 여러분은 그들을 경시하는 눈으로 보지 말아야 하고, 오히려 집에서 여러분의 부모님을 존경하는 것처럼 오랫동안 주님께 신실한 그들을 존경해야 한다. 이 연장한 성도들은 우리의 가정인 교회를 돌보고 유지하기 위해 여러 해 동안 수고해 왔다. 여러분이 성장하고 진리에 있어서 수준 높은 교육을 받은 이 교회는 그들의 수고 때문에 존재하는 것이다. 여러분은 훈련받은 후에 그들을 경시해서는 안 되고, 오히려 존경하고 겸손한 영으로 섬겨야 한다. 이렇게 하는 것이 합당하다.

나는 여러분이 모든 교회에서 겸손한 위치에 서서 조금도 교만하지 않고 오히려 기꺼이 압력을 받기 바란다. 여러분은 반드시 압력을 받아들이기를 배워야 한다. 이것은 영적인 것들만이 아니라 세상에서의 처신과 일에도 적용된다. 한 젊은이가 어떤 압력 아래에도 있지 않는 것은 위험한 일이다. 어떤 사람이 압력 없이 유용하게 되기는 어렵다. 어떤 사람이 압력 아래 있기를 배웠다면, 어떤 곳에 있든 유용할 수 있다. 묘목이 유용한 나무로 성장하기 위해서는 반드시 제약과 제한을 통해 압력을 겪어야 한다. 여러분이 교회 안에서 제한의 압력 속에서도 흔들리거나 도망가지 않고 겸손히 다른 이들에게 공급할 수 있다면, 여러분은 유용한 사람이 될 것이다. 다윗은 젊었을 때 주님에 의해 일으켜져서 많은 괴로움과 압박을 받았지만, 흔들리거나 도망가지 않았다. 그 결과 다윗은 주님의 손에 유용한 사람이 되었다. 나는 여러분이 교회에서 봉사할 때 교만한 태도를 갖지 않기를 바란다.

과거에 대한 회상과 역사로부터의 경고

마지막으로, 나는 과거의 마음 아픈 일들에 대해 조금 말하기를 원한다. 현재 우리 동역자들 중에 삼십오 세 미만인 사람이 한 사람도 없고 모두 삼십오 세가 넘었다. 과거 십 년 동안 우리는 어떤 젊은 동역자도 산출하지 못했다. 정상적인 가정이라면 다음 세대를 포함해야 한다. 즉 가족 구성원 중에 일부는 육십 대, 일부는 오십 대, 일부는 사십 대 등이다. 가정에는 한 세대에서 그다음 세대로 이어지는 것이 있다. 그러나 우리 가운데 삼십오 세 미만의 동역자가 없으며, 모든 동역자가 적어도 사십 세 이상이다. 이러한 상황이 발생한 것은 우리 가운데 몇 명의 젊은 형제들이 교만의 길, 즉 사탄의 길, 루시퍼의 길(사 14:12-14, 겔 28:17, 딤전 3:6)을 따랐기 때문이다. 그들은 스스로를 매우 높게 평가했고, 결국 자기 자신을 망치고 말았다.

나는 여러 해 동안 주님을 섬겨 왔지만, 이 반대하는 이들보다 자신을 더 높게 평가한 젊은이들을 만난 적이 없다. 그들은 자신이 다른 이들보다 더 나은 뛰어난 동역자들이라고 선포했다. 그들은 다른 이들을 아무것도 아니라고 여겼다. 여러 해 동안 그들이 암암리에 행한 것은 당을 짓는 일이었고 자신의 세력을 구축하는 일이었다. 그들은 타이베이 제3집회소, 타이중, 타이난, 자이, 그리고 다른 지역들에서 은밀하게 일했다. 그들은 이 년 전에 이 일에서 손을 뗐다. 최근에 우리가 그들이 일하던 곳들을 방문했을 때, 우리는 그들이 행한 모든 일이 교회들을 건축하는 것보다 자신들의 세력을 구축하는 데 초점이 맞추어져 있었다는 것을 발견했다. 그들은 젊은 성도들에게 특별한 영향을 끼쳤고, 심지어 젊은이들에게 그들의 노력을 집중했다. 그러나 오늘날까지 그들은 젊은 성도들을 거의 얻지 못했다. 그럼에도 불구하고 많은 젊은 성도들이 그들에 의해 손상되었다. 이 길을 위해 주님에 의해 얻어져야 했던 이십오 세에서 삼십 세 사이의 많은 젊은이들이 손상되었다.

한 면에서 나는 주님 앞에서 나의 잘못을 인정해야 하는데, 그것은 일에 있어서 내가 그 반대하는 이들을 인도하고 있었기 때문이다. 나는 그들을 신임하여 모든 중요한 지방에서 학생의 일을 그들에게 맡겼다. 나는 그들을 신임했지만 그들이 암암리에 자신의 세력을 구축하는 일을 하고 있었다는 것을 몰랐다. 우리는 교회의 터를 강조했지만 그들은 암암리에 터를 허물었고, 우리는 교회를 강조했지만 그들은 교회를 무시했다. 그들은 심지어 그리스도의 '한 이상', '모든 것이신 그리스도, 보좌 위에 계신 그리스도'를 보아야 한다는 구호를 외칠 정도로 '찬바람'을 일으켰다. 또한 그들은 교회를 말하는 사람은 누구나 부끄러워해야 하고, 교회의 터를 말하는 사람은 누구나 시대에 뒤떨어진 사람이라고 말했다. 이것은 그들이 배후에서 한 일에 대한 작은 지적에 불과하다.

나는 미국에서의 일로 인해 미국을 떠날 수 없을 때도 지난 육칠 년 동안 그들을 관찰했다. 그 결과 나는 그들의 상황에 대해 매우 분명했고, 주님께 가서 "주님, 당신께서 저를 대만으로 돌아가게 하신다면, 저는 이 몇 사람을 처리하여 그들이 대만에서의 일에 더 이상 참여하지 못하게 하겠습니다."라고 말씀드렸다. 결국 1965년 9월에 내가 대만에 돌아왔을 때, 나는 그들에게 일에서 물러날 것을 요청하였다. 그때부터 칼로 몸에 있는 악성 종양을 제거했고, 우리 가운데의 상황이 점차 회복되었다. 내가 돌아왔을 때, 나는 내가 이 일을 처리해야 한다는 것과 어떤 희생을 치르더라도 그들이 하고 있는 손상하는 일을 멈추게 해야 한다는 것을 주님 앞에서 확신했다. 만일 우리의 일이 주님에게서 나온 것이 아니었다면, 그것은 그들에 의해 쉽게 전복되었을 것이다.

내가 모르는 사이에 그들은 배후에서 많은 일을 행했고, 그 일들은 매우 심각하고도 강렬한 것이었다. 하지만 그들이 내 앞에 왔을 때는 매우 뉘우치는 척했고, 그들이 나에게 잘 써 보낸 편지들도 그러한 느낌을 담고 있었다. 내가 1965년 9월에 타이베이에 돌아왔을 때, 그들 가운데 두 명이 대표로 나를 보러 와서는 내 면전에서 "리 형제님, 우리는 이 길에 대해 문제가 없고, 교회의 터에 대해 문제가 없으며, 일에 대해 문제가 없고, 일의 장래와 형제님의 인도에 대해서도 문제가 없습니다."라고 말했다. 나는 즉시 그들에게 "나를 속이려고 하지 마십시오."라고 말하며 책망했다. 그리고 내가 알고 있는 어떤 사실들에 대해 그들에게 말하자, 그들은 어떤 대답도 하지 못했다. 오늘 나는 우리가 섬기는 주님 앞에 서서, 그 반대하는 형제들에게 그들이 나를 속였는지 그러지 않았는지를 묻겠다. 그들은 나를 조금 속인 것이 아니라 아주 많이 속였다. 그들은 당을 지었고 그들 자신의 세력을 구축하는 일을 했으며, 그들의 일 안에는 복종하는 척하면서 배반하는 많은 숨겨진 것이 있었다. 여러 해 동안 그들은 많은 젊은 성도를 손상하였는데, 이것이 오늘날 우리에게 삼십오 세 미만의 동역자들이 하나도 없는 이유이다. 그들의 파괴적인 일은 어느 날 주님 앞에서 완전히 계산되고 분명하게 드러날 것이다.

최근에 마닐라에 갔을 때, 나는 어떤 동역자를 만났다. 그는 나에게 반대자들 가운데 한 사람이 그의 집에 와서 "지금부터 십 년 후에 이 일은 누구의 영역이 될 것 같습니까?"라고 물었다고 말했다. 그 동역자는 우리의 일 가운데 있는 누군가가 그런 말을 할 수 있다는 사실에 매우 놀랐다. 그 반대자는 자신의 말에 의해 폭로되었다. 사십여 년 동안 이 일에 참여하도록 일으켜졌던 동역자들은 단지 수고하는 것만 알았을 뿐, 그 누구도 이 일이 누구의 영역이 될 것인지를 물어본 적이 없었다. 많은 형제들은 우리가 중국에서 주님에 의해 일으켜졌을 때, 우리의 모든 것, 심지어 우리의 목숨까지도 일에 드렸다는 것을 증언할 수 있다. 우리는 오직 주님을 위해 일해야 하고 우리가 얻은 모든 열매를 교회들에 넘겨주어야 한다는 것만 알았다. 상하이와 난징에서 온 나이 든 형제들은 모두 이십 년 전에 그 두 곳에서의 일이 매우 힘들었다는 것을 안다. 우리는 밤낮으로 일했고, 그 누구도 그 일이 어떤 사람의 영역이라는 생각을 해 본 적이 없었으며, 누구도 영역을 얻는 것에 대해 생각해 본 적이 없었다. 이러한 생각을 갖는 것은 참으로 수치이다. 만일 우리가 영역을 놓고 다투고 있다면 세상으로 가야 한다. 교회 안에서와 주님의 일 안에서는 영역을 위해 다투는 것과 같은 것이 전혀 없다. 내가 엄숙히 말하는데, 누구든지 그러한 동기를 가진 사람은 십자가에 대해 말할지라도 아무 소용이 없다.

나는 주님의 보배로운 피 아래서 이 몇 마디의 입증하는 말을 하는데, 그것은 젊은 형제자매들이 더 이상 기만당하지 않기를 바라기 때문이다. 나는 여러분이 반대자들의 역사를 경고로 삼고 모든 교만을 거절하기를 바란다. 그리고 이어서 언급하는 세 가지를 주의하기 바란다. 첫째, 여러분은 이 시대의 교회의 유일한 길을 알아야 한다. 둘째, 여러분은 교회 안에서 살아야 한다. 셋째, 여러분은 반드시 교만하지 말아야 한다. 반대자들의 교만은 그들 스스로를 매우 높이 평가하게 했다. 나는 여러분이 겸손을 배우고, 기꺼이 교회에 의해 제한받고 온전하게 되며, 교회 안에서 다른 이들과 동역 가운데 섬기는 것을 배우기 바란다. 이렇게 할 때 주님은 여러분을 보호하실 것이고, 여러분은 주님의 은혜로운 돌봄을 받게 될 것이다. 주님께 감사드리는 것은 주님께서 우리의 상황을 회복해 주셨다는 것이다. 나는 점차로 이십 대의 동역자들이 우리에게 더해질 것이라고 믿는다.

만일 여러분이 부담이 있고 주님의 부름을 받았으며 동시에 환경도 무르익었다면, 여러분은 용기와 믿음과 담대함을 갖고 전시간으로 주님을 섬기는 이 길을 가야 한다. 여러분은 여러분이 있는 지방의 교회와 교통할 뿐 아니라 동역자들과 교통해야 한다. 그럴 때 여러분은 주님의 축복을 받게 될 것이다. 오늘날 주님의 일에는 매우 큰 필요가 있다. 그러나 우리 가운데에는 조직이 없기 때문에, 우리는 오직 동역하여 섬김으로써만 몸의 필요를 채울 수 있다. 그러므로 이 일의 대대적인 확산은 사람의 손으로 이루어질 수 없다.

나는 더욱 많은 젊은이들이 전시간 봉사에 참여하여 연장한 동역자들과 함께 봉사하고 각지의 성도들과 동역하여, 그들의 기능이 나타날 수 있기를 바란다. 이와 같이 한다면, 삼 년에서 오 년 안에 매우 많은 동역자들이 일을 위해 이곳에서 외지로 나갈 수 있을 것이다. 일단 그들이 나가면, 다른 이들이 일어나 그들을 대신할 것이고, 한 무리가 이어서 나올 것이다. 나는 주님께서 이 일을 성취하실 것이라고 믿는다. 그러나 우리는 사람의 손을 사용할 수 없다. 우리는 다만 기도하고 주님을 앙망하면서 이 문제를 성령과 성도들에게 넘길 수 있을 뿐이다. 여러분이 이 일에 있어서 주님께 신실하다면, 주님은 여러분을 한 걸음 한 걸음 인도하실 것이다.

주님께서 우리에게 긍휼을 베푸셔서, 우리의 눈이 열리고, 우리의 마음이 진실해지며, 우리의 발이 그분의 길을 확고하고 꾸준하게 갈 수 있게 하시기를 바란다. 또한 주님께서 우리에게 겸손한 영과 겸손한 태도를 주셔서, 우리가 교회 안에서 모든 성도와 동역하여 봉사하는 것을 기꺼이 배울 수 있게 하시기를 바란다.

동역 가운데 봉사하고 사랑 안에서 씻음

초판 인쇄일/ 2010년 4월 30일
개정판 인쇄일/ 2024년 6월 4일
개정판 발행일/ 2024년 6월 20일
저자/ 위트니스 리
역자/ 한국복음서원 편집부
발행인/ 이희득
발행처/ 한국복음서원
등록/ ®1978.3.6. 제16-12호

주소/ 경기도 성남시 중원구 사기막골로 124,
SKn테크노파크 비즈센터 B210호(13207)
전화/ 1600-3191
팩스/ 031) 709-3389

ISBN/ 979-11-6857-202-7 03230

http://www.kgbr.co.kr
E-mail:kgbr@kgbr.co.kr

정가 15,000원